国家职业技能等级认定培训教材
国家基本职业培训包教材资源

医药商品购销员

（基础知识）

本书编审人员

主　编　杨文章　张发余
副主编　张　瑜　徐　娟
编　者　王　堃　杨　帆　张绍元　罗　迪　施　勇　赵云虹　崔　璀
审　稿　王谊冰

中国人力资源和社会保障出版集团

中国劳动社会保障出版社　中国人事出版社

图书在版编目(CIP)数据

医药商品购销员：基础知识 / 人力资源社会保障部教材办公室组织编写. -- 北京：中国劳动社会保障出版社：中国人事出版社，2021

国家职业技能等级认定培训教材

ISBN 978-7-5167-5185-5

Ⅰ.①医… Ⅱ.①人… Ⅲ.①药品-购销-职业技能-鉴定-教材 Ⅳ.①F763

中国版本图书馆 CIP 数据核字（2021）第 268033 号

中国劳动社会保障出版社
中国人事出版社 出版发行
（北京市惠新东街 1 号　邮政编码：100029）

*

三河市华骏印务包装有限公司印刷装订　　新华书店经销
787 毫米 ×1092 毫米　16 开本　14.25 印张　232 千字
2021 年 12 月第 1 版　　2021 年 12 月第 1 次印刷
定价：40.00 元

读者服务部电话：（010）64929211/84209101/64921644
营销中心电话：（010）64962347
出版社网址：http://www.class.com.cn

版权专有　　侵权必究

如有印装差错，请与本社联系调换：（010）81211666
我社将与版权执法机关配合，大力打击盗印、销售和使用盗版图书活动，敬请广大读者协助举报，经查实将给予举报者奖励。
举报电话：（010）64954652

前　言

为加快建立劳动者终身职业技能培训制度，大力实施职业技能提升行动，全面推行职业技能等级制度，推进技能人才评价制度改革，促进国家基本职业培训包制度与职业技能等级认定制度的有效衔接，进一步规范培训管理，提高培训质量，人力资源社会保障部教材办公室组织有关专家在《医药商品购销员国家职业技能标准》（以下简称《标准》）和国家基本职业培训包（以下简称培训包）制定工作基础上，编写了医药商品购销员国家职业技能等级认定培训系列教材（以下简称等级教材）。

医药商品购销员等级教材紧贴《标准》和培训包要求编写，内容上突出职业能力优先的编写原则，结构上按照职业功能模块分级别编写。该等级教材共包括《医药商品购销员（基础知识）》《医药商品购销员（初级）》《医药商品购销员（中级）》《医药商品购销员（高级）》4本。《医药商品购销员（基础知识）》是各级别医药商品购销员均需掌握的基础知识，其他各级别教材内容分别包括各级别医药商品购销员应掌握的理论知识和操作技能。

本书是医药商品购销员等级教材中的一本，是职业技能等级认定推荐教材，也是职业技能等级认定题库开发的重要依据，已被纳入国家基本职业培训包教材资源，适用于职业技能等级认定培训和中短期职业技能培训。

本书在编写过程中得到山东医药技师学院、北京卫生职业学院、北京联合大学、天津医学高等专科学校、长江职业学院、河南应用技术职业学院、黑龙江省国资技工学校、福建生物工程职业技术学院、漳州卫生职业学院、四川中医药高等专科学校等单位的大力支持与协助，在此一并表示衷心感谢。

人力资源社会保障部教材办公室

目 录 CONTENTS

职业模块 1　职业道德 ……………………………………………………… 1
　培训课程 1　职业道德基本知识 ……………………………………………… 3
　培训课程 2　医药行业职业道德与医药商品购销员职业守则 ……………… 6
　模块测试题 ……………………………………………………………………… 9
　模块测试题答案 ……………………………………………………………… 11

职业模块 2　相关法律与规范 ………………………………………………… 13
　培训课程 1　《中华人民共和国药品管理法》相关规定 …………………… 15
　培训课程 2　《药品经营质量管理规范》相关规定 ………………………… 24
　培训课程 3　《中华人民共和国产品质量法》相关规定 …………………… 36
　培训课程 4　《中华人民共和国消费者权益保护法》相关规定 …………… 43
　培训课程 5　《中华人民共和国反不正当竞争法》相关规定 ……………… 49
　培训课程 6　《中华人民共和国劳动合同法》相关规定 …………………… 55
　模块测试题 ……………………………………………………………………… 60
　模块测试题答案 ……………………………………………………………… 62

职业模块 3　医学基础知识 …………………………………………………… 63
　培训课程 1　人体的构成 ……………………………………………………… 65
　培训课程 2　病原微生物 …………………………………………………… 101
　培训课程 3　人体免疫功能 ………………………………………………… 129
　模块测试题 …………………………………………………………………… 149
　模块测试题答案 ……………………………………………………………… 156

职业模块 4　药物基础知识 ………………………………………………… 159
　培训课程 1　药物的分类及制剂特点 ……………………………………… 161
　培训课程 2　药物的作用 …………………………………………………… 174

培训课程 3　药物的体内过程 …………………………………………… 177
培训课程 4　影响药物作用的因素 ……………………………………… 182
培训课程 5　药品的质量标准 …………………………………………… 187
培训课程 6　药品包装与标志 …………………………………………… 190
模块测试题 ………………………………………………………………… 200
模块测试题答案 …………………………………………………………… 206

职业模块 5　安全知识 ………………………………………………………… 207
培训课程 1　消防知识 …………………………………………………… 209
培训课程 2　安全用电知识 ……………………………………………… 217
模块测试题 ………………………………………………………………… 220
模块测试题答案 …………………………………………………………… 222

职业模块 1
职业道德

　　道德是指通过传统习惯、社会舆论、内心信念等非强制性手段,用以调整人们的社会生活行为和社会关系行为规范的总和。通俗地说,就是规定了人们应该做什么和不应该做什么、应该怎么做和不应该怎么做。道德作为一种意识形态,是调整社会关系、规范人们行为的基本准则,是形成良好社会风尚和人际关系的重要保证。

培训课程 1 职业道德基本知识

培训目标

1. 熟悉职业道德的含义与基本要素；
2. 掌握职业道德的基本特征与社会作用。

一、职业道德的含义与基本要素

1. 职业道德的含义

职业道德是指从事一定职业的人们在职业活动中应该遵循的，依靠社会舆论、传统习惯和内心信念来维持的行为规范的总和。它调节从业人员与服务对象之间、从业人员之间、从业人员与职业之间的关系。它既是从业人员在职业生活中的行为准则，又是从业人员对社会所负的道德责任和义务。

2. 职业道德的基本要素

职业道德的基本要素包括职业理想、职业态度、职业法纪、职业荣誉和职业作风五个方面。

（1）**职业理想**。职业理想是从事职业活动的目标追求与向往，是人们的世界观、人生观、价值观在职业活动中的体现。它是形成职业态度的基础，是实现职业目标的精神动力。

（2）**职业态度**。职业态度是人们在职业活动和岗位工作中的一种相对稳定的劳动态度和心理倾向，是从业者精神境界和劳动态度的重要体现。

（3）**职业法纪**。职业法纪是从业者在岗位工作中必须遵守的法律、法规、规章、制度等职业行为规范。医药行业从业人员必须遵守国家制定的医药产品在研制、生产、经营、使用各环节的法律规范。

（4）**职业荣誉**。职业荣誉是对从业者职业道德活动中的价值所作出的褒奖与肯定评价。当一个行业从业者的社会价值赢得社会公认时，他会由此产生荣誉感；反之，则会产生耻辱感。

（5）**职业作风**。职业作风是从业者在职业活动中表现出来的相对稳定的工作态度和职业风范。职业作风是一种无形的精神力量，对其他从事相关职业的人具有积极的影响作用。

二、职业道德的特征与作用

1. 职业道德的特征

职业道德作为职业行为的准则之一，与其他职业行为准则相比，具有以下特征：

（1）**鲜明的行业性**。行业之间存在差异，各行各业都有其特殊的道德要求。例如，商业领域对从业者的职业道德要求是"买卖公平，童叟无欺"；会计的职业道德要求是"不做假账"；驾驶人员的职业道德要求是"遵守交规，文明行车"等，这些都是职业道德行业性特征的表现。

（2）**适用范围的有限性**。一方面，职业道德一般只适用于从业人员的岗位活动；另一方面，不同的职业道德之间也有共同的特征和要求，存在共同的内容，如爱岗敬业、诚信互助等。但在某一特定行业和具体岗位上，必须有与该行业、该岗位相适应的具体的职业道德规范，例如，律师的职业道德要求律师对其当事人必须努力进行辩护，而警察则要尽力搜寻犯罪嫌疑人的犯罪证据。可见，职业道德的适用范围不是普遍的，而是具有特定性、有限性。

（3）**表现形式的多样性**。职业领域的多样性决定了职业道德表现形式的多样性。随着社会经济的不断发展，社会分工越来越细，职业道德的内容要求也必然是千差万别的。各行各业都为适应本行业的行业公约、岗位职责而将职业道德的基本要求规范化、具体化，从而使职业道德的形式呈现多样性。

（4）**一定的强制性**。职业道德是通过社会舆论和人们内心的信念进行调节的。职业道德本身似乎并不具有强制性，但是，它与职业责任、职业纪律、行业法规紧密相连，密不可分，具有重叠性。职业纪律属于职业道德的范畴，当从业人员一旦违背职业道德或违反了具有一定法律效力的职业章程和法规，给企业和社会带来损失和危害时，职业道德就将用其具体的评价标准，对违规者给予职业道德的谴责，这就是职业道德的强制性所在。

（5）**相对稳定性**。职业一般是相对稳定的，这决定了反映职业要求的职业道德也必然处于相对稳定的状态，如商业行业的"买卖公平，童叟无欺"、医药行业的"救死扶伤，治病救人"等，千百年来为从事相关行业的人们所传承和遵守。

2. 职业道德的作用

职业道德作为社会道德体系的重要组成部分，具有调节职业活动中从业人员内部以及从业人员与服务对象之间关系的作用。此外，良好的职业道德有助于维护和提高行业的信誉，促进行业的发展，有利于促进整个社会道德水平的提高。其具体作用如下所述。

（1）**良好的职业道德，有利于调节各方面的关系**。职业道德的基本职能是调节职能。它一方面可以调节从业人员内部的关系，即运用职业道德规范约束职业内部人员的行为，促进职业内部人员的团结与合作，增强凝聚力；另一方面可以调节从业人员与服务对象之间的社会关系，促进人们之间的友爱关系。因此，良好的职业道德，有利于调节各方面的关系，对社会和谐发展起着促进作用。

（2）**良好的职业道德，有利于维护和提高本行业的信誉**。一个行业、一个企业的信誉，也就是它们的形象、信用和声誉，是指行业、企业及其产品与服务在社会公众中的信任程度。提高行业、企业的信誉主要靠产品的质量和服务质量，而从业人员职业道德水平，对维护和提高本行业的信誉起着重要的作用。

（3）**良好的职业道德，有利于提高企业的经济效益**。企业的发展有赖于经济效益的提高，而经济效益的提高源于员工的素质。员工素质主要包含知识、能力、责任心三个方面，其中责任心是最重要的。因此，具有责任心的从业者将会不断提高职业道德水平，从而有利于企业经济效益的不断提高。

（4）**良好的职业道德，有利于提高全社会的道德水平**。职业道德是整个社会道德的重要组成部分，职业道德一方面涉及每个从业者如何对待职业、如何对待工作，另一方面也是从业者的生活态度、价值观念的具体表现。只有每个从业者都能够自觉遵守职业道德，具有良好的职业道德修养，整个社会的道德水平才会得到提高。

培训课程 2

医药行业职业道德与医药商品购销员职业守则

培训目标

1. 掌握医药行业职业道德的概念、特点、基本原则；
2. 掌握医药行业职业守则，能够在工作中遵守并践行职业守则。

一、医药行业职业道德的概念、特点、基本原则

1. 医药行业职业道德的概念

医药行业职业道德是指医药行业从业人员所具备的思想道德品质，是调节医药行业从业人员与患者、医药人员之间以及医药人员与社会之间关系的行为规范的总和。医药行业职业道德关系到人们的生命健康，关系到千家万户的悲欢离合，所以，医药行业职业道德在整个职业道德体系中具有特殊的地位。

2. 医药行业职业道德的特点

医药行业职业道德具有广泛性、严肃性、平等性和连续性四个特点。

（1）**广泛性**。广泛性是指医药学是为全人类救死扶伤、康复保健服务的，医药行业从业人员必须提供安全有效的药品及服务。

（2）**严肃性**。严肃性要求医药行业从业人员必须严格按照国家制定的医药产品研制、生产、经营和使用各环节的药事法律、法规进行经营。

（3）**平等性**。平等性要求医药行业从业人员，必须做到不分男女老幼、贫穷富贵、职业高低、生人熟人地平等对待服务对象。

（4）**连续性**。连续性是指医药行业职业道德是在医药实践中通过世代相传形成的，具有历史的继承性和延续性。加强医药行业职业道德，对提高医疗质量、保障人们身体健康、发展医药事业都有积极影响。

3. 医药行业职业道德的基本原则

医药行业职业道德基本原则的核心是救死扶伤，防病治病，实行人道主义，全心全意为人民服务。具体表现为如下几点。

（1）**人道主义原则**。人道主义的核心是尊重人的生命、一视同仁、救死扶伤、治病救人。

（2）**安全有效原则**。安全有效即以患者的利益为最高标准，为患者提供安全、有效、经济的药品，以保障人民的生命安全和健康为根本目的。

（3）**服务奉献原则**。服务奉献即全心全意为人民服务，永远把病人的利益放在首位。

二、医药商品购销员职业守则

医药商品是一种特殊的商品，它的作用具有两重性：使用得当具有防病治病、康复保健的作用；使用不当则具有不良反应，导致疾病，甚至会断送生命。因此，医药商品购销员要时刻牢记职业守则，具有高尚的医药职业道德，严格遵守医药行业职业守则。

1. 遵纪守法，爱岗敬业

遵纪守法、爱岗敬业是医药行业从业人员必须具备的基本品质。遵纪守法是指医药行业同其他行业一样，必须遵守一系列的法律法规和职业纪律，并且由于药品的特殊性，更需要遵守具体的医药法规。为了加强药品监督管理、保证药品质量，国家颁布了《中华人民共和国药品管理法》。为了加强研制、生产、经营、使用等各环节的管理，有关部门制定了《药物非临床研究质量管理规范》（简称GLP）、《药品生产质量管理规范》（简称GMP）、《药品经营质量管理规范》（简称GSP）、《中药材生产质量管理规范》（简称GAP）、《药物临床试验质量管理规范》（简称GCP）等一系列规范。在实际工作中，从业人员应加强药事法律法规的学习，真正做到有法必依。此外，在医药商品经营活动中，为了维持正常的医药商品经营秩序，医药商品购销员还必须遵守国家制定的相关法律法规和行政规章，如《中华人民共和国广告法》《医疗广告管理办法》《医疗器械广告管理办法》《消费者权益保护法》《反不正当竞争法》等，以规范药品销售活动中的各种行为。

爱岗敬业是一项基本的职业道德规范，是对从业人员职业态度的基本要求。热爱医药工作是医药行业从业人员对自己所从事职业的一种情感和认识，是忠于职守的思想基础。医药行业从业人员只有具备职业的责任感、荣誉感和使命感，才能自觉以主人翁的态度从事本职工作，并充分发挥积极性、主动性和创造性，在本职工作中一丝不苟、谨慎经营、对人民负责。

2. 质量为本，真诚守信

质量为本是医药职业道德规范的重要内容，也是评价职业活动的主要根据。医药产品是保障人们身心健康的特殊产品，合格药品可以防病治病，伪劣药品可能会造成人员中毒甚至死亡。因此，医药行业从业人员要本着对人民健康负责的精神，把药品质量放在首位，掌握药物知识，提高药学服务水平，坚决杜绝销售假冒伪劣药品，保证向顾客提供安全、有效、经济、适用的药品。

真诚守信是做人的基本准则。真诚是人的一种道德品质，它要求医药商品购销员在职业活动中诚实劳动、合法经营、信守承诺，在商业交往中光明磊落，不玩弄花招、不欺骗他人。守信就是信守承诺、讲信誉、重信用，重视履行自己承担的义务。在医药行业活动中，如果失去了人们的信任，就会失去社会的支持和发展的机遇，因此，在医药商品交易中，尤其要做到诚实无欺、信守承诺，以维护医药商业企业的信誉和正常运行。

3. 急人所难，救死扶伤

医药商品购销员在遵守医药职业守则时，要急顾客所急，想顾客所想。急人所难、救死扶伤是医药商品购销员的基本职业道德规范和准则。医药商品购销员在服务中要尊重顾客，对待患者要一视同仁，把患者的利益放在第一位；要努力学习，不断提高自己的业务水平，熟悉药品销售知识；掌握销售技能，为患者提供更好的服务；对患者有同情心、责任心。这主要体现在以下两个方面。

（1）医药商品购销员向顾客推荐药品时，应该选择安全、有效、经济、适用的药品，而不应该选择推荐价格虚高、有明显缺陷的药品，如接近有效期的药品。

（2）医药商品购销员向顾客介绍药品时，应具有严谨科学、实事求是的作风，本着救死扶伤、真实、理性、科学的原则介绍药品，不得有隐瞒欺骗、夸大疗效、虚报含量或技术指标等行为，不得为了销量而误导患者用药。

4. 文明经商，热情服务

文明经商就是要求医药商品购销员严守商业信用，诚信无欺、公平交易、实事求是地介绍商品，严格执行国家药品价格政策；热情服务就是要求医药商品购销员在医药商品经营活动中一切从顾客的利益出发，为顾客着想，为顾客办事，帮助顾客解决药品购买和使用中存在的问题，不断提高服务质量。

文明经商，热情服务，这是医药商品购销员维护患者利益的具体体现，也是医药行业职业守则所具有的根本特征。医药商品购销员应以全心全意为患者服务为根本宗旨，尽全力关心、尊重、爱护、同情和帮助那些受到疾病困扰的患者，主动承担社会责任，以促进社会的发展与进步。

模块测试题

一、单项选择题（下列每题的选项中，只有一个是正确的，请将其代号填写在后面的括号内）

1. 以下选项中，对道德特点的描述错误的是（　　）。
   A. 道德是依靠社会舆论、传统习惯和人们的内心信念等力量发挥作用的
   B. 道德需要靠强制力来实现
   C. 道德调节各种关系的范围比法律广泛很多
   D. 道德深刻于人们的内心深处，具有特殊的稳定性

2. 职业道德的基本要素不包括（　　）。
   A. 职业理想　　　　　　　　　　B. 职业法纪
   C. 职业作风　　　　　　　　　　D. 社会道义

3. 医药职业道德所调节的社会关系不包括（　　）。
   A. 医药行业从业人员与患者之间
   B. 医药行业从业人员之间
   C. 医药行业从业人员与社会之间
   D. 医药行业从业人员的理想与现实之间

4. 医药职业道德的特点不包括（　　）。
   A. 全人类性　　B. 严肃性　　C. 不平等性　　D. 连续性

5. 医药职业道德的基本原则表述不包括（　　）。
   A. 人道主义原则　　　　　　　　B. 安全有效原则
   C. 服务奉献原则　　　　　　　　D. 集体主义原则

6. 《药品生产质量管理规范》可以简称为（　　）。
   A. GLP　　　　B. GCP　　　　C. GSP　　　　D. GMP

7. 医药职业道德的基本守则具体表现不包括（　　）。
   A. 以病人利益为最高标准
   B. 以全心全意为人民服务为根本宗旨

C. 以对个人与社会负责为共同目标

D. 以对患者个人负责为首要目标

8. 以下选项中，对医药商品特殊性的表述不正确的是（　　）。

A. 医药商品的质量要求与一般商品一致

B. 药品的作用具有两重性

C. 药品防病治病具有专属性

D. 合理用药具有时效性

9. 医药商品购销员的职业守则不包括（　　）。

A. 实事求是，作风严谨　　　　　　B. 遵纪守法，爱岗敬业

C. 急人所难，救死扶伤　　　　　　D. 文明经商，热情服务

10. 为了加强药品监督管理，保证药品质量，国家颁布的法律是（　　）。

A.《药品经营质量管理规范》　　　　B.《中华人民共和国药品管理法》

C.《药品生产质量管理规范》　　　　D.《中药材生产质量管理规范》

二、判断题（下列判断说法正确的在后面的括号内打"√"，错误的打"×"）

1. 道德是社会经济基础的反映，是做人的道理和规矩。（　　）

2. 道德调节各种社会关系的范围比法律调节的范围少。（　　）

3. 职业道德是从业人员在履行职业职责过程中应遵循的行为规范，不具有强制性。（　　）

4. 职业道德的基本要素包括职业理想、职业态度、职业法纪、职业荣誉以及职业作风。（　　）

5. 职业道德具有表现形式多样性、适用范围广泛性和行业鲜明性的特征。（　　）

6. 医药行业职业道德基本原则的核心问题是救死扶伤，防病治病，实行人道主义，全心全意为人民服务。（　　）

7.《药物非临床研究质量管理规范》简称GCP。（　　）

8. 遵纪守法、爱岗敬业是医药行业从业人员必须具备的基本品质。（　　）

9. 急人所难、救死扶伤是医药商品购销员的基本职业道德规范和准则。（　　）

10. 文明经商要求医药商品购销员一切从顾客的利益出发，为顾客着想，为顾客办事。（　　）

模块测试题答案

一、单项选择题

1. B   2. D   3. D   4. C   5. D   6. D   7. D   8. A
9. A   10. B

二、判断题

1. √   2. ×   3. ×   4. √   5. ×   6. √   7. ×   8. √
9. √   10. ×

职业模块 2
相关法律与法规

培训课程 1

《中华人民共和国药品管理法》相关规定

培训目标

1. 掌握假药、劣药的界定及药品生产、经营活动的管理规定；
2. 熟悉药品研制、价格及广告的管理。

《中华人民共和国药品管理法》（以下简称《药品管理法》）是调整药品研制、生产、经营、使用和药品管理过程中所发生的社会关系的法律规范的总称。

《药品管理法》于 1984 年 9 月 20 日第六届全国人民代表大会常务委员会第七次会议通过，自 1985 年 7 月 1 日起施行；2001 年 2 月 28 日第九届全国人民代表大会常务委员会第二十次会议修订，自 2001 年 12 月 1 日起施行；根据 2013 年 12 月 28 日第十二届全国人民代表大会常务委员会第六次会议《关于修改〈中华人民共和国海洋环境保护法〉等七部法律的决定》，对《药品管理法》进行第一次修正；根据 2015 年 4 月 24 日第十二届全国人民代表大会常务委员会第十四次会议《关于修改〈中华人民共和国药品管理法〉的决定》第二次进行修正；2018 年 10 月 22 日，《药品管理法》修正草案提交全国人大常委会审议，2019 年 8 月 26 日经第十三届全国人大常委会第十二次会议表决通过，自 2019 年 12 月 1 日起施行，并公布了《中华人民共和国药品管理法实施条例》。

2019 年修订的《药品管理法》全面加大对生产、销售假药、劣药的处罚力度，为打击各种违法犯罪活动提供了强有力的法律依据。

《药品管理法》的立法宗旨是为了加强药品管理，保证药品质量，保障公众用药安全和合法权益，保护和促进公众健康。

《药品管理法》所称药品，是指用于预防、治疗、诊断人的疾病，有目的地调节人的生理机能并规定有适应证或者功能主治、用法和用量的物质，包括中药、化学药和生物制品等。

药品是关系到人们健康和生命安全的特殊商品，《药品管理法》的颁布实施对于推动我国药品监督管理工作和保证药品质量发挥了重要的作用。它把我国药品监督管理工作纳入了法制化的轨道，保证药品质量是《药品管理法》的核心内容。加强药品质量监督管理这一目的贯穿了整部《药品管理法》。只有采取强制性法律手段进行监督管理，才能有利于加强药品监督管理；有利于保证药品质量，保障公众用药安全；有利于促进医药事业的发展。

一、药品研制和注册

新药是指未曾在中国境内上市销售的药品。国家鼓励研究和创制新药，保护公民、法人和其他组织研究、开发新药的合法权益。

1. 药品研制

从事药品研制活动，应当遵守《药物非临床研究质量管理规范》(英文缩写为GLP)、《药物临床试验质量管理规范》(英文缩写为GCP)，保证药品研制全过程持续符合法定要求。

2. 药品注册

在中国境内上市的药品，应当经国务院药品监督管理部门批准，取得药品注册证书，但是，未实施审批管理的中药材和中药饮片除外。实施审批管理的中药材、中药饮片品种目录由国务院药品监督管理部门会同国务院中医药主管部门制定。申请药品注册，应当提供真实、充分、可靠的数据、资料和样品，证明药品的安全性、有效性和质量可控性。

对申请注册的药品，国务院药品监督管理部门应当组织药学、医学和其他技术人员进行审评，对药品的安全性、有效性和质量可控性以及申请人的质量管理、风险防控和责任赔偿等能力进行审查；符合条件的，颁发药品注册证书。

3. 药品审批

国务院药品监督管理部门在审批药品时，对化学原料药一并审评审批，对相关辅料(《药品管理法》所称辅料是指生产药品和调配处方时所用的赋形剂和附加剂)、直接接触药品的包装材料和容器一并审评，对药品的质量标准、生产工艺、标签和说明书一并核准。

药品应当符合国家药品标准。经国务院药品监督管理部门核准的药品质量标准高于国家药品标准的，按照经核准的药品质量标准执行；没有国家药品标准的，应当符合经核准的药品质量标准。

列入国家药品标准的药品名称为药品通用名称。已经作为药品通用名称的，该名称不得作为药品商标使用。

二、对药品上市许可持有人的有关规定

药品上市许可持有人，是指取得药品注册证书的企业或者药品研制机构等。药品上市许可持有人应当依照《药品管理法》规定，对药品的非临床研究、临床试验、生产经营、上市后研究、不良反应监测及报告与处理等承担责任。其他从事药品研制、生产、经营、储存、运输、使用等活动的单位和个人依法承担相应责任。药品上市许可持有人的法定代表人、主要负责人对药品质量全面负责。

药品上市许可持有人可以自行生产药品，也可以委托药品生产企业生产。

药品上市许可持有人可以自行销售其取得药品注册证书的药品，也可以委托药品经营企业销售。药品上市许可持有人从事药品零售活动的，应当取得药品经营许可证。

药品上市许可持有人、药品生产企业、药品经营企业和医疗机构应当建立并实施药品追溯制度，按照规定提供追溯信息，保证药品可追溯。

三、药品生产

1. 从事药品生产活动的法定程序

从事药品生产活动，应当经所在地省、自治区、直辖市人民政府药品监督管理部门批准，取得药品生产许可证。无药品生产许可证的，不得生产药品。药品生产许可证应当标明有效期和生产范围，到期重新审查发证。

2. 从事药品生产活动的条件

《药品管理法》第四十二条规定，从事药品生产活动，应当具备以下条件：

（1）有依法经过资格认定的药学技术人员、工程技术人员及相应的技术工人；

（2）有与其药品生产相适应的厂房、设施和卫生环境；

（3）有能对所生产药品进行质量管理和质量检验的机构、人员以及必要的仪器设备；

（4）有保证药品质量的规章制度，并符合国务院药品监督管理部门依据《药品管理法》制定的药品生产质量管理规范要求。

3. 从事药品生产活动的内容

（1）从事药品生产活动，应当遵守药品生产质量管理规范（简称 GMP），建立健全药品生产质量管理体系，保证药品生产全过程持续符合法定要求。

药品生产企业的法定代表人、主要负责人对本企业的药品生产活动全面负责。

（2）药品应当按照国家药品标准和经药品监督管理部门核准的生产工艺进行生产。生产、检验记录应当完整准确，不得编造。

（3）生产药品所需的原料、辅料，应当符合药用要求、药品生产质量管理规范的有关要求。

（4）直接接触药品的包装材料和容器，应当符合药用要求，符合保障人体健康、安全的标准。

对不合格的直接接触药品的包装材料和容器，由药品监督管理部门责令停止使用。

（5）药品生产企业应当对药品进行质量检验。不符合国家药品标准的，不得出厂。

药品生产企业应当建立药品出厂放行规程，明确出厂放行的标准、条件。符合标准、条件的，经质量受权人签字后方可放行。

（6）药品包装应当适合药品质量的要求，方便储存、运输和医疗使用。

发运中药材应当有包装。在每件包装上，应当注明品名、产地、日期、供货单位，并附有质量合格的标志。

（7）药品包装应当按照规定印有或者贴有标签并附有说明书。

标签或者说明书应当注明药品的通用名称、成分、规格、上市许可持有人及其地址、生产企业及其地址、批准文号、产品批号、生产日期、有效期、适应证或者功能主治、用法、用量、禁忌、不良反应和注意事项。标签、说明书中的文字应当清晰，生产日期、有效期等事项应当显著标注，容易辨识。

四、药品经营

药品经营活动包括批发活动和零售活动，其药品经营条件、经营行为对药品质量、合理用药、用药安全及有效性具有重要影响。因此，为了保证药品经营质量、保障人民用药安全，政府必须依据法律规定对药品经营活动的开办进行事前审查批准，并对其日常经营行为进行必要的规范和监管。

1. 从事药品经营活动的法定程序

从事药品批发活动，应当经所在地省、自治区、直辖市人民政府药品监督管理部门批准，取得药品经营许可证。从事药品零售活动，应当经所在地县级以上地方人民政府药品监督管理部门批准，取得药品经营许可证。无药品经营许可证的，不得经营药品。

药品经营许可证应当标明有效期和经营范围，到期重新审查发证。

药品监督管理部门实施药品经营许可，除依据《药品管理法》第五十二条规定的条件外，还应当遵循方便群众购药的原则。

2. 从事药品经营活动的条件

《药品管理法》第五十二条规定，从事药品经营活动必须具备以下条件：

（1）有依法经过资格认定的药师或者其他药学技术人员；

（2）有与所经营药品相适应的营业场所、设备、仓储设施和卫生环境；

（3）有与所经营药品相适应的质量管理机构或者人员；

（4）有保证所经营药品质量的规章制度，并符合国务院药品监督管理部门依据《药品管理法》制定的药品经营质量管理规范要求。

3. 从事药品经营活动的内容

（1）从事药品经营活动，应当遵守《药品经营质量管理规范》（简称GSP），建立健全药品经营质量管理体系，保证药品经营全过程持续符合法定要求。国家鼓励、引导药品零售连锁经营。从事药品零售连锁经营活动的企业总部，应当建立统一的质量管理制度，对所属零售企业的经营活动履行管理责任。药品经营企业的法定代表人、主要负责人对本企业的药品经营活动全面负责。

（2）国家对药品实行处方药与非处方药分类管理制度。具体办法由国务院药品监督管理部门会同国务院卫生健康主管部门制定。

处方药是指凭执业医师和执业助理医师处方方可购买、调配和使用的药品。

非处方药（简称OTC）是指由国务院药品监督管理部门公布的，不需要凭执业医师和执业助理医师处方，消费者可以自行判断、购买和使用的药品。

（3）药品经营企业购进药品，应当建立并执行进货检查验收制度，验明药品合格证明和其他标识；不符合规定要求的，不得购进和销售。

（4）药品经营企业购销药品，应当有真实、完整的购销记录。购销记录应当注明药品的通用名称、剂型、规格、产品批号、有效期、上市许可持有人、生产企业、购销单位、购销数量、购销价格、购销日期及国务院药品监督管理部门规定的其他内容。

（5）更改或者代用。对有配伍禁忌或者超剂量的处方，应当拒绝调配；必要时，经处方医师更正或者重新签字，方可调配。药品经营企业销售中药材，应当标明产地。依法经过资格认定的药师或者其他药学技术人员负责本企业的药品管理、处方审核和调配、合理用药指导等工作。

（6）药品经营企业应当制定和执行药品保管制度，采取必要的冷藏、防冻、防潮、防虫、防鼠等措施，保证药品质量。药品入库和出库应当执行检查制度。

五、药品价格和广告

1. 药品价格

国家完善药品采购管理制度，对药品价格进行监测，开展成本价格调查，加强药品价格监督检查，依法查处价格垄断、哄抬价格等药品价格违法行为，维护药品价格秩序。

（1）依法实行市场调节价的药品，药品上市许可持有人、药品生产企业、药品经营企业和医疗机构应当按照公平、合理和诚实信用、质价相符的原则制定价格，为用药者提供价格合理的药品。

（2）药品上市许可持有人、药品生产企业、药品经营企业和医疗机构应当依法向药品价格主管部门提供其药品的实际购销价格和购销数量等资料。

（3）禁止药品上市许可持有人、药品生产企业、药品经营企业和医疗机构在药品购销中给予、收受回扣或者其他不正当利益。禁止药品上市许可持有人、药品生产企业、药品经营企业或者代理人以任何名义给予使用其药品的医疗机构的负责人、药品采购人员、医师、药师等有关人员财物或者其他不正当利益。禁止医疗机构的负责人、药品采购人员、医师、药师等有关人员以任何名义收受药品上市许可持有人、药品生产企业、药品经营企业或者代理人给予的财物或者其他不正当利益。

2. 药品广告

药品广告应当经广告主所在地省、自治区、直辖市人民政府确定的广告审查机关批准；未经批准的，不得发布。药品广告的内容应当真实、合法，以国务院药品监督管理部门核准的药品说明书为准，不得含有虚假的内容。药品广告不得含有表示功效、安全性的断言或者保证；不得利用国家机关、科研单位、学术机构、行业协会或者专家、学者、医师、药师、患者等的名义或者形象作推荐、证明。非药品广告不得有涉及药品的宣传。

对药品价格和广告,《药品管理法》未作规定的,适用《中华人民共和国价格法》《中华人民共和国反垄断法》《中华人民共和国反不正当竞争法》《中华人民共和国广告法》等的规定。

《中华人民共和国广告法》第十五条规定,麻醉药品、精神药品、医疗用毒性药品、放射性药品等特殊药品,药品类易制毒化学品,以及戒毒治疗的药品、医疗器械和治疗方法,不得作广告。除此以外的处方药,只能在国务院卫生行政部门和国务院药品监督管理部门共同指定的医学、药学专业刊物上作广告。

六、药品监督管理

1. 关于假药和劣药的认定

《药品管理法》第九十八条规定,禁止生产(包括配制)、销售、使用假药。

(1)假药。有下列情形之一的,为假药:

1)药品所含成分与国家药品标准规定的成分不符;

2)以非药品冒充药品或者以他种药品冒充此种药品;

3)变质的药品;

4)药品所标明的适应证或者功能主治超出规定范围。

(2)劣药。有下列情形之一的,为劣药:

1)药品成分的含量不符合国家药品标准;

2)被污染的药品;

3)未标明或者更改有效期的药品;

4)未注明或者更改产品批号的药品;

5)超过有效期的药品;

6)擅自添加防腐剂、辅料的药品;

7)其他不符合药品标准的药品。

禁止未取得药品批准证明文件生产、进口药品;禁止使用未按照规定审评、审批的原料药、包装材料和容器生产药品。

2. 药品监督管理内容

(1)药品监督管理部门应当依照法律、法规的规定对药品研制、生产、经营和药品使用单位使用药品等活动进行监督检查,必要时可以对为药品研制、生产、经营、使用提供产品或者服务的单位和个人进行延伸检查,有关单位和个人应当予以配合，不得拒绝和隐瞒。

（2）药品监督管理部门根据监督管理的需要，可以对药品质量进行抽查检验。抽查检验应当按照规定抽样，并不得收取任何费用；抽样应当购买样品。所需费用按照国务院规定列支。

（3）国务院和省、自治区、直辖市人民政府的药品监督管理部门应当定期公告药品质量抽查检验结果；公告不当的，应当在原公告范围内予以更正。

七、法律责任

《药品管理法》第一百一十四条规定，违反《药品管理法》规定，构成犯罪的，依法追究刑事责任。常见法律责任具体如下：

1. 未取得药品许可证的法律责任

未取得药品生产许可证、药品经营许可证或者医疗机构制剂许可证生产、销售药品的，责令关闭，没收违法生产、销售的药品和违法所得，并处违法生产、销售的药品（包括已售出和未售出的药品，下同）货值金额15倍以上30倍以下的罚款；货值金额不足10万元的，按10万元计算。

2. 生产、销售假药应承担的法律责任

生产、销售假药的，没收违法生产、销售的药品和违法所得，责令停产停业整顿，吊销药品批准证明文件，并处违法生产、销售的药品货值金额15倍以上30倍以下的罚款；货值金额不足10万元的，按10万元计算；情节严重的，吊销药品生产许可证、药品经营许可证或者医疗机构制剂许可证，10年内不受理其相应申请；药品上市许可持有人为境外企业的，10年内禁止其药品进口。

3. 生产、销售劣药应承担的法律责任

生产、销售劣药的，没收违法生产、销售的药品和违法所得，并处违法生产、销售的药品货值金额10倍以上20倍以下的罚款；违法生产、批发的药品货值金额不足10万元的，按10万元计算，违法零售的药品货值金额不足1万元的，按1万元计算；情节严重的，责令停产停业整顿直至吊销药品批准证明文件、药品生产许可证、药品经营许可证或者医疗机构制剂许可证。

4. 生产销售假劣药品的有关人员应承担的法律责任

生产、销售假药，或者生产、销售劣药且情节严重的，对法定代表人、主要负责人、直接负责的主管人员和其他责任人员，没收违法行为发生期间自本单位所获收入，并处所获收入30%以上3倍以下的罚款，终身禁止从事药品生产经营

活动,并可以由公安机关处 5 日以上 15 日以下的拘留。

对生产者专门用于生产假药、劣药的原料、辅料、包装材料、生产设备予以没收。

5. 药品经营企业等未按照规定实施有关规范应承担的法律责任

除《药品管理法》另有规定的情形外,药品上市许可持有人、药品生产企业、药品经营企业、药物非临床安全性评价研究机构、药物临床试验机构等未遵守药品生产质量管理规范、药品经营质量管理规范、药物非临床研究质量管理规范、药物临床试验质量管理规范等的,责令限期改正,给予警告;逾期不改正的,处 10 万元以上 50 万元以下的罚款;情节严重的,处 50 万元以上 200 万元以下的罚款,责令停产停业整顿直至吊销药品批准证明文件、药品生产许可证、药品经营许可证等,药物非临床安全性评价研究机构、药物临床试验机构等 5 年内不得开展药物非临床安全性评价研究、药物临床试验,对法定代表人、主要负责人、直接负责的主管人员和其他责任人员,没收违法行为发生期间自本单位所获收入,并处所获收入 10% 以上 50% 以下的罚款,10 年直至终身禁止从事药品生产经营等活动。

6. 违反《药品管理法》关于许可证和药品批准证明文件的规定应承担的法律责任

伪造、变造、出租、出借、非法买卖许可证或者药品批准证明文件的,没收违法所得,并处违法所得 1 倍以上 5 倍以下的罚款;情节严重的,并处违法所得 5 倍以上 15 倍以下的罚款,吊销药品生产许可证、药品经营许可证、医疗机构制剂许可证或者药品批准证明文件,对法定代表人、主要负责人、直接负责的主管人员和其他责任人员,处 2 万元以上 20 万元以下的罚款,10 年内禁止从事药品生产经营活动,并可以由公安机关处 5 日以上 16 日以下的拘留;违法所得不足 10 万元的,按 10 万元计算。

提供虚假的证明、数据、资料、样品或者采取其他手段骗取临床试验许可、药品生产许可、药品经营许可、医疗机构制剂许可或者药品注册等许可的,撤销相关许可,10 年内不受理其相应申请,并处 50 万元以上 500 万元以下的罚款;情节严重的,对法定代表人、主要负责人、直接负责的主管人员和其他责任人员,处 2 万元以上 20 万元以下的罚款,10 年内禁止从事药品生产经营活动,并可以由公安机关处 5 日以上 15 日以下的拘留。

培训课程 2

《药品经营质量管理规范》相关规定

培训目标

1. 掌握药品销售与服务的要求,药品陈列与储存的要求;
2. 熟悉人员与培训的要求,营业场所和仓库的要求;
3. 了解药品零售连锁企业的含义及其企业的机构组成。

《药品经营质量管理规范》的英文缩写为GSP,意为良好的供应规范。

2019年12月1日实施的《中华人民共和国药品管理法》第五十三条明确规定:"从事药品经营活动,应当遵守药品经营质量管理规范,建立健全药品经营质量管理体系,保证药品经营全过程持续符合法定要求。"这为药品经营企业实施GSP奠定了法律基础。

1982年,日本的GSP被介绍到我国。1984年6月,国家医药管理局发布了该规范的试行版,这是我国医药商品流通环节(购进、验收、储存、养护、销售)第一套正式质量管理程序,引起医药商业系统的广泛重视,收到了良好的效果。1992年,国家医药管理局正式发布了《医药商品质量管理规范》修订版。2000年,国家药品监督管理局总结过去几十年药品经营质量管理的经验对该规范进行修订,并于2000年4月30日由国家药品监督管理局公布实施;2012年11月6日卫生部对规范进行修订,修订后的规范于2013年6月1日实施;2015年5月18日国家食品药品监督管理总局审议通过再次修订规范,修订后的规范于2015年7月1日正式实施,此次修订整体变化不大,除发布方由卫生部变成国家食品药品监督管理总局外,还对首营企业审核内容等进行了调整。

2016年6月30日,国家食品药品监督管理总局审议通过《国家食品药品监督管理总局关于修改〈药品经营质量管理规范〉的决定》(国家食品药品监督管理总局令第 28 号),并于 2016 年 7 月 20 日发布施行。

2016 年版 GSP 及实施细则,增加了药品追溯系统的内容,提高了对疫苗配送的要求,强调了票货同行等规则,有效地增强了药品流通全过程的质量风险控制能力,进一步完善了 GSP 制度,为大力推进药品经营企业的 GSP 改造,提高药品经营企业人员素质,规范市场行为,保障人民群众用药安全、有效起到了很好的作用。

一、药品批发的质量管理

1. 质量管理体系

GSP 第五条规定,企业应当依据有关法律法规及本规范的要求建立质量管理体系,确定质量方针,制定质量管理体系文件,开展质量策划、质量控制、质量保证、质量改进和质量风险管理等活动。

(1)企业制定的质量方针文件应当明确企业总的质量目标和要求,并贯彻到药品经营活动的全过程。

(2)企业质量管理体系应当与其经营范围和规模相适应,包括组织机构、人员、设施设备、质量管理体系文件及相应的计算机系统等。

(3)企业应当定期以及在质量管理体系关键要素发生重大变化时,组织开展内审。

2. 组织机构与质量管理职责

(1)**组织机构及企业负责人职责**。企业应当设立与其经营活动和质量管理相适应的组织机构或者岗位,明确规定其职责、权限及相互关系。企业负责人是药品质量的主要责任人,全面负责企业日常管理,负责提供必要的条件,保证质量管理部门和质量管理人员有效履行职责,确保企业实现质量目标并按照本规范要求经营药品。企业质量负责人应当由高层管理人员担任,全面负责药品质量管理工作,独立履行职责,在企业内部对药品质量管理具有裁决权。

(2)**质量管理部门职责**。企业应当设立质量管理部门,有效开展质量管理工作。质量管理部门的职责不得由其他部门及人员履行。质量管理部门应当履行以下职责:

1)督促相关部门和岗位人员执行药品管理的法律法规及本规范。

2)组织制订质量管理体系文件,并指导、监督文件的执行。

3）负责对供货单位和购货单位的合法性、购进药品的合法性以及供货单位销售人员、购货单位采购人员的合法资格进行审核，并根据审核内容的变化进行动态管理。

4）负责质量信息的收集和管理，并建立药品质量档案。

5）负责药品的验收，指导并监督药品采购、储存、养护、销售、退货、运输等环节的质量管理工作。

6）负责不合格药品的确认，对不合格药品的处理过程实施监督。

7）负责药品质量投诉和质量事故的调查、处理及报告。

8）负责假劣药品的报告。

9）负责药品质量查询。

10）负责指导设定计算机系统质量控制功能，以及其他职责。

3. 人员与培训

（1）**关键岗位人员**。GSP第十八条规定，企业从事药品经营和质量管理工作的人员，应当符合有关法律法规及本规范规定的资格要求，不得有相关法律法规禁止从业的情形。

企业负责人应当具有大学专科以上学历或者中级以上专业技术职称，经过基本的药学专业知识培训，熟悉有关药品管理的法律法规及GSP。企业质量负责人应当具有大学本科以上学历、执业药师资格和3年以上药品经营质量管理工作经历，在质量管理工作中具备正确判断和保障实施的能力。企业质量管理部门负责人应当具有执业药师资格和3年以上药品经营质量管理工作经历，能独立解决经营过程中的质量问题。

（2）**培训要求**。GSP第二十五条规定，企业应当对各岗位人员进行与其职责和工作内容相关的岗前培训和继续培训，以符合GSP要求。

培训内容应当包括相关法律法规、药品专业知识及技能、质量管理制度、职责及岗位操作规程等。企业应当按照培训管理制度制订年度培训计划并开展培训，使相关人员能正确理解并履行职责。培训工作应当做好记录并建立档案。

从事特殊管理药品和冷藏冷冻药品的储存、运输等工作的人员，应当接受相关法律法规和专业知识培训并经考核合格后方可上岗。

（3）**劳动保护和健康检查**。企业应当制定员工个人卫生管理制度，储存、运输等岗位人员的着装应当符合劳动保护和产品防护的要求。

质量管理、验收、养护、储存等直接接触药品岗位的人员应当进行岗前及年度健康检查,并建立健康档案。患有传染病或者其他可能污染药品的疾病的,不得从事直接接触药品的工作。身体条件不符合相应岗位特定要求的,不得从事相关工作。

4. 设施与设备

企业应当具有与其药品经营范围、经营规模相适应的经营场所和库房。库房的选址、设计、布局、建造、改造和维护应当符合药品储存的要求,防止药品的污染、交叉污染、混淆和差错。药品储存作业区、辅助作业区应当与办公区和生活区分开一定距离或者有隔离措施。

(1)**企业应有适宜药品分类保管和符合药品储存要求的库房**。现行GSP虽然没有对仓库面积(指建筑面积,下同)作出硬性要求,但根据经营要求,一般来说,大型企业不应低于1 500 m^2,中型企业不应低于1 000 m^2,小型企业不应低于500 m^2。库房的规模及条件应当满足药品的合理、安全储存以及以下要求,以便于开展储存作业:

1)库房内外环境整洁,无污染源,库区地面硬化或者绿化。

2)库房内墙、顶光洁,地面平整,门窗结构严密。

3)库房有可靠的安全防护措施,能够对无关人员进入实行可控管理,防止药品被盗、替换或者混入假药。

4)有防止室外装卸、搬运、接收、发运等作业受异常天气影响的措施。

(2)**仓库应有的设施和设备**

1)药品与地面之间有效隔离的设备;

2)避光、通风、防潮、防虫、防鼠等设备;

3)有效调控温湿度及室内外空气交换的设备;

4)自动监测、记录库房温湿度的设备;

5)符合储存作业要求的照明设备;

6)用于零货拣选、拼箱发货操作及复核的作业区域和设备;

7)包装物料的存放场所;

8)验收、发货、退货的专用场所;

9)不合格药品专用存放场所;

10)经营特殊管理的药品有符合国家规定的储存设施。

经营中药材、中药饮片的,应当有专用的库房和养护工作场所;直接收购地产中药材的应当设置中药样品室(柜)。

5. 采购

（1）**采购要求**。企业应编制购货计划，并以药品质量作为重要依据。同时应把质量放在选择药品和供货单位条件的首位，制定出能够确保购进的药品符合质量要求的进货程序。企业的采购活动应当符合以下要求：

1）确定供货单位的合法资格。

2）确定所购入药品的合法性。

3）核实供货单位销售人员的合法资格。

4）与供货单位签订质量保证协议。

采购中涉及的首营企业、首营品种，采购部门应当填写相关申请表格，经过质量管理部门和企业质量负责人的审核批准。必要时应当组织实地考察，对供货单位质量管理体系进行评价。首营企业是指采购药品时，与本企业首次发生供需关系的药品生产或经营企业。首营品种是指本企业首次采购的药品。

（2）**建立完整真实的采购记录**。采购药品应当建立采购记录。采购记录应当有药品的通用名称、剂型、规格、生产厂商、供货单位、数量、价格、购货日期等内容，采购中药材、中药饮片的还应当标明产地。记录及凭证应当至少保存5年。

6. 收货与验收

（1）**收货**。企业应当按照规定的程序和要求对到货药品逐批进行收货、验收，防止不合格药品入库。药品到货时，收货人员应当核实运输方式是否符合要求，并对照随货同行单（票）和采购记录核对药品，做到票、账、货相符。

冷藏、冷冻药品到货时，应当对其运输方式及运输过程的温度记录、运输时间等质量控制状况进行重点检查并记录。不符合温度要求的应当拒收。

（2）**验收**。验收药品应当按照药品批号查验同批号的检验报告书。供货单位为批发企业的，检验报告书应当加盖其质量管理专用章原印章。检验报告书的传递和保存可以采用电子数据形式，但应当保证其合法性和有效性。

企业应当按照验收规定，对每次到货药品进行逐批抽样验收，抽取的样品应当具有代表性。验收人员应当对抽样药品的外观、包装、标签、说明书以及相关的证明文件等逐一进行检查、核对；验收结束后，应当将抽取的完好样品放回原包装箱，加封并标示。

验收药品应当做好验收记录，包括药品的通用名称、剂型、规格、批准文号、批号、生产日期、有效期、生产厂商、供货单位、到货数量、到货日期、验收合格数量、验收结果等内容。验收人员应当在验收记录上签署姓名和验收日期。记录及凭证应当至少保存5年。

7. 储存与养护

（1）**储存**。企业应当根据药品的质量特性对药品进行合理储存，并符合以下要求：

1）按包装标示的温度要求储存药品，包装上没有标示具体温度的，按照《中华人民共和国药典》规定的储藏要求进行储存。

2）储存药品相对湿度为35%~75%。

3）在人工作业的库房储存药品，按质量状态实行色标管理，合格药品为绿色，不合格药品为红色，待确定药品为黄色。

4）储存药品应当按照要求采取避光、遮光、通风、防潮、防虫、防鼠等措施。

5）搬运和堆码药品应当严格按照外包装标示要求规范操作，堆码高度符合包装图示要求，避免损坏药品包装。

6）药品按批号堆码，不同批号的药品不得混垛，垛间距不小于5 cm，与库房内墙、顶、温度调控设备及管道等设施间距不小于30 cm，与地面间距不小于10 cm。

7）药品与非药品、外用药与其他药品分开存放，中药材和中药饮片分库存放。

8）特殊管理的药品应当按照国家有关规定储存。

9）拆除外包装的零货药品应当集中存放。

10）储存药品的货架、托盘等设施设备应当保持清洁，无破损和杂物堆放。

11）未经批准的人员不得进入储存作业区，储存作业区内的人员不得有影响药品质量和安全的行为。

12）药品储存作业区内不得存放与储存管理无关的物品。

（2）**养护**。养护人员应当根据库房条件、外部环境、药品质量特性等对药品进行养护。企业应当采用计算机系统对库存药品的有效期进行自动跟踪和控制，采取近效期预警及超过有效期自动锁定等措施，防止过期药品销售。企业应当对库存药品定期盘点，做到账货相符。

8. 出库、运输与配送

（1）**出库**。药品出库应遵循"先产先出""近效期先出"和按批号发货的原则。出库时应当对照销售记录进行复核。发现以下情况不得出库，并报告质量管理部门处理。

1）药品包装出现破损、污染、封口不牢、衬垫不实、封条损坏等问题。

2）包装内有异常响动或者液体渗漏。

3）标签脱落、字迹模糊不清或者标识内容与实物不符。

4）药品已超过有效期。

5）其他异常情况的药品。

药品出库复核应当建立记录，包括购货单位、药品的通用名称、剂型、规格、数量、批号、有效期、生产厂商、出库日期、质量状况和复核人员等内容。特殊管理的药品出库应当按照有关规定进行复核。药品拼箱发货的代用包装箱应当有醒目的拼箱标志。药品出库时，应当附加盖企业药品出库专用章原印章的随货同行单（票）。

（2）**运输与配送**。企业应当按照质量管理制度的要求，严格执行运输操作规程，并采取有效措施保证运输过程中的药品质量与安全。

运输药品应当根据药品的包装、质量特性并针对车况、道路、天气等因素，选用适宜的运输工具，采取相应措施防止出现破损、污染等问题。发运药品时，应当检查运输工具，发现运输条件不符合规定的，不得发运。运输药品过程中，运载工具应当保持密闭。企业应当严格按照外包装标示的要求搬运、装卸药品。

企业委托其他运输药品应当与承运方签订运输协议，明确药品质量责任、遵守运输操作规程和在途时限等内容。企业委托运输药品应当有记录，实现运输过程的质量追溯。记录至少包括发货时间、发货地址、收货单位、收货地址、货单号、药品件数、运输方式、委托经办人、承运单位，采用车辆运输的还应当载明车牌号，并留存驾驶人员的驾驶证复印件。记录应当至少保存5年。

9. 销售与售后管理

（1）**销售**。企业应当将药品销售给合法的购货单位，并对购货单位的证明文件、采购人员及提货人员的身份证明进行核实，保证药品销售流向真实、合法。企业应当严格审核购货单位的生产范围、经营范围或者诊疗范围，并按照相应的范围销售药品。企业销售药品，应当如实开具发票，做到票、账、货、款一致。企业应当做好药品销售记录。销售记录应当包括药品的通用名称、规格、剂型、批号、有效期、生产厂商、购货单位、销售数量、单价、金额、销售日期等内容。特殊情况下进行药品直调的，应当建立专门的销售记录。

（2）**售后管理**。企业应当加强对退货的管理，保证退货环节药品的质量和安全，防止混入假冒药品。企业应当按照质量管理制度的要求，制定投诉管理操作规程，内容包括投诉渠道及方式、档案记录、调查与评估、处理措施、反馈和事后跟踪等。企业应当配备专职或者兼职人员负责售后投诉管理，查明投诉的质量问题原因，采取有效措施，及时处理和反馈，并做好记录，必要时应当通知供货单位及药品生产企业。企业应当协助药品生产企业履行召回义务，按照召回计划的要求及时传达、反馈药品召回信息，控制和收回存在安全隐患的药品，并建立药品召回记录。

二、药品零售的质量管理

1. 管理职责

企业应当具有与其经营范围和规模相适应的经营条件，包括组织机构、人员、设施设备、质量管理文件，并按照规定设置计算机系统。企业负责人是药品质量的主要责任人，负责企业日常管理，负责提供必要的条件，保证质量管理部门和质量管理人员有效履行职责，确保企业按照相关要求经营药品。

2. 人员管理

（1）**人员要求**。企业法定代表人或者企业负责人应当具备执业药师资格。企业应当按照国家有关规定配备执业药师，负责处方审核，指导合理用药。

（2）**技术要求**

1）质量管理、验收、采购人员应当具有药学或者医学、生物、化学等相关专业学历或者具有药学专业技术职称。

2）从事中药饮片质量管理、验收、采购人员应当具有中药学中专以上学历或者具有中药学专业初级以上专业技术职称。

3）营业员应当具有高中以上文化程度或者符合省级食品药品监督管理部门规定的条件。

4）中药饮片调剂人员应当具有中药学中专以上学历或者具备中药调剂员资格。

（3）**岗前培训和继续培训**。企业各岗位人员应当接受相关法律法规及药品专业知识与技能的岗前培训和继续培训，以符合本规范要求。企业应当按照培训管理制度制订年度培训计划并开展培训，使相关人员能正确理解并履行职责。培训工作应当做好记录并建立档案。

（4）健康检查。企业应当对直接接触药品岗位的人员进行岗前及年度健康检查，并建立健康档案。患有传染病或者其他可能污染药品的疾病的，不得从事直接接触药品的工作。

3. 设施与设备

企业的营业场所应当与其药品经营范围、经营规模相适应，并与药品储存、办公、生活辅助及其他区域分开。

（1）营业场所。营业场所应当具有相应设施或者采取其他有效措施，避免药品受室外环境的影响，并做到宽敞、明亮、整洁、卫生。营业场所应当有以下营业设备：

1）货架和柜台；

2）监测、调控温度的设备；

3）经营中药饮片的，有存放饮片和处方调配的设备；

4）经营冷藏药品的，有专用冷藏设备；

5）经营第二类精神药品、毒性中药品种和罂粟壳的，有符合安全规定的专用存放设备；

6）药品拆零销售所需的调配工具、包装用品。

（2）库房。企业设置库房的，应当做到库房内墙、顶光洁，地面平整，门窗结构严密；有可靠的安全防护、防盗等措施。仓库应当有以下设施设备：

1）药品与地面之间有效隔离的设备；

2）避光、通风、防潮、防虫、防鼠等设备；

3）有效监测和调控温湿度的设备；

4）符合储存作业要求的照明设备；

5）验收专用场所；

6）不合格药品专用存放场所；

7）经营冷藏药品的，有与其经营品种及经营规模相适应的专用设备。

4. 采购与验收

（1）采购

1）采购药品时，应当向供货单位索取发票。采购药品应当建立采购记录。

2）药品到货时，收货人员应当核实运输方式是否符合要求，并对照随货同行单（票）和采购记录核对药品，做到票、账、货相符。

（2）验收

1）收货人员对符合收货要求的药品，应当按品种特性要求放于相应待验区域，或者设置状态标志，通知验收。冷藏、冷冻药品应当在冷库内待验。

2）验收人员应当对抽样药品的外观、包装、标签、说明书以及相关的证明文件等逐一进行检查、核对；验收结束后，应当将抽取的完好样品放回原包装箱，加封并标示。验收药品应当做好验收记录。

5. 陈列与储存

（1）陈列。企业应当对营业场所温度进行监测和调控，以使营业场所的温度符合常温要求，并且定期进行卫生检查，保持环境整洁。药品的陈列应当符合以下要求：

1）按剂型、用途以及储存要求分类陈列，并设置醒目标志，类别标签字迹清晰、放置准确。

2）药品放置于货架（柜），摆放整齐有序，避免阳光直射。

3）处方药、非处方药分区陈列，并有处方药、非处方药专用标识。

4）处方药不得采用开架自选的方式陈列和销售。

5）外用药与其他药品分开摆放。

6）拆零销售的药品集中存放于拆零专柜或者专区。

7）第二类精神药品、毒性中药品种和罂粟壳不得陈列。

8）冷藏药品放置在冷藏设备中，按规定对温度进行监测和记录，并保证存放温度符合要求。

9）中药饮片柜斗谱的书写应当正名正字；装斗前应当复核，防止错斗、串斗；应当定期清斗，防止饮片生虫、发霉、变质；不同批号的饮片装斗前应当清斗并记录。

10）经营非药品应当设置专区，与药品区域明显隔离，并有醒目标志。

企业应当定期对陈列、存放的药品进行检查，重点检查拆零药品和易变质、近效期、摆放时间较长的药品以及中药饮片。发现有质量疑问的药品应当及时撤柜，停止销售，由质量管理人员确认和处理，并保留相关记录。

（2）储存。企业设置库房的，库房的药品储存与养护管理应当符合GSP第二章第十节的相关规定。

6. 销售管理

企业应当在营业场所的显著位置悬挂"药品经营许可证"、营业执照、执业药师注册证等。营业人员应当佩戴有照片、姓名、岗位等内容的工作牌,是执业药师和药学技术人员的,工作牌还应当标明执业资格或者药学专业技术职称。在岗执业的执业药师应当挂牌明示。

(1) **销售药品**。销售药品应当符合以下要求:

1)处方经执业药师审核后方可调配;对处方所列药品不得擅自更改或者代用,对有配伍禁忌或者超剂量的处方,应当拒绝调配,但经处方医师更正或者重新签字确认的,可以调配;调配处方后经过核对方可销售。

2)处方审核、调配、核对人员应当在处方上签字或者盖章,并按照有关规定保存处方或者其复印件。

3)销售近效期药品应当向顾客告知有效期。

4)销售中药饮片做到计量准确,并告知煎服方法及注意事项;提供中药饮片代煎服务,应当符合国家有关规定。

(2) **拆零销售**。拆零销售指将最小包装拆分销售的方式。当药品需要拆零销售时,应当符合以下要求:

1)负责拆零销售的人员经过专门培训。

2)拆零的工作台及工具保持清洁、卫生,防止交叉污染。

3)做好拆零销售记录,内容包括拆零起始日期、药品的通用名称、规格、批号、生产厂商、有效期、销售数量、销售日期、分拆及复核人员等。

4)拆零销售应当使用洁净、卫生的包装,包装上注明药品名称、规格、数量、用法、用量、批号、有效期以及药店名称等内容。

5)提供药品说明书原件或者复印件。

6)拆零销售期间,保留原包装和说明书。

(3) **其他**。销售特殊管理的药品和国家有专门管理要求的药品,应当严格执行国家有关规定。疫苗、血液制品、麻醉药品、精神药品、医疗用毒性药品、放射性药品、药品类易制毒化学品等国家实行特殊管理的药品不得在网络上销售。药品广告宣传应当严格执行国家有关广告管理的规定。非本企业在职人员不得在营业场所内从事药品销售相关活动。

7. 售后管理

(1)除药品质量原因外,药品一经售出,不得退换。

(2)企业应当在营业场所公布食品药品监督管理部门的监督电话,设置顾客意见簿,及时处理顾客对药品质量的投诉。

（3）企业应当按照国家有关药品不良反应报告制度的规定，收集、报告药品不良反应信息。

（4）企业发现已售出药品有严重质量问题，应当及时采取措施追回药品并做好记录，同时向食品药品监督管理部门报告。

（5）企业应当协助药品生产企业履行召回义务，控制和收回存在安全隐患的药品，并建立药品召回记录。

培训课程 3 《中华人民共和国产品质量法》相关规定

培训目标

1. 掌握生产者和销售者的产品质量责任和义务；
2. 熟悉产品质量的损害赔偿及罚则；
3. 了解产品质量监督检查制度及对涉嫌违法行为的查处。

为了加强对产品质量的监督管理，提高产品质量水平，明确产品质量责任，保护消费者的合法权益，维护社会经济秩序，制定了《中华人民共和国产品质量法》（以下简称《产品质量法》）。

《产品质量法》于1993年2月22日第七届全国人民代表大会常务委员会第三十次会议通过，自1993年9月1日起施行。

根据2000年7月8日第九届全国人民代表大会常务委员会第十六次会议《关于修改〈中华人民共和国产品质量法〉的决定》第一次修正，自2000年9月1日起施行。

根据2009年8月27日第十一届全国人民代表大会常务委员会第十次会议《关于修改部分法律的决定》第二次修正。

根据2018年12月29日第十三届全国人民代表大会常务委员会第七次会议《关于修改〈中华人民共和国产品质量法〉等五部法律的决定》第三次修正。

一、产品质量的监督管理

1. 产品质量监督管理概述

（1）有关概念。产品指人们运用劳动手段对劳动对象进行加工而成，是用于满足人们生产和生活需要的物品。《产品质量法》中的产品，除具有产品的一般含义外，还具有一定历史时期的经济特性和法律标志。它是指商品经济社会中用作商品交换关系客体的，并且是由有关国家法律予以明确界定的产品。我国《产品质量法》所称的产品是指经过加工、制作并用于销售的产品。建设工程不适用《产品质量法》规定；但是，建设工程使用的建筑材料、建筑构配件和设备，属于前款规定的产品范围的，适用《产品质量法》规定。

产品质量是指产品或服务满足规定或潜在需要的特征和特性的总和。

产品质量法是调整产品生产、流通、消费领域，以及对产品质量进行监督管理的过程中因产品质量而产生的社会关系的法律规范的总称。

提高产品质量是人类社会的基本要求，也是发展经济不可缺少的强大推动力。所以，产品质量的立法历来为国家所重视。《产品质量法》自1993年颁布实施以来，经过2000年、2009年、2018年三次修正。它是我国调整产品质量关系的一项基本法律。

（2）**《产品质量法》调整的对象**。《产品质量法》调整的对象主要有以下两个方面。

1）国家在对企业的产品质量进行监督管理过程中所产生的质量管理关系。这类社会关系的主体，一方是依照法律规定行使监督管理职权的机关；另一方是从事产品生产经营活动的组织或个人。

2）产品的生产者、销售者与产品的用户和消费者因产品缺陷而产生的产品质量责任关系。这类社会关系的主体，一方是产品的生产者、销售者；另一方是产品的用户、消费者。

（3）**《产品质量法》的立法目的和适用范围**。《产品质量法》的立法目的：加强对产品质量的监督管理，提高产品质量水平，明确产品质量责任，保护消费者的合法权益，维护社会经济秩序。

《产品质量法》的适用范围：凡在中华人民共和国境内从事产品生产、销售活动，必须遵守《产品质量法》。

2. 产品质量监督管理制度

（1）**企业质量体系认证制度**。国家根据国际通用的质量管理标准，推行企业质量体系认证制度。企业根据自愿原则可以向国务院产品质量监督部门认可的或者国务院产品质量监督部门授权的部门认可的认证机构申请企业质量体系认证。经认证合格的，由认证机构颁发企业质量体系认证证书。这表明：企业质量体系认证的依据是国际通用的质量管理标准，即国际标准化组织推荐的ISO9000系列标准，我国已将其转化为质量管理和质量保证系列国家标准；认证的原则是自愿申请，即由企业自主决定；认证的管理体制为国务院产品质量监督部门实行统一管理。

（2）**产品质量认证制度**。国家参照国际先进的产品标准和技术要求，推行产品质量认证制度。企业根据自愿原则可以向国务院产品质量监督部门认可的或者国务院产品质量监督部门授权的部门认可的认证机构申请产品质量认证。经认证合格的，由认证机构颁发产品质量认证证书，准许企业在产品或者其包装上使用产品质量认证标志。

（3）**产品质量监督检查制度**。国家对产品质量实行以抽查为主要方式的监督检查制度，抽查的重点有以下几类产品：1）对可能危及人体健康和人身、财产安全的产品；2）影响国计民生的重要工业产品；3）消费者、有关组织反映有质量问题的产品。监督抽查的样品应当在市场上和企业的成品仓库中随机抽取。监督抽查工作由国务院产品质量监督部门规划和组织。县级以上地方产品质量监督部门在本行政区域内也可以组织监督抽查。法律对产品质量的监督检查另有规定的，依照有关法律的规定执行。同时，对监督抽查的结果要进行公布，以表明产品质量监督检查的公正性，增加透明度，从而起到威慑作用。

二、生产者、销售者的产品质量责任和义务

1. 生产者的产品质量责任和义务

（1）生产者应当对其生产的产品质量负责，具体要求如下：

1）不存在危及人身、财产安全的不合理的危险，有保障人体健康和人身、财产安全的国家标准、行业标准的，应当符合该标准。

2）具备产品应当具备的使用性能，但是，对产品存在使用性能的瑕疵作出说明的除外。

3）符合在产品或者其包装上注明采用的产品标准，符合以产品说明、实物样品等方式表明的质量状况。

（2）产品或者其包装上的标识必须真实，并符合下列要求：

1）有产品质量检验合格证明。

2）有中文标明的产品名称、生产厂厂名和厂址。

3）根据产品的特点和使用要求，需要标明产品规格、等级、所含主要成分的名称和含量的，用中文相应予以标明；需要事先让消费者知晓的，应当在外包装上标明，或者预先向消费者提供有关资料。

4）限期使用的产品，应当在显著位置清晰地标明生产日期和安全使用期或者失效日期。

5）使用不当，容易造成产品本身损坏或者可能危及人身、财产安全的产品，应当有警示标志或者中文警示说明。裸装的食品和其他根据产品的特点难以附加标识的裸装产品，可以不附加产品标识。

（3）易碎、易燃、易爆、有毒、有腐蚀性、有放射性等危险物品以及储运中不能倒置和其他有特殊要求的产品，其包装质量必须符合相应要求，依照国家有关规定作出警示标志或者中文警示说明，标明储运注意事项。

（4）不得生产国家明令淘汰的产品。

（5）不得伪造产地，不得伪造或者冒用他人的厂名、厂址。

（6）不得伪造或者冒用认证标志等质量标志。

（7）生产产品，不得掺杂、掺假，不得以假充真、以次充好，不得以不合格产品冒充合格产品。

2. 销售者的产品质量责任和义务

销售者应当建立健全内部产品质量管理制度，严格实施岗位质量规范、质量责任以及相应的考核办法。任何单位和个人不得排斥非本地区或者非本系统企业生产的质量合格产品进入本地区、本系统。销售者应当对其销售的产品质量负有如下责任和义务：

（1）应当建立并执行进货检查验收制度，验明产品合格证明和其他标识。

（2）应当采取措施，保持销售产品的质量。

（3）不得销售国家明令淘汰并停止销售的产品和失效、变质的产品。

（4）销售的产品的标识应当符合规定，参见生产者对其生产产品及其包装标识真实性要求。

（5）不得伪造产地，不得伪造或者冒用他人的厂名、厂址。

（6）不得伪造或者冒用认证标志等质量标志。

（7）销售产品，不得掺杂、掺假，不得以假充真、以次充好，不得以不合格产品冒充合格产品。

三、损害赔偿

1. 一般产品质量的赔偿责任

售出的产品有下列情形之一的,销售者应当负责修理、更换、退货;给购买产品的消费者造成损失的,销售者应当赔偿损失。

(1)不具备产品应当具备的使用性能而事先未作说明的;

(2)不符合在产品或者其包装上注明采用的产品标准的;

(3)不符合以产品说明、实物样品等方式表明的质量状况的。

销售者依照前款规定负责修理、更换、退货、赔偿损失后,属于生产者的责任或者属于向销售者提供产品的其他销售者(以下简称供货者)的责任的,销售者有权向生产者、供货者追偿。销售者未按照第一款规定给予修理、更换、退货或者赔偿损失的,由市场监督管理部门责令改正。

2. 产品缺陷的赔偿责任

产品缺陷是指产品存在危及人身、他人财产安全的危险;产品有保障人体健康和人身、财产安全的国家标准、行业标准的,是指不符合该标准。

由于销售者的过错使产品存在缺陷,造成人身、他人财产损害的,销售者应当承担赔偿责任。销售者不能指明缺陷产品的生产者也不能指明缺陷产品的供货者的,销售者应当承担赔偿责任。

因产品存在缺陷造成人身、他人财产损害的,受害人可以向产品的生产者要求赔偿,也可以向产品的销售者要求赔偿。属于产品生产者的责任,而由产品的销售者赔偿的,产品销售者有权向产品的生产者追偿。属于产品销售者的责任,而由产品的生产者赔偿的,产品生产者有权向产品的销售者追偿。

3. 损害赔偿的具体规定

(1)因产品存在缺陷造成受害人人身伤害的,侵害人应当赔偿医疗费、治疗期间的护理费、因误工减少的收入等费用;造成残疾的,还应当支付残疾者生活自助具费、生活补助费、残疾赔偿金以及由其扶养的人所必需的生活费等费用;造成受害人死亡的,并应当支付丧葬费、死亡赔偿金以及由死者生前扶养的人所必需的生活费等费用。

(2)因产品存在缺陷造成受害人财产损失的,侵害人应当恢复原状或者折价赔偿。受害人因此遭受其他重大损失的,侵害人应当赔偿损失。

(3)因产品存在缺陷造成损害要求赔偿的诉讼时效为2年,自当事人知道或者应当知道其权益受到损害时起计算。

4. 产品质量纠纷处理方式

因产品质量发生民事纠纷时，当事人可以通过协商或者调解解决。当事人不愿通过协商、调解解决或者协商、调解不成的，可以根据当事人各方的协议向仲裁机构申请仲裁；当事人各方没有达成仲裁协议或者仲裁协议无效的，可以直接向人民法院起诉。

四、法律责任

法律责任体现了国家对违法者的制裁和惩罚，是指生产者和销售者以及其他责任者违反产品质量法应承担的法律责任，主要有行政责任和刑事责任。

1. 行政责任

（1）责令停止生产和销售。主要适用于以下违法行为：1）生产、销售不符合保障人体健康和人身、财产安全的国家标准、行业标准的产品的；2）在产品中掺杂、掺假，以假充真，以次充好，或者以不合格产品冒充合格产品的；3）生产、销售国家明令淘汰的产品的；4）销售失效、变质的产品的；5）产品标识不符合规定，情节严重的。

（2）没收违法产品和违法所得。这种经济制裁主要适用于：1）生产、销售不符合保障人体健康和人身、财产安全的国家标准、行业标准的产品的；2）在产品中掺杂、掺假，以假充真，以次充好，或者以不合格产品冒充合格产品的；3）生产国家明令淘汰的产品的、销售国家明令淘汰并停止销售的产品的；4）销售失效、变质的产品的；5）伪造产品产地的，伪造或者冒用他人厂名、厂址的，伪造或者冒用认证标志等质量标志的。

（3）罚款。《产品质量法》规定的罚款是以违法者的违法所得为基数计算的。主要适用于：1）生产、销售不符合保障人体健康和人身、财产安全的国家标准、行业标准的产品的，要并处违法生产、销售产品（包括已售出和未售出的产品，下同）货值金额等值以上3倍以下的罚款；2）在产品中掺杂、掺假，以假充真，以次充好，或者以不合格产品冒充合格产品的，处违法生产、销售产品货值金额50%以上3倍以下的罚款；3）销售失效、变质的产品的，并处违法销售产品货值金额2倍以下的罚款；4）伪造产品产地的，伪造或者冒用他人厂名、厂址的，伪造或者冒用认证标志等质量标志的，并处违法生产、销售产品货值金额等值以下的罚款；5）产品标识不符合规定，情节严重的，并处违法生产、销售产品货值金额 30% 以下的罚款；6）知道或者应当知道属于《产品质量法》规定禁止生产、销售的产品而为其提供运输、保管、仓储等便利条件的，或者为以假充真的产品提供制假生产技术的，并处违法收入 50% 以上 3 倍以下的罚款；7）隐匿、转移、变卖、损毁被市场监督管理部门查封、扣押的物品的，处被隐匿、转移、变卖、损毁物品货值金额等值以上 3 倍以下的罚款；有违法所得的，并处没收违法所得。

（4）吊销营业执照。吊销营业执照属于相当严重的行政制裁措施，可以适用于上述各种严重的违法行为。此外，还有一些其他的行政处罚，如责令公开更正、责令改正等。

2. 刑事责任

依照《产品质量法》的有关规定，可以追究刑事责任的违法行为有：

（1）生产、销售不符合保障人体健康和人身、财产安全的国家标准、行业标准的产品的；

（2）在产品中掺杂、掺假，以假充真，以次充好，或者以不合格产品冒充合格产品的；

（3）销售失效、变质的产品的；

（4）产品质量检验机构、认证机构伪造检验结果或者出具虚假证明的；

（5）知道或者应当知道属于《产品质量法》规定禁止生产、销售的产品而为其提供运输、保管、仓储等便利条件的，或者为以假充真的产品提供制假生产技术的；

（6）以暴力、威胁方法阻碍市场监督管理部门的工作人员依法执行职务的，依法追究刑事责任等等。

培训课程 4

《中华人民共和国消费者权益保护法》相关规定

培训目标

1. 掌握消费者的权利和经营者的义务；
2. 熟悉争议的解决途径及法律责任。

《中华人民共和国消费者权益保护法》（以下简称《消费者权益保护法》）是我国制定的保护消费者权益的专门法律。其立法目的是为保护消费者的合法权益，维护社会经济秩序，促进社会主义市场经济健康发展。该法于1993年10月31日经第八届全国人民代表大会常务委员会第四次会议通过，并根据2009年8月27日第十一届全国人民代表大会常务委员会第十次会议《关于修改部分法律的决定》第一次修正；根据2013年10月25日第十二届全国人民代表大会常务委员会第五次会议《关于修改〈中华人民共和国消费者权益保护法〉的决定》第二次修正。

《消费者权益保护法》适用范围：消费者为生活消费需要购买、使用商品或者接受服务，其权益受该法保护；经营者为消费者提供其生产、销售的商品或者提供服务，其行为受该法的规范。这里的消费者是指为生活消费需要购买、使用经营者所提供的商品或者接受服务的市场主体。

《消费者权益保护法》是调整商品生产经营者、服务提供者和消费者在经营与消费行为中所发生的社会关系的法律规范的总称。经营者与消费者进行交易，应当遵循自愿、平等、公平、诚实守信的原则。

一、消费者的权利

消费者的权利就是国家法律规定或确认的公民为生活消费而购买、使用商品或者接受服务时享有的不可剥夺的权利。我国《消费者权益保护法》第二章规定了消费者具有以下九项权利。

1. 保障安全权

消费者在购买、使用商品和接受服务时享有人身、财产安全不受损害的权利。消费者有权要求经营者提供的商品和服务，符合保障人身、财产安全的要求。

2. 知情权

消费者享有知悉其购买、使用的商品或者接受的服务的真实情况的权利。消费者有权根据商品或者服务的不同情况，要求经营者提供商品的价格、产地、生产者、用途、性能、规格、等级、主要成分、生产日期、有效期限、检验合格证明、使用方法说明书、售后服务，或者服务的内容、规格、费用等有关情况。

3. 自主选择权

消费者享有自主选择商品或者服务的权利。消费者有权自主选择提供商品或者服务的经营者，自主选择商品品种或者服务方式，自主决定购买或者不购买任何一种商品、接受或者不接受任何一项服务。消费者在自主选择商品或者服务时，有权进行比较、鉴别和挑选。

4. 公平交易权

消费者享有公平交易的权利。消费者在购买商品或者接受服务时，有权获得质量保障、价格合理、计量正确等公平交易条件，有权拒绝经营者的强制交易行为。

5. 依法求偿权

消费者因购买、使用商品或者接受服务受到人身、财产损害的，享有依法获得赔偿的权利。依法求偿权是弥补消费者所受损害的救济性权利。

6. 依法结社权

消费者享有依法成立维护自身合法权益的社会组织的权利。

7. 获得知识权

消费者享有获得有关消费和消费者权益保护方面的知识的权利。消费者应当努力掌握所需商品或者服务的知识和使用技能，正确使用商品，提高自我保护意识。

8. 受尊重权

消费者在购买、使用商品和接受服务时，享有人格尊严、民族风俗习惯得到尊重的权利，享有个人信息依法得到保护的权利。尊重消费者的人格是社会文明进步的表现，也是尊重和保障人权的重要内容。

9. 监督权

消费者享有对商品和服务以及保护消费者权益工作进行监督的权利。消费者有权检举、控告侵害消费者权益的行为和国家机关及其工作人员在保护消费者权益工作中的违法失职行为，有权对保护消费者权益工作提出批评、建议。

二、经营者的义务

由于经营者是为消费者提供商品或服务的主体，是与消费者直接进行交易的另一方，因此，明确经营者的义务对于保护消费者权益至关重要。依据《消费者权益保护法》的规定，在保护消费者权益方面，经营者负有下列义务：

1. 经营者应当按照法律规定或者合同约定履行义务

经营者向消费者提供商品或者服务，应当依照《消费者权益保护法》和其他有关法律、法规的规定履行义务。经营者和消费者有约定的，应当按照约定履行义务，但双方的约定不得违背法律、法规的规定。

2. 接受监督的义务

为了保障消费者的监督权，法律规定，经营者应当听取消费者对其提供的商品或者服务的意见，接受消费者的监督。

3. 保证其提供的商品或者服务安全的义务

经营者应当保证其提供的商品或者服务符合保障人身、财产安全的要求。对可能危及人身、财产安全的商品和服务，应当向消费者作出真实的说明和明确的警示，并说明和标明正确使用商品或者接受服务的方法以及防止危害发生的方法。经营者发现其提供的商品或者服务存在缺陷，有危及人身、财产安全危险的，应当立即向有关行政部门报告和告知消费者，并采取停止销售、警示、召回、无害化处理、销毁、停止生产或者服务等措施。

4. 提供真实信息的义务

经营者向消费者提供有关商品或者服务的质量、性能、用途、有效期限等信息，应当真实、全面，不得作虚假或者引人误解的宣传。经营者对消费者就其提供的商品或者服务的质量和使用方法等问题提出的询问，应当作出真实、明确的答复。经营者提供商品或者服务应当明码标价。经营者应当标明其真实名称和标记。租赁他人柜台或者场地的经营者,应当标明其真实名称和标记。

5. 出具凭证和单据的义务

经营者提供商品或者服务,应当按照国家有关规定或者商业惯例向消费者出具发票等购货凭证或者服务单据;消费者索要发票等购货凭证或者服务单据的,经营者必须出具。

6. 保证质量的义务

经营者应当保证在正常使用商品或者接受服务的情况下其提供的商品或者服务应当具有的质量、性能、用途和有效期限;但消费者在购买该商品或者接受该服务前已经知道其存在瑕疵,且存在该瑕疵不违反法律强制性规定的除外。经营者以广告、产品说明、实物样品或者其他方式表明商品或者服务的质量状况的,应当保证其提供的商品或者服务的实际质量与表明的质量状况相符。

7. 退货或者更换、修理等义务

经营者提供的商品或者服务不符合质量要求的,消费者可以依照国家规定、当事人约定退货,或者要求经营者履行更换、修理等义务。没有国家规定和当事人约定的,消费者可以自收到商品之日起七日内退货;七日后符合法定解除合同条件的,消费者可以及时退货,不符合法定解除合同条件的,可以要求经营者履行更换、修理等义务。按规定进行退货、更换、修理的,经营者应当承担运输等必要费用。

8. 不得从事不公平、不合理交易的义务

经营者不得以格式条款、通知、声明、店堂告示等方式,作出排除或者限制消费者权利、减轻或者免除经营者责任、加重消费者责任等对消费者不公平、不合理的规定,不得利用格式条款并借助技术手段强制交易。格式条款、通知、声明、店堂告示等含有上述所列内容的,其内容无效。

9. 尊重消费者的义务

经营者不得对消费者进行侮辱、诽谤,不得搜查消费者的身体及其携带的物品,不得侵犯消费者的人身自由。

三、争议的解决与法律责任

1. 争议的解决

消费者和经营者发生消费者权益争议的,可以通过下列途径解决:

（1）与经营者协商和解；

（2）请求消费者协会或者依法成立的其他调解组织调解；

（3）向有关行政部门投诉；

（4）根据与经营者达成的仲裁协议提请仲裁机构仲裁；

（5）向人民法院提起诉讼。

《消费者权益保护法》明确规定各级人民政府应当加强领导，组织、协调、督促有关行政部门做好保护消费者合法权益的工作，落实保护消费者合法权益的职责。各级市场监督管理部门和其他有关行政部门应依法在各自责任范围内采取措施，保护消费者合法权益。有关国家机关应当依照法律、法规的规定，惩处经营者在提供商品和服务中侵害消费者合法权益的违法犯罪行为。人民法院应当采取措施，方便消费者提起诉讼。对符合《中华人民共和国民事诉讼法》起诉条件的消费者权益争议，必须受理，及时审理。

《消费者权益保护法》规定消费者协会和其他消费者组织是依法成立的对商品和服务进行社会监督的保护消费者合法权益的社会组织，并具体规定了消费者协会应履行的公益性职责。

2. 法律责任

经营者提供商品或者服务有下列情形之一的，除《消费者权益保护法》另有规定外，应当依照其他有关法律、法规的规定，承担民事责任：

（1）商品或者服务存在缺陷的；

（2）不具备商品应当具备的使用性能而出售时未作说明的；

（3）不符合在商品或者其包装上注明采用的商品标准的；

（4）不符合商品说明、实物样品等方式表明的质量状况的；

（5）生产国家明令淘汰的商品或者销售失效、变质的商品的；

（6）销售的商品数量不足的；

（7）服务的内容和费用违反约定的；

（8）对消费者提出的修理、重作、更换、退货、补足商品数量、退还货款和服务费用或者赔偿损失的要求，故意拖延或者无理拒绝的；

（9）法律、法规规定的其他损害消费者权益的情形。

《消费者权益保护法》对各种损害消费者权益的行为，进行了严格的界定，并相应明确了处罚的法律依据和处罚方式。对有一般违法行为的经营者，《消费者权益保护法》规定处以警告、没收违法所得、罚款、停业整顿，甚至吊销营业执照等行政处罚，对严重扰乱社会秩序的经营者由公安机关依照《中华人民共和国治安管理处罚法》进行处罚，对触犯刑律的依法追究其刑事责任。此外，对于经营者违反《消费者权益保护法》规定并给消费者权益带来损害的，消费者有权要求赔偿，经营者要承担民事责任。

培训课程 5 《中华人民共和国反不正当竞争法》相关规定

培训目标

1. 掌握不正当竞争行为的种类及其法律责任；
2. 熟悉《中华人民共和国反不正当竞争法》的相关条例。

一、概述

1993年9月2日第八届全国人民代表大会常务委员会第三次会议通过《中华人民共和国反不正当竞争法》（以下简称《反不正当竞争法》），自1993年12月1日起施行。2017年11月4日第十二届全国人民代表大会常务委员会第三十次会议第二次修订，2019年4月23日第十三届全国人民代表大会常务委员会第十次会议《关于修改〈中华人民共和国建筑法〉等八部法律的决定》第三次修正。它调整的范围限于在我国境内从事市场交易活动，向市场提供商品或者营利性服务的经营者。

1. 立法的目的

《反不正当竞争法》是为了促进社会主义市场经济健康发展，鼓励和保护公平竞争，制止不正当竞争行为，保护经营者和消费者的合法权益而制定的。

市场经济体制最基本的特征是竞争，而发挥竞争作用的条件是需要有一个良好的市场竞争秩序。《反不正当竞争法》通过规范市场竞争规则，制止不正当竞争，鼓励和保护公平竞争行为，进而保护经营者和消费者的合法权益，保障社会主义市场经济健康发展。通过法律手段，对各种不正当竞争行为予以制止和制裁，对建立我国社会主义市场经济体制具有十分重要的意义。

2. 我国市场交易的基本原则

市场交易的基本原则，即市场交易的基本规则，是我国《反不正当竞争法》的内容之一，是确认竞争行为是否正当的一个原则性根据，也是经营者进行市场竞争的根本准则。我国市场交易的基本原则如下。

（1）**自愿原则**。即经营者在市场交易活动中，根据自己的意愿设立、变更、终止法律关系的原则。

（2）**平等原则**。即参与市场交易活动的经营者法律地位平等、权利能力平等的原则。

（3）**公平原则**。即参与市场交易活动的经营者都按照相同的规则从事活动，享有的权利和承担的义务不能有失公平的原则。

（4）**诚信原则**。即经营者在市场交易活动中应保持善意、诚实，恪守信用，不欺诈的原则。

同时，参与市场交易活动的经营者应当遵守法律以及在长期的市场交易活动中形成的、为社会普遍承认和遵守的商事行为准则和惯例的原则。

二、不正当竞争行为及法律责任

不正当竞争行为是指经营者在生产经营活动中，违反《反不正当竞争法》规定，扰乱市场竞争秩序，损害其他经营者或者消费者的合法权益的行为。

1. 不正当竞争行为的特征

（1）**不正当竞争行为的主体是经营者**。经营者是指从事商品生产、经营或者提供服务（以下所称商品包括服务）的自然人、法人和非法人组织。非经营者不是竞争行为主体，所以也不能成为不正当竞争行为的主体。

（2）**不正当竞争行为具有违法性**。不正当竞争行为的违法性，主要表现在经营者违反了《反不正当竞争法》的规定，既包括违反了第二章关于禁止各种不正当竞争行为的具体规定，也包括违反了该法第二条的原则规定。经营者的某些行为虽然表面上难以确认为该法明确规定的不正当竞争行为，但只要违反了自愿、平等、公平、诚实信用原则或违反了公认的商业道德，损害了其他经营者的合法权益，扰乱了市场竞争秩序，也应认定为不正当竞争行为。

（3）**不正当竞争行为侵害的客体是同业经营者的合法权益和正常的市场竞争秩序**。不正当竞争行为的破坏性主要体现在：危害公平竞争的市场秩序；阻碍技术进步和社会生产力的发展；损害其他经营者的正常经营和合法权益，使守法经营者蒙受物质上和精神上的双重损害。有些不正当竞争行为，如虚假广告和欺骗性有奖销售，还可能损害广大消费者的合法权益。另外，不正当竞争行为还有可能给我国的对外开放政策带来消极影响，严重损害国家利益。

2. 不正当竞争行为类型及其法律责任

（1）**混淆行为**。混淆行为是指经营者在市场经营活动中，以各种不实手法对自己的商品或服务作虚假表示、说明或承诺，或不当利用他人的智力劳动成果推销自己的商品或服务，使用户或者消费者产生误解，扰乱市场秩序、损害同业竞争者的利益或者消费者利益的行为。

经营者不得实施下列混淆行为，引人误认为是他人商品或者与他人存在特定联系：

1）擅自使用与他人有一定影响的商品名称、包装、装潢等相同或者近似的标识；

2）擅自使用他人有一定影响的企业名称（包括简称、字号等）、社会组织名称（包括简称等）、姓名（包括笔名、艺名、译名等）；

3）擅自使用他人有一定影响的域名主体部分、网站名称、网页等；

4）其他足以引人误认为是他人商品或者与他人存在特定联系的混淆行为。

《反不正当竞争法》对上述不正当竞争行为做出了相应的处罚规定，具体为：经营者违反《反不正当竞争法》第六条规定实施混淆行为的，由监督检查部门责令停止违法行为，没收违法商品。违法经营额5万元以上的，可以并处违法经营额5倍以下的罚款；没有违法经营额或者违法经营额不足5万元的，可以并处25万元以下的罚款。情节严重的，吊销营业执照。

（2）**商业贿赂行为**。商业贿赂是指经营者为争取交易机会，暗中给予交易对方有关人员和能够影响交易的其他相关人员以财物或其他好处的行为。

《反不正当竞争法》规定，经营者不得采用财物或者其他手段贿赂下列单位或者个人，以谋取交易机会或者竞争优势：

1）交易相对方的工作人员；

2）受交易相对方委托办理相关事务的单位或者个人；

3）利用职权或者影响力影响交易的单位或者个人。

经营者在交易活动中，可以以明示方式向交易相对方支付折扣，或者向中间人支付佣金。经营者向交易相对方支付折扣、向中间人支付佣金的，应当如实入账。接受折扣、佣金的经营者也应当如实入账。经营者有商业贿赂行为的，由监督检查部门没收违法所得，处10万元以上300万元以下的罚款。情节严重的，吊销营业执照。

（3）**虚假宣传行为**。虚假宣传行为是指经营者利用广告和其他方法，对产品的质量、性能、成分、用途、产地等所做的引人误解的不实宣传。

《反不正当竞争法》第八条规定，经营者不得对其商品的性能、功能、质量、销售状况、用户评价、曾获荣誉等做虚假或者引人误解的商业宣传，欺骗、误导消费者。经营者不得通过组织虚假交易等方式，帮助其他经营者进行虚假或者引人误解的商业宣传。

经营者违反《反不正当竞争法》第八条规定对其商品做虚假或者引人误解的商业宣传，或者通过组织虚假交易等方式帮助其他经营者进行虚假或者引人误解的商业宣传的，由监督检查部门责令停止违法行为，处20万元以上100万元以下的罚款；情节严重的，处100万元以上200万元以下的罚款，可以吊销营业执照。

（4）**侵犯商业秘密行为**。商业秘密是指不为公众所知悉、能为权利人带来经济利益、具有实用性并经权利人采取保密措施的技术信息和经营信息。侵犯商业秘密的行为是指以不当手段获取披露、使用他人商业秘密的行为。经营者不得采用下列手段侵犯商业秘密：

1）以盗窃、贿赂、欺诈、胁迫、电子侵入或者其他不正当手段获取权利人的商业秘密；

2）披露、使用或者允许他人使用以前项手段获取的权利人的商业秘密；

3）违反保密义务或者违反权利人有关保守商业秘密的要求，披露、使用或者允许他人使用其所掌握的商业秘密；

4）教唆、引诱、帮助他人违反保密义务或者违反权利人有关保守商业秘密的要求，获取、披露、使用或者允许他人使用权利人的商业秘密。经营者以外的其他自然人、法人和非法人组织实施前款所列违法行为的，视为侵犯商业秘密。

5）第三人明知或者应知商业秘密权利人的员工、前员工或者其他单位、个人实施前款所列违法行为，仍获取、披露、使用或者允许他人使用该商业秘密的，视为侵犯商业秘密。

《反不正当竞争法》对侵犯商业秘密行为规定的处罚方式，由监督检查部门责令停止违法行为，没收违法所得，处10万元以上100万元以下的罚款；情节严重的，处50万元以上500万元以下的罚款。

（5）**不正当有奖销售行为**。不正当有奖销售是指经营者在销售商品或提供服务时，以欺骗或其他不正当手段，附带提供给用户和消费者金钱、实物或其他好处，作为对交易奖励的行为。其方式大致可分为两种：一种是奖励给所有购买者的附赠式有奖销售，另一种是奖励部分购买者的抽奖式有奖销售。

《反不正当竞争法》规定，经营者进行有奖销售不得存在下列情形：

1）所设奖的种类、兑奖条件、奖金金额或者奖品等有奖销售信息不明确，影响兑奖；

2）采用谎称有奖或者故意让内定人员中奖的欺骗方式进行有奖销售；

3）抽奖式的有奖销售，最高奖的金额超过5万元。

经营者违反上述规定进行有奖销售的，由监督检查部门责令停止违法行为，处5万元以上50万元以下的罚款。

（6）诋毁商誉行为。诋毁商誉行为是指经营者捏造、散布虚假事实、损害竞争对手的商业信誉、商品声誉，从而削弱其竞争力，为自己取得竞争优势的行为。

《反不正当竞争法》第十一条规定，经营者不得编造、传播虚假信息或者误导性信息，损害竞争对手的商业信誉、商品声誉。经营者违反《反不正当竞争法》规定损害竞争对手商业信誉、商品声誉的，由监督检查部门责令停止违法行为、消除影响，处10万元以上50万元以下的罚款；情节严重的，处50万元以上300万元以下的罚款。

三、对涉嫌不正当竞争行为的调查

1. 监督检查部门

《反不正当竞争法》规定，县级以上人民政府履行工商行政管理职责的部门[①]对不正当竞争行为进行查处；法律、行政法规规定由其他部门查处的，依照其规定。

2. 监督检查部门的职权

（1）监督检查部门调查涉嫌不正当竞争行为，可以采取下列措施：

1）进入涉嫌不正当竞争行为的经营场所进行检查；

2）询问被调查的经营者、利害关系人及其他有关单位、个人，要求其说明有关情况或者提供与被调查行为有关的其他资料；

---

① 根据2018年国务院机构改革方案，组建国家市场监督管理总局，不再保留国家工商行政管理总局、国家质量监督检验检疫总局、国家食品药品监督管理总局。

3）查询、复制与涉嫌不正当竞争行为有关的协议、账簿、单据、文件、记录、业务函电和其他资料；

4）查封、扣押与涉嫌不正当竞争行为有关的财物；

5）查询涉嫌不正当竞争行为的经营者的银行账户。

监督检查部门调查涉嫌不正当竞争行为，应当遵守《中华人民共和国行政强制法》和其他有关法律、行政法规的规定，并应当将查处结果及时向社会公开。

（2）监督检查部门调查涉嫌不正当竞争行为，被调查的经营者、利害关系人及其他有关单位、个人应当如实提供有关资料或者情况。

（3）监督检查部门及其工作人员对调查过程中知悉的商业秘密负有保密义务。

（4）对涉嫌不正当竞争行为，任何单位和个人有权向监督检查部门举报，监督检查部门接到举报后应当依法及时处理。

（5）监督检查部门应当向社会公开受理举报的电话、信箱或者电子邮件地址，并为举报人保密。对实名举报并提供相关事实和证据的，监督检查部门应当将处理结果告知举报人。

四、不正当竞争行为的法律责任

1. 民事责任

经营者违反《反不正当竞争法》规定，给他人造成损害的，应当依法承担民事责任。经营者的合法权益受到不正当竞争行为损害的，可以向人民法院提起诉讼。因不正当竞争行为受到损害的经营者的赔偿数额，按照其因被侵权所受到的实际损失确定；实际损失难以计算的，按照侵权人因侵权所获得的利益确定。经营者恶意实施侵犯商业秘密行为，情节严重的，可以在按照上述方法确定数额的1倍以上5倍以下确定赔偿数额。赔偿数额还应当包括经营者为制止侵权行为所支付的合理开支。

2. 行政责任

《反不正当竞争法》规定的行政责任，要通过监督检查部门对不正当竞争行为的查处来实现。行政责任的形式主要包括责令停止违法行为、责令改正、没收违法所得、罚款以及吊销营业执照等形式。具体不正当竞争行为的行政责任前文已介绍。

3. 刑事责任

《反不正当竞争法》规定：违反本法规定，构成犯罪的，依法追究刑事责任。

培训课程 6 《中华人民共和国劳动合同法》相关规定

培训目标

1. 掌握劳动合同的订立、履行、解除、终止的相关规定；
2. 熟悉劳动合同的种类、劳务派遣、非全日制用工的相关规定；
3. 了解《劳动合同法》的适用范围及违反《劳动合同法》所应承担的法律责任。

《中华人民共和国劳动合同法》（以下简称《劳动合同法》）于2007年6月29日，由中华人民共和国第十届全国人民代表大会常务委员会第二十八次会议通过，自2008年1月1日起施行；并于2012年12月28日，中华人民共和国第十一届全国人民代表大会常务委员会第三十次会议修正通过，自2013年7月1日起施行。

一、劳动合同的订立

《劳动合同法》规定，劳动合同分为固定期限劳动合同、无固定期限劳动合同和以完成一定工作任务为期限的劳动合同。

1. 固定期限劳动合同和无固定期限劳动合同的订立

固定期限劳动合同是指用人单位与劳动者约定合同终止时间的劳动合同。无固定期限劳动合同，是指用人单位与劳动者约定无确定终止时间的劳动合同。

《劳动合同法》规定，用人单位与劳动者协商一致，可以订立固定期限劳动合同和无固定期限劳动合同。有下列情形之一，劳动者提出或者同意续订、订立劳动合同的，除劳动者提出订立固定期限劳动合同外，应当订立无固定期限劳动合同。

（1）劳动者在该用人单位连续工作满10年的；

（2）用人单位初次实行劳动合同制度或者国有企业改制重新订立劳动合同时，劳动者在该用人单位连续工作满十年且距法定退休年龄不足10年的；

（3）连续订立两次固定期限劳动合同，且劳动者没有以下情形续订劳动合同的：

1）在试用期间被证明不符合录用条件的；

2）严重违反用人单位的规章制度的；

3）严重失职，营私舞弊，给用人单位造成重大损害的；

4）劳动者同时与其他用人单位建立劳动关系，对完成本单位的工作任务造成严重影响，或者经用人单位提出，拒不改正的；

5）因《劳动合同法》第二十六条第一款第一项规定的情形致使劳动合同无效的；

6）被依法追究刑事责任的；

7）劳动者患病或者非因工负伤，在规定的医疗期满后不能从事原工作，也不能从事由用人单位另行安排的工作的；

8）劳动者不能胜任工作，经过培训或者调整工作岗位，仍不能胜任工作的；

此外，用人单位自用工之日起满1年不与劳动者订立书面劳动合同的，视为用人单位与劳动者已订立无固定期限劳动合同。

2. 以完成一定工作任务为期限的劳动合同的订立

以完成一定工作任务为期限的劳动合同，是指用人单位与劳动者约定以某项工作的完成为合同期限的劳动合同。用人单位与劳动者协商一致，可以订立以完成一定工作任务为期限的劳动合同。

3. 劳动合同应当具备的条款

劳动合同由用人单位与劳动者协商一致，并经用人单位与劳动者在劳动合同文本上签字或者盖章生效。劳动合同文本由用人单位和劳动者各执一份。劳动合同应当具备以下条款：

（1）用人单位的名称、住所和法定代表人或者主要负责人；

（2）劳动者的姓名、住址和居民身份证或者其他有效身份证件号码；

（3）劳动合同期限；

（4）工作内容和工作地点；

（5）工作时间和休息休假；

（6）劳动报酬；

（7）社会保险；

（8）劳动保护、劳动条件和职业危害防护；

（9）法律、法规规定应当纳入劳动合同的其他事项。

劳动合同除上述必备条款外，用人单位与劳动者可以约定试用期、培训、保守秘密、补充保险和福利待遇等其他事项。

4. 试用期的有关规定

（1）试用期期限。劳动合同期限3个月以上不满1年的，试用期不得超过1个月；劳动合同期限1年以上不满3年的，试用期不得超过2个月；3年以上固定期限和无固定期限的劳动合同，试用期不得超过6个月。同一用人单位与同一劳动者只能约定一次试用期。以完成一定工作任务为期限的劳动合同或者劳动合同期限不满3个月的，不得约定试用期。试用期包含在劳动合同期限内。劳动合同仅约定试用期的，试用期不成立，该期限为劳动合同期限。

（2）试用期工资。劳动者在试用期的工资不得低于本单位相同岗位最低档工资或者劳动合同约定工资的80%，并不得低于用人单位所在地的最低工资标准。

二、劳动合同的履行与变更

1. 劳动合同的履行

（1）用人单位与劳动者应当按照劳动合同的约定，全面履行各自的义务。

（2）用人单位应当按照劳动合同约定和国家规定，向劳动者及时足额支付劳动报酬。用人单位拖欠或者未足额支付劳动报酬的，劳动者可以依法向当地人民法院申请支付令，人民法院应当依法发出支付令。

（3）用人单位应当严格执行劳动定额标准，不得强迫或者变相强迫劳动者加班。用人单位安排加班的，应当按照国家有关规定向劳动者支付加班费。

（4）劳动者拒绝用人单位管理人员违章指挥、强令冒险作业的，不视为违反劳动合同。劳动者对危害生命安全和身体健康的劳动条件，有权对用人单位提出批评、检举和控告。

（5）用人单位变更名称、法定代表人、主要负责人或者投资人等事项，不影响劳动合同的履行。

（6）用人单位发生合并或者分立等情况，原劳动合同继续有效，劳动合同由承继其权利和义务的用人单位继续履行。

2. 劳动合同的变更

用人单位与劳动者协商一致，可以变更劳动合同约定的内容。变更劳动合同，应当采用书面形式。变更后的劳动合同文本由用人单位和劳动者各执一份。

三、劳动合同的解除与终止

用人单位与劳动者协商一致，可以解除劳动合同。劳动者提前30日以书面形式通知用人单位，可以解除劳动合同。劳动者在试用期内提前3日通知用人单位，可以解除劳动合同。

1. 劳动合同的解除

（1）用人单位有下列情形之一的，劳动者可以解除劳动合同：

1）未按照劳动合同约定提供劳动保护或者劳动条件的；

2）未及时足额支付劳动报酬的；

3）未依法为劳动者缴纳社会保险费的；

4）用人单位的规章制度违反法律、法规的规定，损害劳动者权益的；

5）因《劳动合同法》第二十六条第一款规定的情形致使劳动合同无效的；

6）法律、行政法规规定劳动者可以解除劳动合同的其他情形。

此外，用人单位以暴力、威胁或者非法限制人身自由的手段强迫劳动者劳动的，或者用人单位违章指挥、强令冒险作业危及劳动者人身安全的，劳动者可以立即解除劳动合同，不需事先告知用人单位。

（2）劳动者有下列情形之一的，用人单位可以解除劳动合同：

1）在试用期间被证明不符合录用条件的；

2）严重违反用人单位的规章制度的；

3）严重失职，营私舞弊，给用人单位造成重大损害的；

4）劳动者同时与其他用人单位建立劳动关系，对完成本单位的工作任务造成严重影响，或者经用人单位提出，拒不改正的；

5）以欺诈、胁迫的手段或者乘人之危，使对方在违背真实意思的情况下订立或者变更劳动合同的；

6）被依法追究刑事责任的。

（3）有下列情形之一的，用人单位提前三十日以书面形式通知劳动者本人或者额外支付劳动者一个月工资后，可以解除劳动合同：

1）劳动者患病或者非因工负伤，在规定的医疗期满后不能从事原工作，也不能从事由用人单位另行安排的工作的；

2）劳动者不能胜任工作，经过培训或者调整工作岗位，仍不能胜任工作的；

3）劳动合同订立时所依据的客观情况发生重大变化，致使劳动合同无法履行，经用人单位与劳动者协商，未能就变更劳动合同内容达成协议的。

（4）劳动者有下列情形之一的，用人单位不得以《劳动合同法》第四十条、第四十一条的规定解除劳动合同：

1）从事接触职业病危害作业的劳动者未进行离岗前职业健康检查，或者疑似职业病病人在诊断或者医学观察期间的；

2）在本单位患职业病或者因工负伤并被确认丧失或者部分丧失劳动能力的；

3）患病或者非因工负伤，在规定的医疗期内的；

4）女职工在孕期、产期、哺乳期的；

5）在本单位连续工作满十五年，且距法定退休年龄不足五年的；

6）法律、行政法规规定的其他情形。

2. 劳动合同的终止

有下列情形之一的，劳动合同终止：

（1）劳动合同期满的；

（2）劳动者开始依法享受基本养老保险待遇的；

（3）劳动者死亡，或者被人民法院宣告死亡或者宣告失踪的；

（4）用人单位被依法宣告破产的；

（5）用人单位被吊销营业执照、责令关闭、撤销或者用人单位决定提前解散的；

（6）法律、行政法规规定的其他情形。

四、监督检查

《劳动合同法》规定，国务院劳动行政部门负责全国劳动合同制度实施的监督管理。县级以上地方人民政府劳动行政部门负责本行政区域内劳动合同制度实施的监督管理。县级以上各级人民政府劳动行政部门在劳动合同制度实施的监督管理工作中，应当听取工会、企业方面代表以及有关行业主管部门的意见。

县级以上地方人民政府劳动行政部门依法对下列实施劳动合同制度的情况进行监督检查：

1. 用人单位制定直接涉及劳动者切身利益的规章制度及其执行的情况；

2. 用人单位与劳动者订立和解除劳动合同的情况；

3. 劳务派遣单位和用工单位遵守劳务派遣有关规定的情况；

4. 用人单位遵守国家关于劳动者工作时间和休息休假规定的情况；

5. 用人单位支付劳动合同约定的劳动报酬和执行最低工资标准的情况；

6. 用人单位参加各项社会保险和缴纳社会保险费的情况；

7. 法律、法规规定的其他劳动监察事项。

任何组织或者个人对违反《劳动合同法》的行为都有权举报，县级以上人民政府劳动行政部门应当及时核实、处理，并对举报有功人员给予奖励。

五、法律责任

1. 用人单位自用工之日起超过1月不满1年未与劳动者订立书面劳动合同的，应当向劳动者每月支付2倍的工资。用人单位违反《劳动合同法》规定不与劳动者订立无固定期限劳动合同的，自应当订立无固定期限劳动合同之日起向劳动者每月支付2倍的工资。

2. 用人单位违反《劳动合同法》规定与劳动者约定试用期的，由劳动行政部门责令改正；违法约定的试用期已经履行的，由用人单位以劳动者试用期满月工资为标准，按已经履行的超过法定试用期的期间向劳动者支付赔偿金。

3. 用人单位有下列情形之一的，由劳动行政部门责令限期支付劳动报酬、加班费或者经济补偿；劳动报酬低于当地最低工资标准的，应当支付其差额部分；逾期不支付的，责令用人单位按应付金额50%以上100%以下的标准向劳动者加付赔偿金。

（1）未按照劳动合同的约定或者国家规定及时足额支付劳动者劳动报酬的；

（2）低于当地最低工资标准支付劳动者工资的；

（3）安排加班不支付加班费的；

（4）解除或者终止劳动合同，未依照《劳动合同法》规定向劳动者支付经济补偿的。

模块测试题

一、名词解释

1. 新药 2. 药品上市许可持有人 3. 拆零销售 4. 不正当竞争行为 5. 首营品种

二、填空题（将正确答案填在横线空白处）

1. 药品经营活动包括_____和_____。
2. 国家对疫苗、血液制品、_____、_____、_____、_____、药品类易制毒化学品等实行特殊管理。
3. 药品出库应遵循_____、_____和_____的原则。
4. 我国《消费者权益保护法》规定了消费者具有_____、_____、_____、_____、_____、_____、_____、_____和_____九项权利。
5. 我国市场交易的基本原则是_____、_____、_____、_____。

三、单项选择题（下列每题的选项中，只有一个是正确的，请将其代号填写在后面的括号内）

1. 开办药品批发企业和药品零售企业必须取得（   ）。
   A."药品生产许可证"　　　　　　　B."药品经营许可证"
   C."医疗机构制剂许可证"　　　　　D."进口许可证"

2. 《药品经营质量管理规范》的英文缩写为（   ）。
   A. GMP　　　　B. GSP　　　　C. GLP　　　　D. GCP

3. 处方药可以在（   ）作广告。
   A. 电视
   B. 报纸
   C. 广播
   D. 国务院卫生行政部门和国务院药品监督管理部门共同指定的医学、药学专业刊物

4. 储存药品相对湿度为（   ）。
   A. 25%～75%　　　　　　　　　B. 35%～75%
   C. 35%～65%　　　　　　　　　D. 45%～75%

5. 在库房药品均应实行色标管理。不合格药品库（区）为（   ）。
   A. 绿色　　　　B. 黄色　　　　C. 蓝色　　　　D. 红色

四、判断题（下列判断说法正确的在后面的括号内打"√"，错误的打"×"）

1. 处方药可以采用开架自选的方式陈列和销售。　　　　　　　　　　（   ）

2. 处方药是指无须凭执业医师或执业助理医师处方即可调配、购买和使用的药品。（　　）

3. 药品与库房散热器或供暖管道的间距不小于 30 cm。（　　）

4. 药品与地面的间距不小于 30 cm。（　　）

5. 劳动合同可以约定试用期，试用期最长不得超过 6 个月。（　　）

五、简答题

1. 简述《药品管理法》规定从事药品经营活动必须具备的条件。
2. 简述《药品经营质量管理规范》对假药的认定。
3. 消费者和经营者发生消费者权益争议的解决途径有哪些？
4. 简述劳动合同应当具备的条款。

模块测试题答案

一、名词解释（略）

二、填空题

1. 批发活动、零售活动
2. 麻醉药品、精神药品、医疗用毒性药品、放射性药品
3. 先产先出、近效期先出、按批号发货
4. 保障安全权、知情权、自主选择权、公平交易权、依法求偿权、依法结社权、获得知识权、受尊重权、监督权
5. 自愿原则、平等原则、公平原则、诚信原则

三、单项选择题

1. B　　2. B　　3. D　　4. B　　5. D

四、判断题

1. ×　　2. ×　　3. √　　4. ×　　5. √

五、简答题（略）

职业模块 ❸
医学基础知识

  本职业模块三包括三个方面的内容：人体的构成、病原微生物、人体免疫功能。第一节介绍人体生命活动的结构层次、基本特征、系统的解剖生理知识；第二节介绍病原微生物的生理知识及对人体的作用；第三节着重讲解人体免疫功能的基本原理。

  药物是治疗、预防和诊断疾病的物质，而药物学知识的形成和发展是建立在人体解剖学、生理学、生物化学、病理学、病理生理学、微生物学、免疫学以及其他医学基础学科基础上的，掌握相关医学基础知识是学好药物学的必备前提。

培训课程 1

人体的构成

培训目标

1. 掌握人体的四大组织和九大系统的基本功能;
2. 了解各系统的生理学功能及细胞的解剖知识。

一、概述

1. 人体的外观

人体分为头、颈、躯干和四肢。头部有眼、耳、口、鼻等器官。

头部由 23 块颅骨组成,圆形的颅腔保护人的大脑,这里是人的中央机关。颅腔和脊柱里的椎管相通,椎管里有脊髓,脑和骨髓是指挥和调节人体各种活动的中枢。颈就是人们平常所说的脖子,它连接着头部与躯干部,7 块颈椎骨里有血管,可保证脑部的血液供应。颈部还有一个重要的内分泌腺——甲状腺,它能分泌甲状腺素,可调节人体的新陈代谢。

人体最大的部位是躯干,包括胸部、腹部、背部和腰部。身体内部由横膈膜分为胸腔和腹腔。胸腔内有心、肺等器官,心脏是血液循环的中心,肺是人体与外界进行气体交换的场所,腹腔内有胃、肠、肝、脾和肾等器官。腹腔下部称盆腔,内有膀胱和直肠,女性还有卵巢、子宫等器官,分别具有消化、泌尿、生殖等功能。

支撑着人体躯干的是脊柱,脊柱包括颈椎、胸椎、腰椎、骶椎、尾椎。脊柱呈自然的弯曲状,能缓冲剧烈运动时对脑部产生的震荡,有利于保持身体的平衡。四肢分为两个上肢和两个下肢:上肢分为上臂、前臂和手三部分,下肢分为大腿、小腿和足三部分。

2. 人体的组成

人体的化学成分由无机物和有机物构成。无机物主要为钠、钾、磷和水等，有机物主要为糖类、脂类、蛋白质及核酸等。人体内最小的生命结构单位是细胞，人体由近1 800万亿个细胞组成。无数的细胞汇集成四大人体组织，组织联合成各种器官，器官又构成系统。人体内有运动、血液循环、呼吸、消化、泌尿、生殖、神经、内分泌、皮肤等系统，各个系统协调合作，在神经系统的调节下进行复杂的生命活动。

综上所述，细胞是人体内最小结构和功能的基本单位；组织由形态功能相似的细胞和间质构成；器官是由不同组织构成一定形态的较大功能单位；系统是由不同器官构成的，可完成一种特定的生理功能。

3. 细胞

人体结构的基本单位是细胞。人体细胞大小不一，卵细胞较大，直径约120 μm，而小淋巴细胞的直径约6 μm。细胞形态也是各种各样的，使其功能与所处的环境相适应，如血细胞在流动的血液中呈圆形，能收缩的肌细胞呈梭形或长圆柱形，接受刺激并传导冲动的神经细胞有长的突起等。

（1）细胞的组成。除了血液中成熟的血红细胞外，细胞可分为细胞膜、细胞质和细胞核三部分，如图3-1所示。

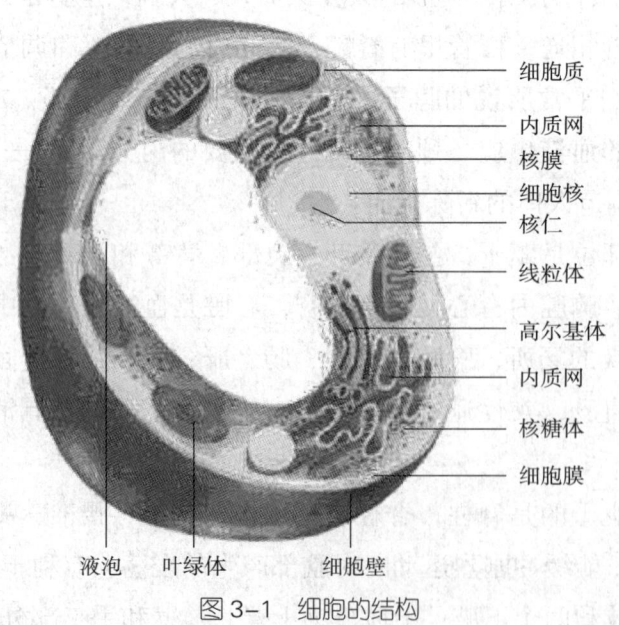

图3-1 细胞的结构

细胞膜主要由蛋白质、脂类和糖类构成，有保护细胞、维持细胞内部的稳定性，控制细胞内外物质交换的作用。细胞质是细胞新陈代谢的中心，主要由水、蛋白质、核糖核酸、酶、电解质等组成。细胞质中还悬浮有各种细胞器，主要的细胞器含有产生能量的线粒体；与蛋白质、糖类和脂类代谢有关的内质网；起细胞内消化作用的溶酶体和与细胞分裂有关的中心体等。细胞核由核膜围成，其内有核仁和染色质。染色质含有核酸和蛋白质。核酸是控制生物遗传的物质，而DNA是脱氧核糖核酸。在细胞分裂时，染色质变粗变短成为染色体，后者是遗传物质的载体。

（2）**物质的转运**。细胞在新陈代谢过程中，要从细胞外液中摄取所需的物质，同时要将某些物质排出细胞。进出细胞的物质种类繁多，理化性质各异。因此，它们进出细胞的形式也不同，细胞膜常见的转运物质的方式有被动转运和主动转运两种。

1）被动转运。被动转运包括单纯扩散和易化扩散两种形式。

单纯扩散是指物质分子遵循单纯的物理学原理，从浓度高的区域向浓度低的区域移动的现象。只有一些能溶解于脂质的物质，才有可能由膜的高浓度一侧向低浓度一侧扩散，其扩散量决定于膜两侧该物质的浓度梯度和该物质通过膜的难易程度，带电离子则取决于其所受的电场力。能够通过细胞膜进行单纯扩散的物质并不多，目前能肯定的只有 O_2 和 CO_2 等气体，以及脂溶性小分子物质能够单纯进行扩散。

易化扩散是指不溶于脂质或很难溶于脂质的某些物质，如葡萄糖、氨基酸等分子和 K^+、Na^+、Ca^{2+} 等离子。在一定情况下，也能顺浓差通过细胞膜，但它们是借助于细胞膜结构中某些特殊蛋白质的帮助而进行渗透的。一种是以所谓"载体"为中介的易化扩散，葡萄糖、氨基酸顺浓差通过细胞膜就属于这种类型。另一种是以所谓"通道"为中介的易化扩散，一些离子如 K^+、Na^+、Ca^{2+} 等顺着浓度梯度通过细胞膜就属于这种类型。

2）主动转运。主动转运是指细胞膜将物质分子或离子从浓度低的一侧向浓度高的一侧转运的过程，在这个过程中，需要细胞代谢供给能量。通过细胞膜主动转运的物质有 Na^+、K^+、Ca^{2+}、H^+、I^-、Cl^- 等离子和葡萄糖、氨基酸等分子。其中，最重要且被研究较充分的是 Na^+、K^+ 的主动转运。

（3）**生物电现象**。细胞膜的生物电现象是指一切活组织的细胞，无论在安静状态还是在活动中，均能表现出电的变化。这种电的变化是伴随着细胞生命活动而出现的。在可兴奋组织（如神经和肌肉）的细胞膜内外存在着不同的带电离子，膜外呈正电，膜内呈负电，存在着一定的电位差，即膜电位。生物电现象主要有两种表现形式，即安静时的静息电位和受刺激时产生的膜电位的改变（包括局部电位和动作电位）。生物电现象是以细胞为单位产生的，以细胞膜两侧带电离子的不均衡分布和离子的选择性跨膜转运为基础。

静息电位是指细胞未受刺激时，存在于细胞膜内外两侧的外正内负的电位差。由于这一电位差存在于安静细胞膜的两侧，故亦称跨膜静息电位，简称静息电位或膜电位。其形成机理是，静息电位产生的基本原因是离子的跨膜扩散，它和钠—钾泵的特点也有关系。细胞膜内 K^+ 浓度高于细胞外。安静状态下，膜对 K^+ 通透性大，K^+ 顺浓度差向膜外扩散，膜内的蛋白质负离子不能通过膜而被阻止在膜内，结果引起膜外正电荷增多，电位变正；膜内负电荷相对增多，电位变负，从而产生膜内外电位差。这个电位差阻止 K^+ 的进一步外流，当促使 K^+ 外流浓度差和阻止 K^+ 外流的电位差这两种相互对抗的力量相等时，K^+ 外流停止。膜内外电位差便维持在稳定的状态，即静息电位。

动作电位是指可兴奋组织或当细胞受到阈上刺激时，在静息电位基础上发生的快速、可逆转、可传播的细胞膜两侧的电变化，动作电位的主要成分是峰电位。其形成条件是：细胞膜两侧存在离子浓度差，细胞膜内 K^+ 浓度高于细胞膜外，而细胞外 Na^+、Ca^{2+}、Cl^- 浓度高于细胞内，这种浓度差的维持依靠离子泵的主动转运（主要是 $Na^+ \sim K^+$ 泵的转运）；细胞膜在不同状态下对不同离子的通透性不同，例如，安静时主要允许 K^+ 通透，而去极化到阈电位水平时，又主要允许 Na^+ 通透；可兴奋组织或细胞受阈上刺激。

4. 人体的四大组织

组织是由结构、功能、起源基本相同的细胞与细胞间质构成的。人体内有结缔组织、上皮组织、肌肉组织和神经组织四大组织。

（1）结缔组织。结缔组织支持身体各种结构的作用，如图3-2所示。

由图3-2可知，结缔组织由细胞、细胞间质和纤维构成，其特点是细胞分布松散、细胞间质较多。结缔组织主要包括疏松结缔组织、致密结缔组织、脂肪组织、软骨、骨、血液和淋巴等。它们分别具有支持、连接、营养、防卫、修复等功能。结缔组织是人体中数量最多的组织，它们广泛分布于各种组织和器官之间，其使命是像纽带一样将这些组织、器官彼此连接起来。结缔组织的细胞和细胞之间并不紧密，其中充满了大量的细胞间质。结缔组织主要起到连接、支持等作用。

骨骼、血液和淋巴等有时也被列入结缔组织，有些结缔组织能储存脂肪，并能生产血细胞和抗体。

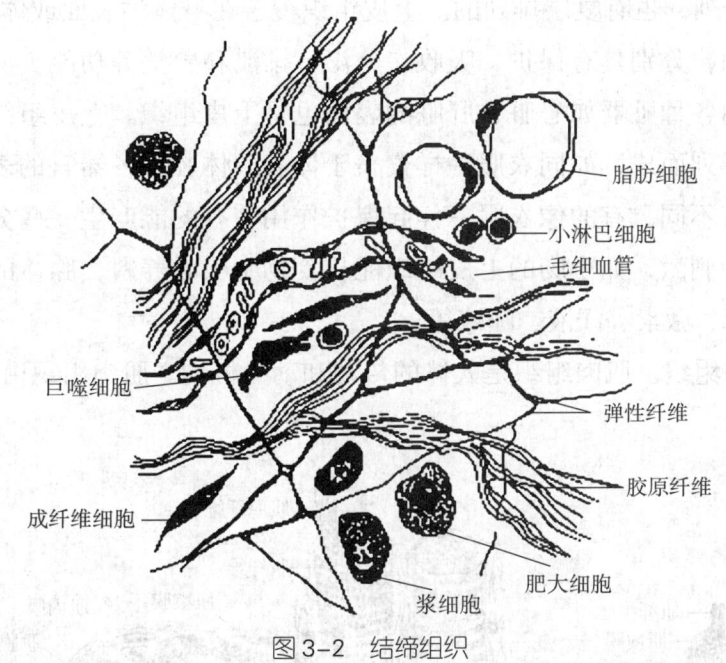

图 3-2　结缔组织

（2）上皮组织。上皮组织是包裹人体和器官的外衣，如图 3-3 所示。

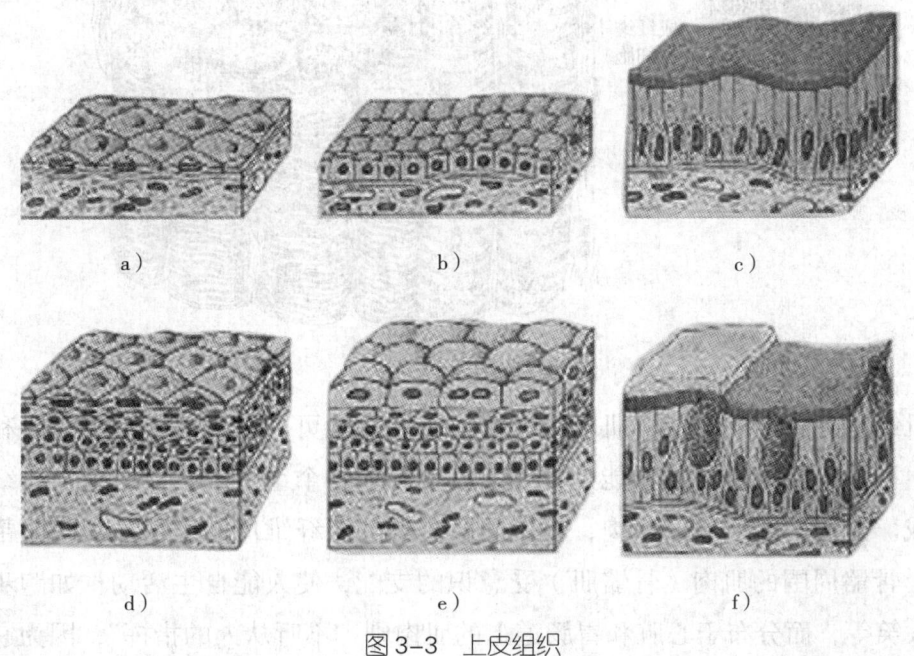

图 3-3　上皮组织

a）单层扁平上皮　b）单层立方上皮　c）单层柱状上皮　d）复层扁平上皮　e）变移上皮　f）假复层纤毛柱状上皮

由图3-3可以看出，上皮组织是由许多密集的上皮细胞和少量的细胞间质构成。其特点是细胞排列紧密，间质很少，细胞的形状呈扁平、柱状、立方体等。细胞有单层排列，也有复层排列的。上皮组织覆盖在身体的表面或体内中空的管、腔、囊的内面，分别具有保护、吸收、分泌、排泄和感觉等功能。人的皮肤是上皮组织，体内各种脏器如心脏、肝脏的表面也是上皮组织。上皮组织由一层或数层细胞整齐排列而成，如同衣服一样覆盖于体表、体腔和各器官的表面。上皮组织的职能也有不同，有的像衣服一样起保护作用，有的能产生一些分泌物，还有的能感受各种刺激，如小肠的上皮组织能从食物中吸收养料，腺体的上皮组织则能分泌消化酶、激素、汗液、唾液等。

（3）**肌肉组织**。肌肉组织是人体的传动和动力机构。肌肉组织由肌细胞构成，如图3-4所示。

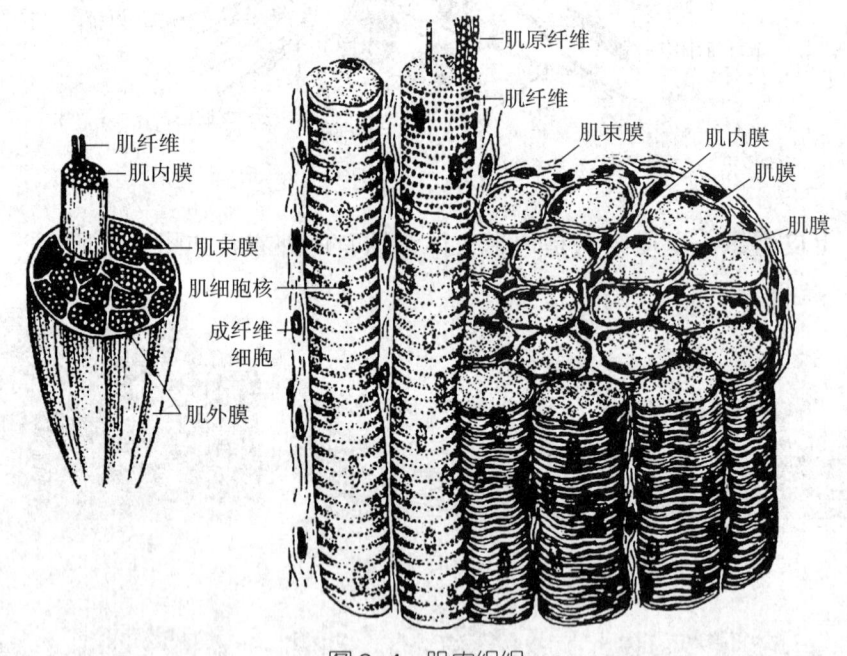

图3-4　肌肉组织

肌细胞有收缩的功能，肌肉组织按形态和功能可分为骨骼肌、平滑肌和心肌三类。人体内肌肉组织的功能是收缩、拉动身体各个组织。肌肉组织由肌纤维细胞组成。人们平时所说的肌肉，都是平行排列的肌纤维借助于结缔组织的帮助形成的。骨骼周围的肌肉（骨骼肌）受意识的支配，使人能自主活动，如跑步、跳跃、大笑等，而分布于心脏和胃肠道上的肌肉则"不听从人的指挥"，因为它们是一些不随意肌，因此人们不能让自己的心脏不跳，或让肠子停止蠕动。

（4）神经组织。 神经组织是人体的信息通信网络。

人体里也有一个庞大的信息网络，这就是神经组织，如图3-5所示。

神经组织由神经元和神经胶质细胞构成，具有高度的感应性和传导性。神经元由细胞体、树突和轴突等构成。树突较短，像树枝一样分支，其功能是将冲动传向细胞体。轴突较长，其末端为神经末梢，其功能是将冲动由细胞体向外传出。神经细胞又称神经元，由胞体和突起两部分组成。突起的部分都是由胞体上发出的，其中有一根最长，其末端有分支，被称为轴突。其他的突起数目较多，形状如树枝，被称为树突。

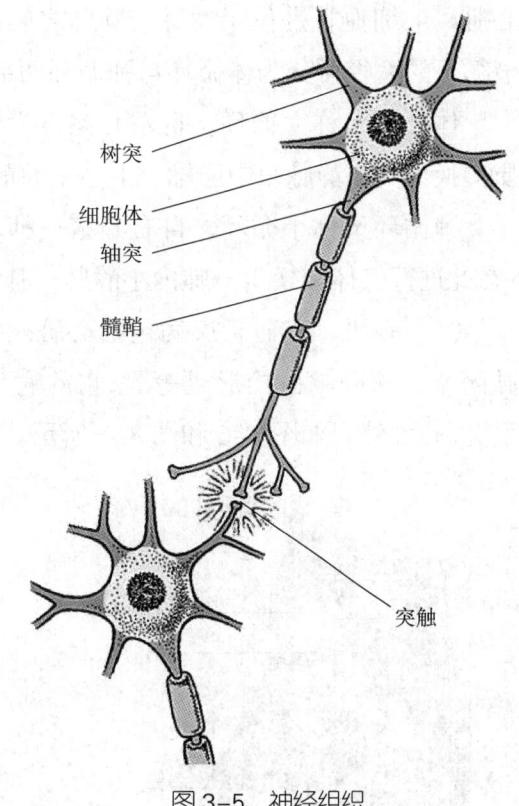

图3-5　神经组织

二、人体各系统的构成及其基本功能

人体包含循环、神经、运动、皮肤、消化、呼吸、泌尿、生殖和内分泌九大系统。

1. 循环系统

循环是指各种体液（如血液、淋巴液、脑脊液等）不停地流动和相互交换的过程。循环系统主要包括血液循环、组织液循环、淋巴循环和脑脊液循环。其中，血液循环起主导作用。血液循环系统的功能是不断地将 O_2、营养物质和激素等运送到全身各组织器官，并将各器官、组织所产生的 CO_2 和其他代谢产物带至排泄器官并排出体外，以保证机体物质代谢和生理功能的正常进行。如果机体血液循环功能一旦停止，则机体所有器官和组织将失去 O_2 及营养供应，新陈代谢将不能正常进行，从而造成体内一些器官的损害而危及生命。

血液循环是指血液在心血管闭合的管道系统内按一定方向、周而复始不停地流动。心血管系统由心脏、动脉、毛细血管及静脉组成。心脏是血液循环的动力器官，动脉将心脏输出的血液运送到全身器官，静脉则把全身各器官的血液带回心脏。毛细血管是位于动脉与静脉之间的微小血管,是进行物质交换的场所。血液循环的途径可分为体循环与肺循环两部分。

体循环又称大循环,自左心室→主动脉→各级分支→毛细血管(在此进行物质交换)→小静脉→中静脉→上、下腔静脉→右心房。

肺循环又称小循环,自右心室→肺动脉干→各级分支→肺泡壁的毛细血管网(在此进行气体交换)→肺内小静脉→肺静脉→左心房。

(1)**心脏**。心血管疾病包括心脏疾病(冠心病、心肌病等)和血管疾病(动脉闭塞、深静脉血栓形成等)。它的病死率居首位,是危害身体健康的"第一杀手"。心脏外观如图3-6和图3-7所示。

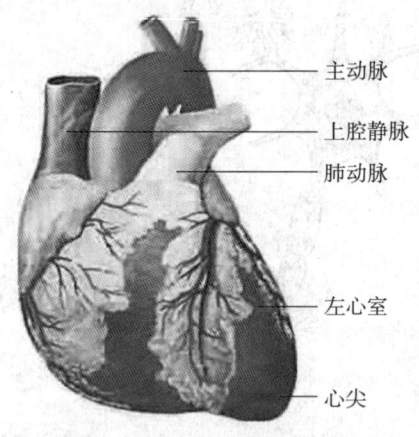

图3-6 心脏(前面观)

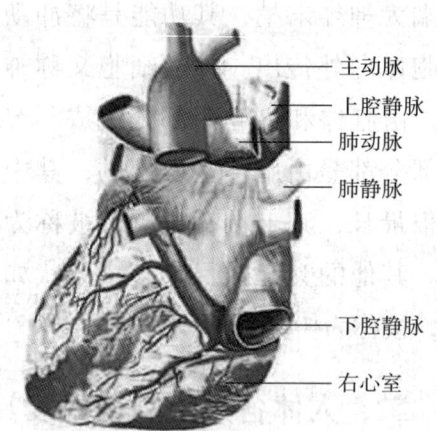

图3-7 心脏(后面观)

1)位置。心脏位于胸腔的中纵隔内,约2/3位于中线的左侧,约1/3位于中线的右侧,外面裹以心包。

2)外形

一尖(心尖)。朝向左前下方,平对左侧第5肋间隙中线内侧1~2 cm处。

一底(心底)。朝向右后上方。

两面。前面(胸肋面)朝向前上方,后面(膈面)朝向后下方。

三缘。左缘主要由左心室构成,右缘主要由右心房构成,下缘主要由右心室和心尖构成。

三条沟。冠状沟为心房与心室在心表面的分界标志,前室间沟为左、右心室在心表面的分界标志,后室间沟为左、右心室在心表面的分界标志。

四个腔。左心房连通肺静脉,右心房连通上、下腔静脉;左心室连通主动脉,右心室连通肺动脉。

在心房与心室之间有房室瓣，心室与动脉之间有动脉瓣，这些瓣膜只能向一个方向开启，房室瓣朝向心室开启，动脉瓣朝向动脉开启。

在循环系统中，心脏起着泵血的功能，推动血液循环。心脏的这种功能是通过心肌进行节律性的收缩与舒张及瓣膜的活动而实现的。心肌的收缩活动又决定心肌具有兴奋性、传导性等生理特性。心肌细胞膜的生物电活动是兴奋性和传导性等生理特性的基础。心脏的主要功能是射出血液以适应机体代谢的需要，可调节心排血量，使之适应机体需要。

3）心脏的血管

动脉：左冠状动脉——起自主动脉左窦，经左心耳和肺动脉间——冠状沟，分前室间支和旋支。前室间支分布于左、右心室前壁的一部分，室间隔的前上 2/3 处；旋支分布于左房壁和左室外侧壁。右冠状动脉——起自主动脉右窦，在肺动脉和右心耳间——冠状沟——膈面，分后室间支和左室后支，分布于右房壁、右室壁、左室后壁和室间隔后下 1/3 处。左、右冠状动脉上发出其分支，同侧冠状动脉各分支之间和左、右冠状动脉之间均有广泛的吻合。

静脉：心脏的静脉——冠状窦——冠状窦口——右心房。冠心窦位于冠状沟后部（左心房、室之间），心前静脉与最小静脉，直接开口于心脏。

4）心脏的收缩功能。心肌收缩力是指心肌纤维不依赖于前、后负荷而改变其收缩强度（肌纤维缩短程度和产生张力大小）和速度（缩短速度和张力发展速率）的一种内在特性。前负荷是指心室舒张末容量或压力反映心脏整体的前负荷，后负荷是指心室射血时所面对的负荷。对心脏而言，动脉收缩压反映心室的后负荷。

在心率恒定的情况下，心肌收缩力越大，即收缩强度越强，收缩速度越快，则搏出量越多，反之亦然。心肌收缩力的大小与其结构特点和机能状态有关，经常锻炼者的心肌比较发达，收缩力较强。在一定范围内，当静脉回流量增加时，心室充盈度增大，心肌最初长度增长，心肌收缩力增强，搏出量增多。心肌纤维在收缩前的最初长度（前负荷）适当拉长，收缩时的力量就会增强。心肌收缩力受神经和体液调节，心交感神经、去甲肾上腺素、肾上腺素使之增强；迷走神经、乙酰胆碱使之减弱。

心率是指正常人在安静状态下每分钟心跳的次数，也叫安静心率，一般为 60~100 次/min，可因年龄、性别或其他生理因素而产生个体差异。一般来说，年龄越小心率越快，老年人的心跳比年轻人慢，女性的心率比同龄男性快，这些都是正常的生理现象。在安静状态下，成人正常心率为 60~100 次 /min，理想心率应为 55~70 次 /min（运动员的心率较普通成人偏慢，一般为 50 次 /min 左右）。

（2）**血管的种类、结构与分布**。血管分布于人体的各个部位，分为动脉、静脉、毛细血管三大类。

1）动脉。动脉是把血液从心脏输送到毛细血管的管道。大动脉分成若干中动脉，中动脉再分成若干小动脉，这样几级分支最后成为动脉。管径随分支由大逐渐变细，大动脉的内径约为 25 mm，微动脉的内径仅为 20~30 μm。动脉管壁较厚，可分为内、中、外三层。内膜的表层为一单层扁平内皮，内皮下是一薄层结缔组织，接近中膜处往往有一层由弹性纤维组成的弹性膜。中膜较厚，主要由环行平滑肌及弹性膜等组织组成，动脉具有弹性与收缩性，外膜由结缔组织组成，内有营养血管和神经等。大动脉的中膜厚，主要由弹性膜组成，也有少量平滑肌，由于其弹性大，故又称其为弹性动脉。中动脉的管壁主要由平滑肌组成，平滑肌纤维间夹杂着一些弹性纤维和胶原纤维，其收缩性强，故又称之为肌性动脉。动脉越分支其管壁越薄、口径越小，弹性纤维逐渐减少而平滑肌成分逐渐增多。

2）静脉。静脉是输送血液返回心脏的管道。静脉较动脉壁薄而口径大，其数量多，亦可分大、中、小静脉，管壁也可分外膜、中膜与内膜三层。中层弹性纤维及平滑肌均少，故弹性与收缩性较小。静脉有深、浅之分，深、浅静脉互相连通。深静脉常与同名动脉伴行，如肾动脉、肾静脉和股动脉、股静脉等。浅静脉位于皮下，常是注射、输液或抽血的常用静脉，如上肢皮下的肘正中静脉、头静脉，下肢皮下的大隐静脉，颈部皮下的颈外静脉以及头皮静脉等。静脉内有瓣膜，具有防止血液倒流的作用。尤其是下肢静脉易受重力影响，其静脉瓣膜最多。而胸腹腔内的大静脉，如门静脉、肝静脉、上下腔静脉则没有静脉瓣膜，由于心脏舒张和吸气时的胸腔内压下降、腹内压升高等，可促进上述静脉中的静脉血回流入心脏。

3）毛细血管。毛细血管是体内分布最广、管壁最薄、口径最小的血管，一般仅能容纳 1~2 个红细胞通过。其管壁主要由一层内皮细胞构成，在内皮外面有一薄层结缔组织。另外还常可见到一种扁而有突起的细胞（周细胞）贴在毛细血管的管壁外面。这种细胞的性质目前还不清楚。有人推测周细胞具有收缩作用，可控制毛细血管管径，但此种作用尚未被证实。有实验表明，内皮细胞在受某些化学物质或机械性刺激时，其本身就可收缩而改变管径的大小。毛细血管的内径平均约为 8 μm，长 0.2~4 mm，它们互相联系成网状，遍布全身，毛细血管总横断面积大于主动脉数百倍，平时一般仅有小部分毛细血管轮流开放。由于毛细血管壁薄且有较高的通透性，使血液中的 O_2 和营养物质能通过管壁进入组织，组织中的 CO_2 和代谢产物也能通过管壁进入血液，从而完成血液与组织间的气体交换和物质交换。据电子显微镜观察，肾等器官内的毛细血管内皮有许多小孔，有利于物质的通透。

（3）**淋巴系统**。淋巴系统是循环系统的一个组成部分，由输送淋巴液的淋巴管与产生淋巴细胞和生成抗体的淋巴器官（包括淋巴结、扁桃体、脾、胸腺和消化管内的各种淋巴组织等）组成。淋巴管道可分为毛细淋巴管、淋巴管、淋巴干和淋巴导管。淋巴导管最后连接静脉角内。毛细淋巴管壁由一层扁平上皮细胞构成，它们彼此吻合成网，并逐渐汇合成越来越大的淋巴管。淋巴管的管壁极薄，主要由内皮细胞、弹性纤维与少量平滑肌组成，故也具有收缩功能，可推动淋巴细胞前进。淋巴管内和静脉一样，也有瓣膜存在，可防止淋巴液倒流。淋巴结形态大小不一，通常为圆形或椭圆形的小体、由网状内皮组织及淋巴组织所构成。淋巴液可以输入淋巴管进入淋巴结，经过滤后由输出淋巴管流出。

淋巴循环是血液循环的辅助装置，其主要功能如下所述。

1）回收蛋白质及运输营养物质。由于组织液中的蛋白质可透入毛细淋巴管而进入血液，故淋巴液回流最重要的意义是回收蛋白质。每天有 75~200 g 的蛋白质由淋巴液带回到血液中，使组织液中的蛋白质保持较低水平。此外，小肠黏膜吸收的营养物质特别是脂肪，可由小肠绒毛的毛细淋巴管吸收而转运至血液中。

2）具有消除组织中的红细胞、细菌、异物的功能。进入组织间隙的红细胞或侵入体内的细菌、异物，由于淋巴毛细管的通透性较大，故可进入淋巴液。淋巴液流经淋巴结时，红细胞、细菌等被淋巴结中的巨噬细胞吞噬。此外，淋巴结尚能产生淋巴细胞和浆细胞，参与免疫反应，故淋巴系统还具有防御功能。

2. 神经系统

神经系统包括位于颅腔中的脑、椎管中的脊髓以及与脑、脊髓相连的脑神经、脊神经、植物性神经及其神经节。脑与脊髓借脑神经、脊神经、植物性神经与身体所有各器官相联系。人体的结构与功能均极为复杂，各器官、系统的功能不是孤立的，人体内外环境的各种刺激由感受器接收后，通过神经系统的活动，可保证器官系统间的统一与合作,并使机体与复杂的外部环境间保持平衡。因此,神经系统在机体的一切活动中起着主导作用。

神经系统由中枢神经和周围神经两部分组成。中枢神经系统包括脑和脊髓,它们分别位于颅腔和椎管内。周围神经包括与脑和脊髓相连的脑神经、脊神经和植物性神经。它们各自都含有感觉和运动两种成分。由脑发出的称为脑神经,由脊髓发出的称为脊神经。植物性神经是指分布于内脏、心肌、平滑肌、腺体的神经,而支配体表、骨、关节和骨骼肌的神经又称为躯体神经,故植物性神经与躯体神经的命名是根据它们所支配的对象而言的。

神经系统的基本结构单位是神经元,它具有接收刺激和传导兴奋的功能。根据神经元在神经活动中所处的位置和功能特点,可将它们分为三种:感觉(传入)神经元接收刺激,并将神经冲动传入中枢;运动(传出)神经元把神经冲动从中枢传至效应器(肌肉或腺体);联络神经元或中间神经元介于感觉和运动神经元之间并起联络作用。感觉神经元胞体位于神经节内,运动和联络神经元胞体均位于中枢神经内。

神经元的胞体主要位于中枢神经系统内,神经元胞体集中处色泽灰暗,称为灰质,而位于大小脑表面的灰质又称为皮质。在中枢内功能相同的神经元胞体集中形成的团块称为神经核。在周围神经中,神经元胞体集中便形成了神经节。功能相同的神经元突起在中枢集合成束称为神经纤维束(即传导束),神经纤维集合处色泽亮白,称为白质。在周围神经中,神经纤维集中形成了神经。

(1)**脑和脑神经**。脑位于颅腔内,由脑干、间脑、小脑及端脑(左右大脑半球)组成。

1)脑干。脑干是脊髓向颅腔内延伸的部分。它的下端在枕骨大孔处与脊髓相连,上端与间脑相接被大脑两半球所覆盖,背侧与小脑相连。脑干自下而上又可分为延髓、脑桥、中脑三段。

延髓腹面的上方以一横沟与脑桥为界,它的下半部与脊髓外形相似,沿中线两旁有一对纵行隆起,称为锥体。锥体外侧有橄榄体,内有下橄榄核。锥体和橄榄体之间有舌下神经自此出脑。在延髓的侧面、橄榄体的背侧,从上到下有舌咽神经、迷走神经和副神经。延髓背面的下部与脊髓相似,其上部由于中央管开放为第四脑室,它与脑桥背面共同形成宽大的第四脑室底,第四脑室向下通脊髓中央管,向上通中脑水管。

脑桥的腹侧面隆起称为基底部,脑桥基底部向外逐渐变窄,称为脑桥臂,其背面与小脑相连。脑桥臂与基底部之间有三叉神经根。脑桥与延髓交界处，由内到外有外展神经、面神经和前庭蜗神经根。

中脑的腹侧有一对纵行隆起，称为大脑脚，内有粗大的纵行纤维通过。动眼神经由大脑脚内侧发出。中脑背面有两对丘形隆起，称为四叠体，上方一对称为上丘，下方一对称为下丘。滑车神经在四叠体下方发出。中脑内的管腔为中脑水管，与上方的第三脑室和下方的第四脑室连通。

2）间脑。位于中脑上方、两大脑半球之间，大部分被大脑半球所覆盖，并与两半球紧密连接。两侧间脑之间为一狭小的腔隙，称为第三脑室。第三脑室下通中脑水管，其前上方两侧借室间孔与左右大脑半球内的侧脑室相通，间脑主要分为丘脑与下丘脑。

丘脑位于间脑的背部，是一对卵圆形的灰质块，被"Y"形的白质纤维分为前核群（与内脏活动有关）、内侧核群和外侧核群（全身浅、深感觉的上行传导束终止于此核的腹后部分）。丘脑的后下方有一小突起，称为内侧膝状体，为听觉的皮层下中枢。其外侧另有一凸起，称为外侧膝状体，为视觉的皮层下中枢。除嗅觉外，各种感觉传导束都在丘脑内更换神经元后，才能投射到大脑皮层的一定部位，所以丘脑是皮层下感觉中枢。一侧丘脑受刺激，可出现对侧半身感觉过敏或疼痛。若一侧丘脑损伤，可出现对侧半身感觉消失。

下丘脑（即丘脑下部）位于丘脑的前下方，包括第三脑室侧壁下部和底的一些灰质核团。下丘脑的前下方有视神经汇合而成的视交叉，后方有一对小突起，称为乳头体。视交叉与乳头体之间为灰结节，向下与脑垂体连接。垂体是一圆形小体，是重要的内分泌腺。通常将下丘脑由前向后分为3个区，各区都包含许多核团，其中大多数都无明显的界限。

3）小脑。位于延髓与脑桥的背侧。两侧膨隆的部分称为小脑半球；中间较窄的部分称为小脑蚓部。小脑的结构与脊髓、脑干不同，其外表为灰质，称为小脑皮层。皮层的深部是白质，在白质内还藏有灰质核团。小脑通过一些纤维束与脑干相连，并进一步与大脑、脊髓发生联系。小脑分为三叶，即绒球小结叶（古小脑）、前叶（旧小脑）、后叶（新小脑）。

4）大脑。主要包括左、右大脑半球，是中枢神经系统的最高级部分。人类的大脑是在长期进化过程中发展起来的产生思维和意识的器官。

大脑半球的外形和分叶。左、右大脑半球由胼胝体相连。半球内的腔隙称为侧脑室，它们借室间孔与第三脑室相通。每个半球有三个面，即膨隆的背外侧面、垂直的内侧面和凹凸不平的底面。背外侧面与内侧面以上缘为界，背外侧面与底面以下缘为界。半球表面凹凸不平，布满深浅不同的沟和裂，沟裂之间的隆起称为脑回。背外侧面的主要沟裂有中央沟，其从上缘近中点斜向前下方；大脑外侧裂起自半球底面转至外侧面，其由前下方斜向后上方。在半球的内侧面有顶枕裂，可从后上方斜向前下方；距状裂由后部向前连顶枕裂，向后达枕极附近。这些沟裂将大脑半球分为五个叶：即中央沟以前、外侧裂以上的额叶，外侧裂以下的颞叶，顶枕裂后方的枕叶以及外侧裂上方、中央沟与顶枕裂之间的顶叶，以及深藏在外侧裂里的脑岛。

大脑半球的内部结构包括灰质和白质。灰质覆盖在大脑半球表面的一层，称为大脑皮层，是神经元胞体集中的地方。这些神经元在皮层中的分布具有严格的层次，大脑半球内侧面的古皮层分化较简单，一般只有三层，即分子层、锥体细胞层、多形细胞层。在大脑半球外侧面的新皮层则分化程度较高，共有六层，即分子层（又称带状层）、外颗粒层、外锥体细胞层、内颗粒层、内锥体细胞层（又称节细胞层）、多形细胞层。白质处在大脑皮层的深面，由大量神经纤维组成，其中包括大脑半球内回与回之间、叶与叶之间和两半球之间以及皮层与皮层下各级脑之间上下联系的神经纤维。脑就是通过这些神经纤维的联系来完成其重要功能的。

脑神经共有12对，与脑相连，主要分布于头面部，其中，第10对迷走神经还分布到胸、腹腔的脏器中。在12对脑神经中，第Ⅰ、Ⅱ、Ⅷ对脑神经是感觉神经；第Ⅲ、Ⅳ、Ⅵ、Ⅺ、Ⅻ对脑神经是运动神经；第Ⅴ、Ⅶ、Ⅸ、Ⅹ对脑神经是混合神经。脑神经的运动纤维是由脑干内脑神经运动核的轴突构成的；感觉纤维是由脑神经节内感觉神经元的周围支构成的，中央支与脑干内的脑神经感觉和核相连。凡是具有感觉纤维成分的脑神经，都有与脊神经相类似的神经节。脑神经节的位置就在相应的脑神经所穿过的颅底骨的孔、裂附近，节的大小、形态和名称各不相同。

（2）脊髓和脊神经

1）脊髓。脊髓的位置和外形。脊髓位于椎管内（比椎管短），呈前后略扁的圆柱形。上端平枕骨大孔和脑相连，下端呈圆锥状，成人脊髓圆锥的末端达第一腰椎下缘（新生儿脊髓达第三腰椎平面）。脊髓两侧的前、后方各有一排由神经纤维组成的神经根，在前方的称前根，在后方的称后根。后根上有一膨大的脊神经节。前根与后根在椎间孔处可合成脊神经。与每一对脊神经相连的一段脊髓称为一个脊髓节。因此，脊髓有相应的31个脊髓节，即颈段8节、胸段12节、腰段5节、骶段5节、尾段1节。

脊髓的内部结构。在脊髓的横切面上可见到中央有一蝴蝶形的灰质，灰质的周围称为白质。

蝶形的灰质纵贯脊髓全长，中间有中央管。灰质前端膨大称前角，后端窄细称后角；在脊髓的胸段和上腰段、前后角之间还有向外突出的侧角。前角内有运动神经元的胞体，其轴突组成前根，支配骨骼肌；后角内主要聚集着与传导感觉有关的联络神经元，接受由后根传入的躯体和内脏的感觉冲动；侧角内为交感神经节前纤维的胞体所在处，其轴突加入前根，支配平滑肌、心肌和腺体。另外，骶中段（第2~4骶节）相当于侧角的部位为副交感节前纤维的胞体所在处。

白质位于灰质的周围，每侧白质又被前、后根分为三索。前根的腹侧为前索，后根的背侧为后索，前后根之间的白质为侧索。索由具有起始、终止、行程和功能相同的上、下行神经纤维束组成。纤维束一般均按其起止位置命名。例如，由脊髓上行的传导束包括在脊髓后索内传导深部感觉的薄束和楔束，以及在侧索内传导浅表感觉至丘脑的脊髓丘脑侧束。由脑的各部位向下传导的有皮质脊髓束、红核脊髓束、前庭脊髓束以及网状脊髓束等。

2）脊神经。脊神经连于脊髓，共31对：颈神经8对，胸神经12对，腰神经5对，骶神经5对，尾神经1对。每对脊神经都是由与脊髓连接前根和后根在椎间孔处合并而成的。前根由脊髓前角运动神经元的轴突及侧角的交感或副交感神经元的轴突组成，所以前根神经纤维的功能是运动性的。后根由脊神经节内的感觉神经元的轴突组成，所以后根神经纤维的功能是感觉性的。由此可见，由前、后根合成的脊神经是混合神经，其含有四种不同性质的神经纤维。脊神经躯体感觉纤维分布于皮肤、骨骼肌、腱、关节，将皮肤的浅部感觉（痛、温度）和肌肉、关节的深感觉冲动传入中枢。脊神经内脏感觉纤维分布于内脏、心、血管和腺体，传导来自这些结构的感觉冲动。脊神经躯体运动纤维分布于横纹肌，支配其运动。脊神经内脏运动纤维支配平滑肌和心肌的运动及腺体的分泌。

(3) **植物性神经系统**。机体内控制内脏功能的神经系统称为植物性神经系统（内脏神经系统），但是这一系统还是要接受中枢神经系统的控制，并不是完全独立自主的。按一般惯例，植物性神经系统仅指支配内脏器官的传出神经，而不包括传入神经。它主要分布于平滑肌、心肌和腺体，在中枢系统的控制下，调节内脏器官的活动，对于机体生命活动过程起着重要作用。

植物性神经系统可分为交感神经和副交感神经两部分。植物性神经系统的功能在于调节内脏活动，这些内脏一般都接受双重神经即交感与副交感神经的支配，但少数器官只受交感神经支配。在双重神经支配的器官中，交感神经与副交感神经的作用往往是拮抗的。例如，对心脏来说，副交感神经起抑制作用，而交感神经起兴奋作用；对于小肠平滑肌来说，迷走神经增强其活动，而交感神经却抑制其活动。这种拮抗作用在中枢神经的支配下是对立统一的，可保持动态的平衡，使机体能够更好地适应内外环境的变化。

3. 运动系统

运动系统由骨和骨联结以及骨骼肌组成。骨通过骨连结互相联结在一起组成骨骼。骨骼肌附着于骨，收缩时牵动骨骼，引起各种运动。骨、骨连结和肌肉构成人体支架和基本轮廓，并起到支持和保护功能，如颅支持和保护脑，胸廓支持和保护心、肺、脾、肝等器官。运动系统作为人体的一个部分，是在神经系统支配下进行活动的。

（1）骨及骨连接

1）骨的分类与构造。骨是一个器官，具有一定的形态和功能，它由骨细胞、胶原纤维和骨基质构成。骨的形态不一，一般可分为长骨、短骨、扁骨及不规则骨四类。长骨呈中空管状，主要分布在四肢，如肱骨、股骨等。长骨中部细长称为骨干，两端膨大称为骨骺，在肢体运动中起杠杆作用。短骨呈立方形，位于连结牢固、运动较复杂的部位，如腕部的腕骨和足后部等部位。扁骨较宽呈板状，它主要构成容纳重要器官的腔壁，对器官起保护和支持作用，如头颅的顶骨和骨盆的髋骨等。不规则骨的形状呈不规则状态，如脊柱上的椎骨等。

骨按形态可分为长骨、短骨、扁骨和不规则骨。成人骨共206块，按在体内所处部位不同可分为颅骨、躯干骨和四肢骨。颅骨分脑颅骨和面颅骨，共23块，躯干骨共51块，四肢骨共126块，另有3对听小骨位于颞骨内。

骨主要由骨质、骨髓、骨膜构成。

骨质即骨组织，又分骨密质和骨松质。骨密质主要分布于长骨干和其他骨的表面。骨松质由骨小梁构成，位于骨的内部。

骨髓充填于骨髓腔和松质腔隙内，又分黄骨髓和红骨髓，红骨髓能造血，成人髂骨、胸骨、椎骨内终生保留红骨髓。

骨膜由致密结缔组织构成，位于骨的最外边，含有丰富的血管、神经和成骨细胞。在骨的生长、发生、修复和改建中起重要作用。人体骨骼结构如图3-8所示。

2）骨连结的结构与功能。骨与骨之间借纤维结缔组织、软骨或骨组织相连，构成骨连结。由于身体各部分骨的形态和功能不同，按其连结的方式可分为两大类，即直接连结和间接连接。直接连结是骨与骨之间由结缔组织膜（如颅顶骨之间的缝）或软骨（如椎体之间的椎间盘）直接连结，其间无间隙，不活动或仅有少许活动。间接连结又称关节，其在结构上的特点是骨与骨之间有空隙及滑液，相对的骨面（关节面）以外有纤维结缔组织膜相连，因此能做范围较广泛的活动。关节是人体骨连结的主要形式，在运动中，关节如同枢纽，是杠杆装置的支点，骨骼以关节为轴心，在肌肉牵动下可产生运动。

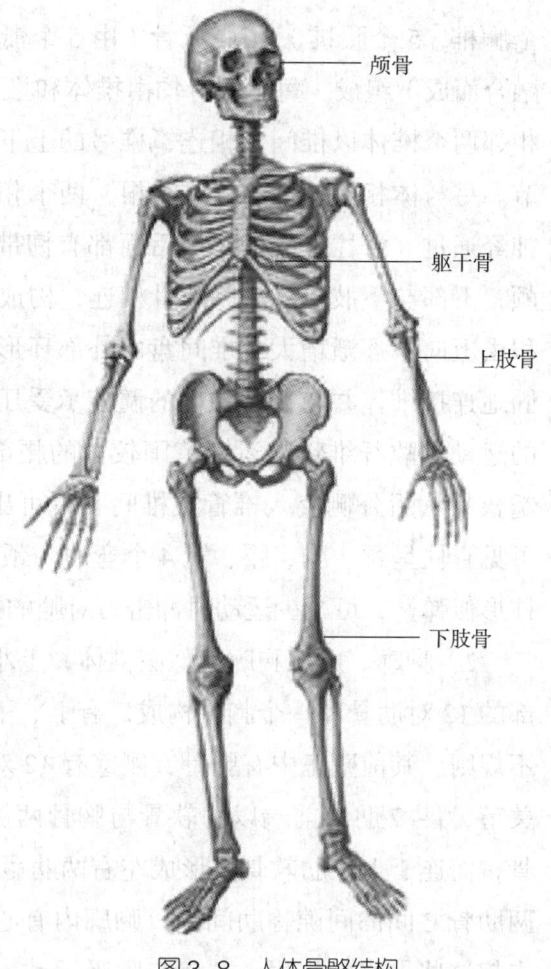

图3-8 人体骨骼结构

3）关节的结构。关节的结构各不相同，但其基本构造都是一样的。关节的基本构造包括关节面、关节囊、关节腔。辅助结构包括韧带和关节内软骨等。

4）关节的运动

屈和伸。运动时两骨腹的侧面互相靠拢，夹角变小称为屈；相反，角度增大为伸。如指关节的屈、伸动作。

内收和外展。运动时骨向躯干正中线靠拢为内收，远离外正中线为外展。如肩关节能使上肢外展或内收。

旋转。围绕垂直轴或本身的纵轴转动称为旋转，如头可以左右旋转。

环转。运动时骨的近端在原地转动，而远端可做圆周动作。

（2）躯干骨及连结。躯干骨包括椎骨、胸骨和肋，共有51块，通过骨连结构成脊柱和胸廓。

1）脊柱。脊柱是躯干背部中央的长形骨柱。它由24个椎骨（7个颈椎，12

个胸椎，5个腰椎）、1块骶骨（由5个骶椎融合而成）与1块尾骨（由4个尾椎融合而成）组成。每个椎骨均由椎体和椎弓两部分构成，二者之间的部位为椎孔。相邻两个椎体以椎间盘相连，椎弓的上下有关节突，分别与相邻关节组成椎间关节。弓与体相接较细处称椎弓根，两个相邻椎骨的椎弓根之间围成椎间孔，有脊神经通过。脊柱上的椎体前后面都有韧带加强。脊柱是人体躯干的支架，上承头颅，下部与下肢带骨——髋骨相连，构成骨盆，将人体重力传给下肢，故椎体体积由上向下逐渐增大。椎间盘由外部环形的纤维环及内部的髓核组成。纤维环牢固地连接椎体并与富有弹性的髓核承受压力以缓冲震荡，还允许脊柱作各种方向的运动，故纤维环在运动范围较大的腰部最厚，如因外力致使纤维环后部破裂，髓核易从后外侧突入椎管或椎间孔，可出现压迫脊神经的症状。脊柱从侧面观，可见脊柱呈颈、胸、腰、骶4个弯曲（颈、腰曲突向前，胸、骶曲突向后），使脊柱形似弹簧，可减少运动时冲击力对脑的振荡。

2）胸廓。成人胸廓近似圆锥体，上小下大，横径大于前后径。胸廓由脊柱胸部的12对肋骨和一个胸骨构成，有上、下两口。胸廓上口的前缘低于后缘，下口不规则。其前壁正中有胸骨，侧壁有12对弯曲成弓状的肋，肋骨后端与胸椎构成关节，1~7肋骨前端以肋软骨与胸骨两侧构成关节，8~10肋软骨不直接连于胸骨，而连于上位肋软骨，形成左右两肋弓，第11、12肋骨前端游离称浮肋，相邻两肋骨之间的间隙称肋间隙。胸廓内有心、肺、肝和脾等重要器官，起着保护和支持这些器官的作用，并参与呼吸运动。当肋骨上提并略向外扩展时，胸腔扩大（吸气），降肋时，胸腔容积减小（呼气）。胸椎结构如图3-9所示。

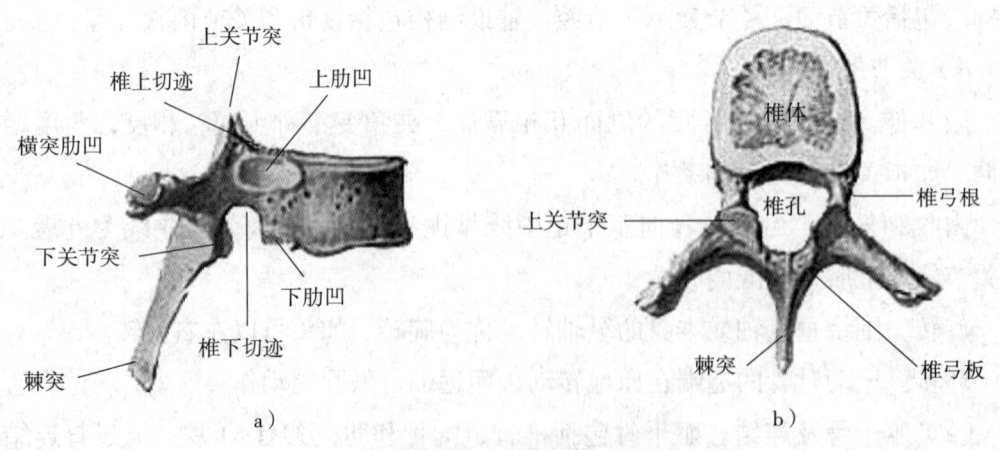

图3-9 胸椎结构
a）胸椎右侧面观　b）胸椎上面观

（3）颅骨及其连结。颅骨由23块大小、形状不同的骨组成（3对听小骨未计在内）。除下颌骨及舌骨外，其余各骨接缝或软骨牢固相连，起着保护、支持和容纳脑的作用，颅骨是感觉器官、消化系统和呼吸系统的起始部分。颅可分为脑颅和面颅两部分。脑颅位于颅的后上方，容纳脑；面颅位于前下方，形成面部的轮廓。

1）脑颅。脑颅由额骨、顶骨、颞骨、枕骨和蝶骨等共同围成颅腔，颅腔的形态基本上与脑的形态相适应。脑颅可分为颅盖和颅底两个部分。颅盖骨均为扁骨，各骨之间以结缔组织相连称之为缝。初生婴儿颅骨骨化未完成，各骨之间的间隙为结缔组织膜所填充成的颅囟。如额骨与顶骨之间呈菱形的额囟（前囟），顶骨与枕骨之间呈三角形的枕囟（后囟）。额囟在生后1~2岁时闭合。

颅底内面承托脑，有三个呈阶梯状的窝（颅前窝、颅中窝、颅后窝），与脑底面形状相适应。颅底内、外有很多孔和裂，有脑神经、血管出入，如颅后窝的枕骨大孔，脊髓通过此孔与脑相连。

2）面颅。面颅各骨分别构成眶腔、鼻腔和口腔的骨形支架。眼眶容纳眼球及其附属结构如泪腺等，眶腔呈锥体，前宽后尖，有视神经管从此处通过并与颅中窝相通。骨性鼻腔位于面部中央，由鼻中隔分为左右两部分，鼻腔周围的颅骨（额骨、上颌骨、筛骨和蝶骨）内，有大小不同的含气腔称鼻旁窦，它们分别开口于鼻腔外侧壁上，鼻旁窦有调节进入鼻腔空气温度和湿度的功能。骨性口腔由上、下颌骨等组成，围成牙槽突及牙齿，与鼻腔以硬腭相隔，下颌骨的关节突与颞骨的下颌窝可构成颞下颌关节，能做开口、闭口动作，还能使下颌骨做前进、后退、左右移动的动作。它不仅具有咀嚼功能，而且参与发音和语言等活动。

（4）四肢骨及其连结。上、下肢骨的组成基本相同，分为肢带部和游离部。上、下肢在运动功能上形成分工，所以，在形态上也有不同。上肢骨骼形体轻巧，关节松弛，附属结构少，运动灵活；下肢主要功能在于支撑体重、便于行走，因此，下肢骨骼形体坚实粗壮，关节结构稳定性强，连接紧密。

1）上肢骨。上肢的骨骼较轻小，其关节囊松弛而薄，关节腔大，韧带少而弱。上肢带的肩胛骨与脊柱间借助肌肉发生联系，左右锁骨前端与胸骨相连，另一端将肩胛骨撑向外侧，使上肢活动范围增大。由肱骨头与肩胛骨的关节构成的肩关节，肱骨头大而浅，囊松而薄，能作多种形式的运动。肱骨下端和尺骨、桡骨的上端构成的肘关节和尺、桡两臂之间的关节，使肘部能做屈、伸动作，又能使前臂和手做旋后（反手）、旋前（复手）动作。桡骨和尺骨下端与近侧裂腕骨构成既可屈伸又可收展的桡腕关节。手的骨骼形体较小而数量多，结构复杂，有利于手部做精细动作，拇指能与其他四指做对掌运动，可握住工具。所以，这些形态都能使上肢做出精细的动作，有利于生产劳动。

2）下肢骨。下肢主要有支持体重、使人体能进行行走和跳跃活动的作用，故骨骼较粗大，其关节常有坚固的韧带予以加强，其稳固性大于灵活性。髋骨与骶骨和尾骨构成骨盆，它们之间几乎不能活动，组成了一个完整的骨环，以利于重力的传递，同时容纳并保护盆腔内的脏器，如膀胱、直肠、子宫、卵巢等。由髋骨的髋臼与股骨头构成的髋关节，由股骨下端与胫骨上端及髌骨组成的膝关节，其关节囊强韧坚厚，韧带量多而紧，关节腔小，结合紧密。下肢的胫、腓两骨连结紧密，其上端可构成微动的胫腓关节，下端为韧带联合，两骨体间借骨间膜连结。足部的跗骨粗大，它与小腿骨构成的踝关节的结构牢固，足趾短小，使足底形成了上凸的足弓，具有弹性，能减少跳跃时产生的对脑组织的冲击力。

（5）**骨骼肌**。在运动系统中的肌肉均属横纹肌，又称骨骼肌。骨骼肌是运动系统的动力部分，分布在人体内的每块肌肉都具有一定的形态、结构、位置和辅助装置，并附有血管和淋巴管。肌肉在神经系统支配下牵引附着的骨，使关节产生运动。

分布于人体内各块肌肉的部位和功能不同，其大小、形状也是多种多样的，大致可分为长肌、短肌、阔肌、轮匝肌四种。长肌多分布在四肢，收缩时可引起大幅度的运动。短肌多分布在躯干深部，具有明显的节段性，收缩时只能产生小幅度的运动。阔肌扁而薄，多分布在胸壁、腹壁。除可运动外，还对内脏器官起保护和支持作用。轮匝肌主要由环形的肌纤维构成，位于眼裂、口裂的周围，收缩时可以关闭孔裂。

每块骨骼肌均分为肌腹和肌腱两部分。肌腹外包有结缔组织外膜。肌腹主要由横纹肌纤维组成，其色红、柔软、有收缩能力。肌腱位于肌腹两端，主要由平行的胶原纤维囊构成，其色白、坚韧、无收缩能力。肌肉一般通过肌腱附着在骨骼上，是力的传递结构。长肌的肌性部分（肌腹）呈梭形，肌腱呈圆索状；阔肌的肌性部分呈薄片状，其肌腱部分也相应呈膜状，称腱膜。

4. 皮肤

皮肤由表皮和真皮两部分组成，两部分紧密相联，借皮下组织与深部的组织相连。皮肤的屏障保护作用主要由表皮实现，它可保护体内组织免受外物和细菌的损伤及侵害，对调节体温、排出代谢废物也有一定的作用。此外，皮肤内有丰富的感觉神经末梢，这使皮肤成为人体的一个巨大的感受面。由皮肤衍生的毛发、指（趾）甲、皮脂腺和汗腺统称皮肤的附属器官。皮肤结构如图 3-10 所示。

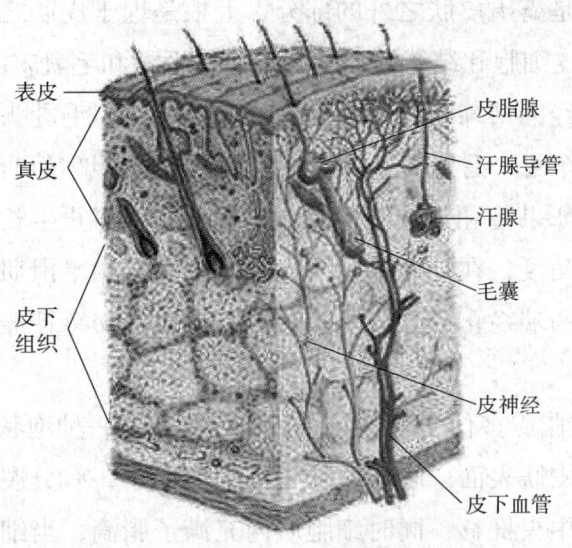

图 3-10　皮肤结构

（1）**表皮**。表皮是皮肤最外的一层，在身体各部分厚薄不均，一般为 0.07～0.12 mm，属角化的复层扁平上皮。表皮的厚薄随身体各部位和功能的不同而异。厚的表皮从基底到表面可分为五层，由浅向深依次为角质层、透明层、颗粒层、棘层和基底层，后面的两层又称生发层。

（2）**真皮**。真皮位于表皮下方，深部与皮下组织相连。真皮又分为乳头层和网状层，两层之间并无明显的分界。乳头层为表皮层下方的薄层疏松结缔组织。此层组织向表皮深面凸出成许多乳头状隆起，称为真皮乳头，可扩大表皮和真皮的接触面，使两者相互镶嵌，结合牢固，并使乳头内的感觉神经末梢、触觉小体、毛细血管和表皮相接触，造成供血和感觉的有利条件。

网状层较厚，在乳头层的深部，由致密结缔组织纤维束纵横交错而构成密网状，使皮肤具有很大的韧性和弹性。网状层内有较大的血管、淋巴管以及汗腺、毛囊和皮脂腺等，神经和神经末梢也较丰富。

（3）**皮下组织**。皮下组织即浅筋膜，在真皮深面，由疏松结缔组织和脂肪组织组成，它是连接皮肤和肌肉之间的组织，使皮肤有一定的可动性，对维持体温和缓冲外来压力具有一定作用。皮下组织的厚薄程度可因年龄、性别和身体部位而有区别。药物的皮下注射就是将药物注入此层组织，皮内注射则是将药物注入真皮组织内。

（4）皮肤的附属器有毛发、皮脂腺、汗腺和指（趾）甲。

1）毛发。人体表面除手掌、足底等处外，均有毛发生长。毛发可分为毛干和毛根两部分。毛干是露出皮肤之外的部分，毛根是埋于皮肤之内的部分。包绕在毛根周围的多层上皮细胞和结缔组织称为毛囊。毛根和毛囊末端膨大，底面内凹，含有毛细血管和神经的结缔组织突入其中称为毛乳头。毛乳头内的血管有营养毛囊底部上皮细胞的作用。毛囊底部的上皮细胞不断分裂增殖可使毛根不断地生长，毛干也随之增长，如果毛乳头被破坏或退化，毛发即停止生长并逐渐脱落。毛发与皮肤表面成一定角度，在钝角侧的真皮内有一斜行的平滑肌束，称竖毛肌。它一端附于毛囊，另一端终止于真皮乳头层。竖毛肌受交感神经的支配，收缩时可使毛发竖直。

2）皮脂腺。皮脂腺多位于毛囊与竖毛肌之间，是一种泡状腺，腺体的导管很短，开口在毛囊或皮肤表面。腺体的外层细胞形体小，有分裂增殖能力。新生的细胞逐渐长大并向中央推移，同时细胞质内充满了脂滴，当细胞成熟时破溃和脂滴一同经毛囊排出，即形成皮脂。皮脂腺的分泌活动受雄激素和肾上腺皮质激素控制，在青春期分泌最活跃。皮脂有柔润皮肤、保护毛发等功能，如果分泌较多，当腺体开口被阻塞时，便会形成粉刺。老年人由于皮脂腺萎缩，因此皮肤和毛发会变得干燥，从而失去光泽。

3）汗腺。汗腺为管状腺，由分泌部和导管部构成。分泌部位于真皮深部或皮下组织内，管道盘曲成团状，由单层柱状上皮组成。导管部从真皮深部被引向表皮，蜿蜒上行，其管腔很小，管壁由两层立方上皮围成。导管进入表皮时呈螺旋形，最后开口于皮肤表面的汗孔。

汗腺分布于身体大部，以手掌、足底的汗腺居多。分布于腋下、乳晕、阴部及肛门周围等处的汗腺较大，被称为大汗腺。大汗腺的分泌物较浓稠，分泌物本身无特殊气味，但经细菌分解后可产生臭味，俗称狐臭。汗液有润湿皮肤、调节体温等功能。

4）指（趾）甲。指（趾）甲由多层排列紧密的角质细胞组成，露在体表外的称甲体，埋于皮肤内的为甲根，甲根附着处的上皮具有细胞分裂增殖能力，随着指（趾）甲的磨损，甲根上皮不断向指（趾）端增殖，形成角质。

（5）皮肤的功能

1）保护功能。增厚的角化层耐摩擦，具有一定程度的不透水性，故吸收水和水溶性物质很少，这对保护体内组织和器官免受外界刺激和损害具有重要作用。

2）吸收作用。可吸收油脂类和挥发性液体，当皮肤受到创伤时，其吸收能力显著增强，因此，皮肤在接触某些有毒药物或化合物时，应防止因皮肤吸收而导致中毒。有些药物还可以通过表皮而被真皮吸收，达到治疗效果。

3）调节体温。真皮血管丰富，在正常生理活动中，小血管舒张和汗液排出时可散发热量，反之又可限制热量散失。

4）感觉功能。位于表皮的游离神经末梢、真皮乳头层内的触觉小体和位于深部的环层小体等能使皮肤感受痛觉、温觉、触觉和压觉等。

5）产生黑色素。散布在表皮基底的黑色素细胞会产生黑色素，有吸收紫外线、保护深部组织免受辐射损伤的功能。皮肤还能合成维生素D，以供机体使用。

6）汗腺分泌汗液、排出尿素，并使皮肤表面呈弱酸性，使线性细菌繁殖，增强皮肤抗感染力。因此，皮肤是人体的一个重要器官。很多疾病也会在皮肤上有所表现，如便血、黄疸或缺氧时皮肤色泽出现改变；又如，缺少维生素A时，皮肤会变得粗糙；某些传染病还可引起皮疹或毛发脱落。

5. 消化系统

（1）消化系统的组成。消化系统由消化管和消化腺两部分组成。消化系统主要功能是消化食物、吸收营养物质，并将食物残渣排出体外。

消化管包括口腔、咽、食管、胃、小肠（十二指肠、空肠和回肠）、大肠（盲肠、阑尾、结肠、直肠和肛管）。临床常把从口腔到十二指肠这段消化道称为上消化道。空肠以下的消化道称为下消化道。

消化腺包括唾液腺、肝、胰等大消化腺及分布在消化管壁内的小消化腺，如胃腺和肠腺等，它们都开口于消化管腔。消化系统如图3-11所示。

（2）消化管的一般结构。除口腔外，消化管壁由内向外一般可分为黏膜、黏膜下层、肌层和外膜四层。

1）黏膜位于管壁的最内层，是消化管进行消化吸收的重要结构，黏膜自内向外由上皮、固有层和黏膜肌层组成。

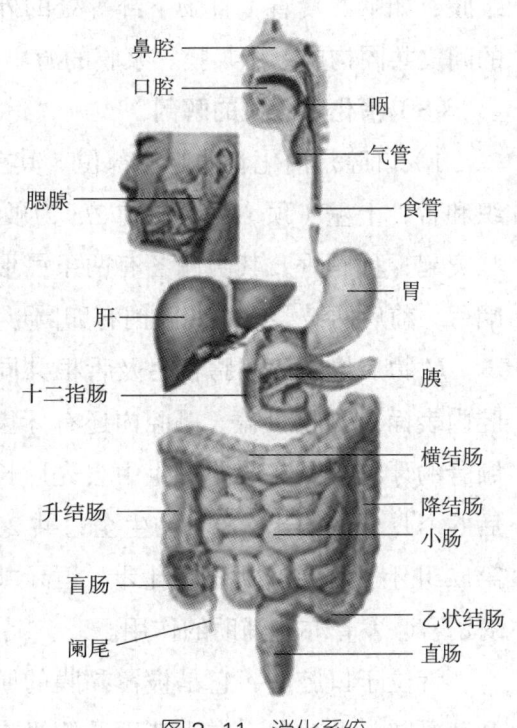

图3-11 消化系统

上皮衬于消化管的腔面，上皮的类型因其所在位置的不同而不同。口腔、咽、食管和肛管齿状线以下为复层扁平上皮，主要起保护作用。胃、小肠、大肠和肛管齿状线以上为单层柱状上皮，主要参与食物的消化和吸收。

固有层位于上皮深层，由结缔组织构成。其内含小消化腺、血管、淋巴管和淋巴组织。

黏膜肌层为薄层平滑肌。平滑肌的收缩和舒张可以改变黏膜的形态，促进腺分泌物的排出和血液、淋巴的运行，有助于食物消化和营养物质的吸收。

2）黏膜下层由疏松结缔组织构成，内含较大的血管、淋巴管和黏膜下神经丛。黏膜和部分黏膜下层共同向腔内突出，形成了纵行或环形皱襞，可以扩大黏膜表面积。

3）肌层除口腔、咽、食管上段和肛门外括约肌处为骨骼肌外，其余部分均为平滑肌，一般可分为内环行和外纵行两层。肌层之间有少量结缔组织和神经丛。肌肉的收缩和舒张形成消化管的蠕动，使消化液与消化管内的食物充分混合，并不断将食物向下推进。在某些部位，环行基层明显增厚，形成括约肌，如贲门括约肌、幽门括约肌和肛门内括约肌。

4）外膜位于消化管壁的最外层，为纤维膜或浆膜。仅由结缔组织构成的称纤维膜，如咽、食管、直肠下部等处的外膜。其他部分的外膜由结缔组织及其表面的间皮共同构成，称浆膜。浆膜的游离面光滑，有利于器官的活动。

（3）消化管各段的解剖

1）口腔是消化管的起始部位。其前壁为唇，两侧壁为颊，下壁（底）为软组织和舌，上壁（顶）为腭（前2/3为硬腭，后1/3为软腭），软腭后缘正中有乳头状突起，称腭垂，其两侧各有两条弓形黏膜皱襞，前者称为腭舌弓，后者称为腭咽弓，前后两皱襞间的凹陷内有卵圆形的腭扁桃体，属淋巴组织。

软腭后缘、两侧腭舌弓及舌根共同围成咽峡，此为口腔和咽连通处。整个口腔内表面有黏膜覆盖。口腔内还有牙齿，牙齿是人体最坚硬的部分，嵌于上、下颌骨的牙槽内。在人的一生中会先后长出两组牙，第一组称为乳牙，一般在出生后6个月开始萌出，3岁初生全，共20个，6岁开始先后自然脱落，并逐渐长出第二组牙（恒牙）以替换乳牙，恒牙共32个。牙是对食物进行机械加工的器官，对语言、发音亦有辅助的作用。

舌位于口腔底，它是被覆黏膜的肌性器官，具有协助咀嚼、吞咽、辅助发音和感受味觉的功能。在舌背面及侧缘有不同形状的黏膜突起的舌乳头。较大的轮廓乳头和呈红色钝圆形的菌状乳头上的黏膜上皮中含有味蕾，是味觉感受器，有感受各种味觉的功能。口腔腺又称唾液腺，能分泌唾液，有湿润口腔黏膜、清洁口腔，混合食物将其形成食团并有促进食物消化的作用。

2）咽是一个垂直的肌性管道，略呈漏斗形，前后略扁，位于鼻腔、口腔的后方。其上方的顶接颅底，下方与食管相连。咽自上而下分别与鼻腔、口腔、喉相通，因此可分鼻咽部、口咽部和喉咽部。鼻咽部的侧壁上左右各有一个咽鼓管口，鼻咽通过咽鼓管和中耳鼓室相通。

3）食管是一前后扁窄的肌性长管，是消化管最狭窄的部分。上端在第6颈椎下缘平面连咽，向下穿过膈肌进入腹腔，与胃的贲门连接，全长约25 cm。食管后贴脊柱，前与气管、支气管、心脏等器官相邻。

4）胃是消化管中最膨大的部分，有前壁和后壁之分。上缘为凹缘，较短，朝向右上方，称胃小弯；下缘为凸缘，较长，朝向左下方，称胃大弯。胃与食管连接处的入口称贲门，胃的下端与十二指肠连接处的出口称幽门，幽门处的环形肌特别发达，形成幽门括约肌。胃近贲门的部分称为贲门部，自贲门向左上方突出的部分称为胃底，自角切迹右侧至幽门的部分称为幽门部（幽门部以中间沟为界分为左侧的幽门窦和右侧更为缩窄的幽门管）。胃底和幽门部之间的部分称为胃体。

5）小肠是消化管中最长的一段，上端起自胃的幽门，下端与盲肠相连。成人的小肠全长为5~7 m，分为十二指肠、空肠和回肠三部分。十二指肠位于上腹部，紧贴腹后壁，长约25 cm，呈"C"形，包绕胰头。空肠和回肠迂曲盘旋于腹腔中下部，结肠系膜固定于腹后壁，二者间无明显界限。空肠比回肠的管径大，管壁较厚，黏膜环状皱襞和绒毛结构较多。

6）大肠是消化管的末段，长约1.5 m，起自右髂窝，止于肛门，包括盲肠、阑尾、升结肠、乙状结肠和直肠。大肠在腹腔内围成一个半封闭的方框，空肠、回肠盘踞在框内。

7）盲肠是大肠的起始部位，一般位于右髂窝内，长仅6~8 cm，上通升结肠，左接回肠，回肠末端突入盲肠处，环形肌增厚，并覆有黏膜，一般形成上下两个半月形皱襞，叫回盲瓣。此瓣具有括约肌的作用，既可控制回肠内容物进入盲肠的速度，又可防止盲肠内容物反流，在回盲瓣的下方约2 cm处有阑尾腔的开口。

一般说来，大肠口径较粗，肠壁较薄。除直肠与阑尾外，结肠和盲肠表面有沿肠纵轴排列的三条彼此平行的结肠带。它是由纵行肌增厚形成的。由于结肠带较肠管短，因此可使带间肠壁形成多数由横沟隔开的囊状突起，称为结肠袋。在结肠袋附近，由于浆膜下脂肪聚集，可形成许多大小不一、形状不同的突起，叫肠脂垂。以上三个形态特点是辨别大肠和小肠的重要标志。

8）直肠位于盆腔内，长为 15~16 cm，由第 3 骶椎前方起下行穿过盆腔终于肛门。

（4）消化腺。消化腺是分泌消化液的器官，属外分泌腺，主要有唾液腺、胃腺、胰、肝和肠腺等。胃腺和肠腺存在于消化管的管壁内，属管内腺，而唾液腺、肝和胰则位于消化管之外，属管外线，它们分泌的消化液均进入消化管。

1）胰呈长条形，位于胃的后方，横于腹后壁，分头、体、尾三个部分。胰有许多分泌胰液的腺泡，腺泡的导管汇入一条横贯全腺体的胰管，胰管经胰头穿出，与胆总管汇合后共同开口于十二指肠乳头顶端，其分泌的胰液由此流入肠腔。十二指肠乳头处有平滑肌环绕，形成肝胰壶腹括约肌，平时此括约肌保持收缩状态。此外，胰又是一个分泌器官，在腺泡之间有散在的细胞团，即胰岛，其能分泌胰岛素与胰高血糖素等激素。

胰腺包括内分泌和外分泌两个部分。胰岛素是胰腺的内分泌物，胰液是胰腺的外分泌物，是由胰腺的腺泡细胞及小导管管壁细胞所分泌的无色无味的碱性液体，pH 值为 7.8~8.4。成人每日分泌 1~2 L 胰液。胰液由无机物和有机物组成。无机成分中最重要的是胰腺小导管上皮细胞分泌的碳酸氢盐，其浓度随胰液分泌率的增加而增加。碳酸氢盐的主要作用是中和进入十二指肠的胃酸，使肠黏膜免受胃酸的侵蚀，并为小肠内多种消化酶的活动提供最适宜的酸碱度环境（pH 7~pH 8）。

2）肝是人体最大的腺体，成人的肝重量约为 1 500 g，主要位于右肋区和腹上部，大部分为肋弓所覆蔽。肝上面隆凸，与膈肌毗邻，故称膈面。可由韧带分为左右两叶，右叶大而厚，左叶小而薄。肝下面凹凸不平，中间的横沟是肝门，肝管、肝动脉、门静脉、神经、淋巴管等由此出入。肝门的右前方有胆囊，右后方有下腔静脉。

肝的表面包有一层浆膜，称为被膜，被膜的疏松结缔组织深入肝的实质，将整个肝脏分隔成几十万个结构基本相同的肝小叶。肝小叶是肝的基本结构和功能单位。一个肝小叶大约有一个小米粒大小，在肝小叶中央贯穿着一条小静脉称为中央静脉，肝细胞以中央静脉为中心，向四周呈放射状排列成一行行的肝细胞索，肝细胞索之间的空隙是肝血窦，即扩大的毛细管，窦壁中有枯否氏细胞，能吞噬异物。肝血窦互相吻合，并与中央静脉相通。相邻两条肝细胞索之间的间隙形成的小管道称毛细胆管。门静脉、肝动脉和肝管三者由肝门入肝后分支伴行在肝小叶之间，分别称为小叶间静脉、小叶间动脉以及小叶间胆管，它们所在的这个区域称为汇管区。

通过肝动脉流入肝脏的动脉血（富含氧气）以及通过门静脉流入肝脏的静脉血（富含营养物质），分别经小叶间动脉和小叶间静脉流入肝血窦，这两种血液在此与肝细胞进行物质交换，然后汇入中央静脉，最后汇集进入肝静脉，流出肝后即入下腔静脉。

肝细胞不断分泌胆汁，胆汁流入毛细胆管，经小叶间胆管流入左右肝管，再经肝总管入胆总管，最后经十二指肠乳头开口流入十二指肠；或由总管转经胆囊管进入胆囊储存。胆囊可吸收水分使胆汁浓缩。在食物消化时，胆囊收缩，胆胰壶腹括约肌舒张，储存于胆囊的浓缩胆汁将排入十二指肠以帮助食物的消化和吸收。

6. 呼吸系统

机体在生命活动中需要能量，能量来源于细胞内的氧化过程。细胞在氧化过程中不断地消耗 O_2 并产生 CO_2。因此，机体必须不断地从外界环境中摄取 O_2，并将 CO_2 排出体外，进行气体交换，以确保机体的正常新陈代谢，并维持内外环境的相对稳定。机体与外界环境之间的气体交换过程称为呼吸。

机体的呼吸过程是通过下列三个环节完成的：肺呼吸又称外呼吸，是指外界空气与肺气之间，以及肺泡与肺毛细血液之间的气体交换。气体在血液内的运输，通过血液循环把 O_2 及时地由肺运送到组织细胞中，同时把组织细胞产生的 CO_2 运送到肺以排出体外。组织呼吸又称内呼吸，指血液或内环境与组织细胞之间的气体交换过程。

（1）呼吸系统的组成及其基本结构。 呼吸系统由呼吸道和肺两部分组成。肺是外呼吸气体交换的场所，习惯上称为呼吸器官。呼吸道是气体进出肺的通道，由鼻、咽、喉、气管、支气管及其分支组成。临床通常把鼻、咽、喉称为上呼吸道，把气管、支气管及其在肺内的分支称为下呼吸道。呼吸系统如图3-12所示。

1）鼻是呼吸道直接与外界相通的器官，包括外鼻及鼻腔。外鼻以骨与软骨为基础，覆以鼻翼肌及皮肤。鼻腔仅一部分位于外鼻内，其大部分位于口腔内部。鼻腔被鼻中隔分为左右两腔，以一对鼻前孔通于外界，一对鼻后孔通向鼻咽部。

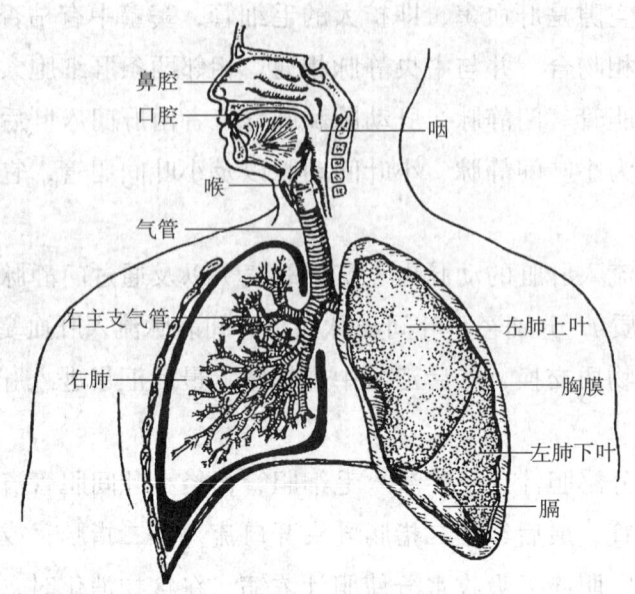

图 3-12 呼吸系统

外鼻孔里面有皮肤，上有鼻毛。鼻毛能过滤尘埃并起净化空气的作用。鼻腔是由骨和软骨覆以黏膜构成的，内有丰富的血管和腺体。其分泌的黏液能附着吸入空气中的灰尘、粉末、烟灰等小颗粒，然后随分泌物排出体外。鼻腔黏膜还起着增加吸入空气温度和湿度的作用，有利于保持肺泡气的温度和湿度。鼻腔由鼻中隔分隔成左右两腔。鼻腔外侧壁结构较复杂，有三个突出的鼻甲，由上而下分别称为上鼻甲、中鼻甲和下鼻甲，各鼻甲外下方被遮蔽的裂隙分别称为上鼻道、中鼻道和下鼻道。下鼻道前部有鼻泪管的开口。上鼻甲与鼻中隔的上方黏膜内还有感受嗅觉的嗅细胞，所以鼻也是嗅觉器官。

2）喉不仅是呼吸道，也是发音器官，其向上开口于喉咽部，向下与气管连通。喉是呼吸系统中构造比较复杂的器官，它是由软骨作支架，以关节、韧带和肌肉相连结，内面衬以黏膜而构成。喉的软骨中以甲状软骨为最大，其中间向前方突出的部分叫作喉结。成年男子的喉结特别明显。会厌软骨位于甲状软骨的后上方，形似树叶，上宽下窄，上端游离，下端借韧带连于甲状软骨的内面，吞咽时喉上提，会厌软骨盖住喉入口处，可防止食物进入气管。在甲状软骨的下方有杯状软骨，构成喉的底座。黏膜在喉腔形成两对皱襞，上方的一对称为室襞，有保护作用。下方的一对称为声带或声襞，两侧声襞之间的裂隙称为声门裂。气流振动声带和喉肌使其收缩的同时可发出声音。

3）气管和支气管是连接喉与肺之间的管道部分，由软骨、黏膜等构成，气管和支气管均以"C"形的软骨为支架,以保持其呈持续张开状态,气管软骨的缺口对向后方,由平滑肌纤维和结缔组织的膜壁所封闭。气管上端起自喉环状软骨下缘,向下至胸骨角平面分为左、右主支气管为止,全长由14~16个气管软骨构成。左、右主支气管自气管分出后,斜行进入肺门,右主支气管可视为气管的直接延续,长为2~3 cm,短粗而走向陡直;左支气管长为4~5 cm,较细长而走向倾斜。两主支气管再分支为若干肺叶支气管。

气管和支气管的黏膜上皮均为假复层纤毛柱状上皮,夹有杯状细胞。纤毛细胞顶部上的纤毛平时向咽部颤动,可清除尘埃和异物,使吸入的空气保持清洁。杯状细胞是一种具有分泌蛋白质特点的细胞。

(2)**肺**。肺是气体交换的器官,位于胸腔内、纵隔的两侧,左右各一,左肺有两叶,右肺有三叶。肺呈海绵状,富有弹性,内含空气,其表面附有一层浆膜(胸膜脏层)。肺一般呈圆锥形,上部为肺尖,下部为肺底,面向纵隔的面为纵隔面,其中间有一凹陷,为肺门,是支气管、血管、淋巴管和神经出入肺的通道。

肺的主要结构由肺内导管部(支气管树)和无数肺泡组成。

1)肺内导管部。支气管进入肺内后反复分枝,越分越细,越分越薄,形成支气管树,包括小支气管、细支气管和终末细支气管,均为气体出入的管道。每一支气管及其所分布的肺组织可形成一个肺小叶。细支气管壁上的软骨大多已消失,使平滑肌形成了完整的环形。从细支气管的远端到终末细支气管管腔的大小,将直接影响进入肺泡内气体的流量。而管腔的大小又受管壁平滑肌舒张和收缩的影响。这些平滑肌受迷走神经和交感神经的双重支配。迷走神经兴奋时,平滑肌收缩,管腔变小;交感神经兴奋时,平滑肌舒张,管腔变大。此外,体液对支气管平滑肌也起着调节作用,肾上腺素可以使支气管平滑肌舒张;乙酰胆碱、组织胺、缓激肽等则使之收缩。

2)肺泡。其从终末细支气管的分枝呼吸性细支气管开始,再分枝为肺泡管。肺泡管是几个肺泡囊的共同通道,肺泡囊又是几个肺泡共同开口的地方。肺泡是气体交换的地方,呼吸性细支气管、肺泡管及肺泡囊各段均附有肺泡,所以也称之为肺的呼吸部分。成人肺泡为3亿~4亿个,总面积可达90 m^2。

(3)**胸膜和胸膜腔**。胸膜覆盖在肺表面,是胸廓内面及膈上面的浆膜。覆盖在肺表面的叫胸膜脏层,覆盖在胸廓内面及膈上面的叫胸膜壁层。脏、壁两层在肺根部互相反折延续,围成了两个完全封闭的胸膜腔。腔内仅有少量浆液,可减少两层胸膜间的摩擦,它是一个潜在腔。腔内压一般低于大气压,称为胸腔负压,它可使两层胸膜紧密相贴。因此,当胸腔扩大与缩小时,肺也随之扩大与缩小。

(4) 纵隔。纵隔是左、右肺及纵隔胸膜间的全部器官。它的前界为胸骨,后界为脊柱胸段,上达胸廓上口,下至膈肌。纵隔上部主要含有胸腺、上腔静脉、主动脉弓及其分支、气管、食管、胸导管和迷走神经、膈神经等。纵隔中部主要有心包和心脏。后纵隔则包含有胸主动脉、奇静脉、主支气管、食管、胸导管等器官。

7. 泌尿系统

泌尿系统由肾、输尿管、膀胱及尿道四个部分组成。它的主要功能是排出尿液。机体内溶于水的代谢产物如尿素、尿酸和多余的水分以及被破坏的激素、毒素和药物等物质,经循环系统运送至肾,在肾内形成尿液,再经输尿管排出体外。泌尿系统是人体代谢产物最主要的排泄途径,其排出的废物不仅数量大、种类多,而且尿的质和量会随着机体内环境的变化而发生改变。肾不仅是排泄器官,而且对调节机体内环境的稳定和电解质平衡也起着重要作用。如果肾功能出现障碍,人体的代谢产物则蓄积于体液中并破坏内环境的相对恒定,从而引起新陈代谢紊乱,严重时将危及生命。

此外,机体的皮肤、肺、肠管和肝脏也兼有排泄功能,皮肤的汗腺能够排泄少部分尿素、钠盐及水分;肺能够排出 CO_2 和水蒸气;大肠黏膜能够排出一些无机盐,如钙、镁及铁等;由肝脏排出的胆色素也经肠管排出体外。

(1) **肾的形态、位置和构造**。肾脏是实质性器官,位于腹后壁、脊柱两旁。左右各一,形似蚕豆,新鲜肾呈红褐色。肾的大小因人而异,正常成年男性肾重为 134~148 g,男性的肾略大于女性,肾的内侧缘中部凹陷,称肾门。肾门向肾内部凹陷成一个较大的腔隙,称肾窦,由肾实质围成,窦内含有肾动脉、肾静脉的主要分支和属支、肾小盏、肾大盏、肾盂以及淋巴管和神经等结构。肾的表面自内向外由三层被膜包绕,即肌纤维膜、脂肪囊和肾筋膜。肾的正常位置依靠肾被膜、肾血管、肾的邻近器官、腹内压等将其固定,肾的固定装置不健全时,其位置可移动。

在肾的额状切面上,可见肾分为外围呈红褐色的肾皮质及中央色较淡的肾髓质。肾皮质富有血管,呈红褐色,其密布的细小颗粒外观相当于肾小体。肾髓质由许多小管道组成,色淡。它由 15~20 个肾锥体组成,切面呈三角形,基底朝向皮质,尖端朝向肾窦,称肾乳头,有时 2~3 个肾锥体合成一个肾乳头。肾乳头顶端有许多乳头孔,为肾集合管的开口,肾形成的尿液由此孔流入肾小盏内。位于肾锥体之间的皮质部分称肾柱。在肾窦内有7~8个呈漏斗状的肾小盏，2~3个肾小盏合成一个肾大盏。肾大盏为2~3个，再集合成一个前后扁平、呈漏斗状的肾盂。肾盂出肾门后，向下弯行，逐渐变细移行为输尿管。

（2）输尿管、膀胱、尿道的构造

1）输尿管是细长的肌性管道，长为20~30 cm，直径0.5~0.7 cm，上端与肾盂相连，在腹后壁沿脊柱两侧下行，进入小骨盆，下端在膀胱底的外上方斜行插入膀胱壁，开口于膀胱。在开口处有黏膜皱褶，膀胱充满时由于膀胱内压力上升，输尿管开口因受压力而关闭，可以防止尿液向输尿管倒流。输尿管壁由三层组织组成，由内向外为黏膜、平滑肌层和外膜。输尿管平滑肌缓慢地收缩和舒张蠕动，可将尿液向膀胱方向推进。

2）膀胱为锥形囊状肌性器官，位于小骨盆腔的前部。空虚时膀胱呈锥形，充盈时形状变为卵圆形，顶部可高出耻骨上缘。成人膀胱容量为300~500 mL。膀胱底的内面有三角形区，称为膀胱三角，位于两输尿管口和尿道内口三者连线之间。膀胱的下部有尿道内口，膀胱三角的两后上角是输尿管开口的地方。

膀胱壁由三层组织组成，由内向外为黏膜层、肌层和外膜。肌层由平滑肌纤维构成，称为逼尿肌，逼尿肌收缩可使膀胱内压升高，压迫尿液由尿道排出。在膀胱与尿道交界处有较厚的环形肌，形成尿道内括约肌。括约肌收缩能关闭尿道内口，防止尿液自膀胱漏出。

3）尿道是从膀胱通向体外的管道。男性尿道细长，长约18 cm，起自膀胱的尿道内口，上于尿道外口，行程中通过前列腺、膜部和阴茎海绵体，男性尿道兼有排尿和排精功能。女性尿道粗而短，长约5 cm，起于尿道内口，经阴道前方，开口于阴道前庭。男性尿道在尿道膜部有一环行横纹肌构成的括约肌，称为尿道外括约肌，受意识控制。女性尿道在会阴处穿过尿生殖膈时，有尿道阴道括约肌环绕，该肌为横纹肌，也受意志控制。

8. 生殖系统

生殖是生物延续物族的各种生理功能的总称。在人类和高等动物中，生殖的含义包括两性生殖细胞的结合和产生新个体的全部生理过程。

生殖系统由生殖器官组成，人和高等动物的生殖器官按解剖位置可分为外生殖器和内生殖器，按功能可分为主要性器官（主要生殖器官）和附属性器官（附属生殖器官）两部分。主要性器官又称为性腺，女性为卵巢，男性为睾丸。女性附属性器官包括子宫、输卵管、阴道、外阴部等。男性附属性器官包括附睾、输精管、精囊腺、射精管、前列腺、阴茎等。

两性除了生殖器官不同外，在性成熟期出现的副性特征方面也有很大差异。男性具有胡须、喉头突出、声调低沉、体格高大、肌肉发达等特征。女性具有发达的乳腺、宽大的骨盆、声调高尖、皮下脂肪较多等特征。

（1）**男性生殖系统**。分为内生殖器和外生殖器，内生殖器包括睾丸、附睾、输精管和射精管、精囊腺和前列腺，外生殖器包括阴囊、阴茎。

1）睾丸呈卵圆形，共一对，位于阴囊内。阴囊能使睾丸所处的温度低于腹腔内温度 $1.5 \sim 2.0$ ℃，适合精子的生成。婴儿出生前睾丸尚未降到阴囊而仍留于腹腔中者，称为隐睾丸症。由于体内温度较高不适宜产生精子，故丧失生殖能力。睾丸表面有一层坚厚的纤维膜，称为白膜。白膜在背侧增厚形成睾丸纵隔，从纵隔发出许多结缔组织小隔，呈放射状将睾丸实质分成许多睾丸小叶。睾丸小叶由精曲小管盘曲而成，精曲小管的上皮具有产生精子的作用，小管之间的间质细胞有分泌雄性激素的功能。精曲小管互相结合，成为精直小管，进入纵隔内形成网状称为睾丸网。由睾丸网发出 $12 \sim 13$ 条睾丸输出小管进入附睾头部。

2）附睾呈新月形，紧贴睾丸的上端和后缘，主要由附睾管盘曲而成。附睾可分为附睾头、附睾体和附睾尾三部分。附睾的功能是储存精子和分泌液体以供给精子营养并维持其活力。

3）输精管和射精管。输精管长约 50 cm，起于附睾尾部，沿睾丸后缘上升入精索（输精管结扎手术常在此进行）后经腹股沟部进入腹腔，走行至膀胱后面与精囊腺的排泄管汇合成射精管。射精管长约 2 cm，开口于前列腺部尿道。

4）精囊腺和前列腺。精囊腺为一对囊状腺体，长椭圆形，位于膀胱后部。前列腺形似栗子，位于膀胱后方，是一个肌性器官，由腺体和大量平滑肌纤维组成，结构坚实。尿道贯穿于前列腺，当其肥大时可压迫尿道，导致排尿困难。前列腺的排泄管亦开口于尿道，其分泌物参与组成精液，有稀释精液和利于精子活动的作用。精液包括精子及附睾、精囊腺、尿道腺的分泌液。一次射精为 $2 \sim 3$ mL，含精子为 3 亿 $\sim$ 5 亿个。

5）阴囊为一皮肤囊袋，位于阴茎的后下方。阴囊的皮肤薄而柔软，有少量阴毛，色素沉着明显。阴囊壁由皮肤和肉膜组成，肉膜含有平滑肌纤维。平滑肌随外界温度成反射性地舒张和收缩，以调节阴囊内的温度，从而有利于精子的发育。如外界温度高时平滑肌舒张；而外界温度低时则收缩。肉膜在正中线向深部分出阴囊中隔将阴囊腔分为左、右两部，分别容纳两侧的睾丸和附睾。

6）阴茎可分头、体、根三部分。后端为阴茎根，藏于阴囊及会阴部皮肤的深面，中部为阴茎体，呈圆柱形，悬于耻骨联合的前下方，为可动部分。前端膨大部分为阴茎头，头的尖端处有矢状位的尿道外口，头后稍细的部分为阴茎颈。

阴茎主要由两个阴茎海绵体和一个尿道海绵体构成，其外面包以筋膜和皮肤。阴茎海绵体为两端尖细的圆柱形，左右各一，两者紧密排列，位于背侧，构成阴茎的基础。尿道海绵体位于阴茎海绵体的腹侧，尿道贯穿其全长。其中部呈圆柱形，前端膨大呈阴茎头。每个海绵体的外面均包有一层坚厚的纤维膜。海绵体内部由许多海绵体小梁和腔隙组成，腔隙实际上是与血管相通的窦隙。当这些腔隙充血时，阴茎即变粗变硬而勃起，反之则变细变软。勃起是一种反射，来自许多感受器的刺激都可引起此反射。阴茎内的小动脉系由盆神经和腹下神经支配，当前者兴奋时使血管舒张，引起勃起；后者兴奋时可使阴茎疲软。勃起反射的基本中枢在脊髓骶段，但神经系统的高级部位，特别是大脑皮层对它有明显的控制作用。

（2）**女性生殖系统**。分为内生殖器和外生殖器，内生殖器包括卵巢、输卵管、阴道；外生殖器包括阴阜、大阴唇、小阴唇、阴蒂、阴道前庭。

1）卵巢。卵巢是产生卵子和分泌女性激素的器官，呈卵圆形，色灰白，其长、宽、厚约为 4 cm×2 cm×1 cm，左右各一，位于盆腔内子宫两侧。其一端以卵巢韧带与子宫相连，另一端靠近输卵管的开口。卵巢切面可区分为两部分，中央为髓质，由疏松结缔组织、血管、淋巴管和神经组成，周围较宽阔的部分称为皮质，由结缔组织及各期发育中的卵泡组成。

2）子宫。子宫为壁厚、肌性器官，胎儿在此发育成长。形态是前后略扁呈倒置的梨形，位于直肠与膀胱之间，两侧上方与输卵管相连，下与阴道相接。子宫上 2/3 称为子宫体，其高出输卵管的部分称为子宫底，下 1/3 呈圆柱形，称为子宫颈，内腔呈三角形称为子宫腔。

子宫壁分为内膜（黏膜）、肌层及外膜（浆膜）三层。内膜由单层柱状上皮和结缔组织（又称固有膜）组成。内膜内管状腺体称为子宫腺，固有膜中有丰富的小血管和淋巴管。肌层由纵横交错排列的平滑肌组成，有血管贯穿其间。此层具有很大的伸展性，如妊娠时平滑肌细胞体积可增大，以适应妊娠需要。分娩时子宫平滑肌节律性收缩成为胎儿娩出的动力。由于它的收缩，还可压迫血管，阻止产后出血。

3）输卵管。输卵管连接子宫底两侧，是输送卵子进入子宫的弯曲管道，长为 10~12 cm，管的末端开口于腹膜腔，开口的游离缘有许多指状突起，称为输卵管伞，覆盖于卵巢表面。近子宫端较细部分称为下部，外侧扩大部分称为壶腹部（为卵子受精部位）。输卵管管壁亦由黏膜、肌层及外膜三层组成。黏膜上皮为单层柱状纤毛上皮，纤毛具有摆动功能。肌层的蠕动及纤毛的摆动，有助于受精卵进入子宫腔内。

4）阴道。阴道为一肌性管道，长 6~8 cm。阴道下端开口于阴道前庭，上端包绕子宫颈下部形成阴道穹，阴道壁由黏膜、肌层和外膜所构成，黏膜表面覆以复层扁平上皮。

5）阴阜。为耻骨联合前隆起，富含脂肪，成年女子阴阜处有阴毛。

6）大阴唇。大阴唇是一对纵长隆起的皮肤皱襞，位于阴阜下方，阴道外两侧，内有较多脂肪。

7）小阴唇。小阴唇是大阴唇内侧的一对皮肤皱襞。

8）阴蒂。阴蒂相当于男性的阴茎，位于前庭上方两侧大阴唇之间，有丰富的感觉神经末梢。

9）阴道前庭。阴道前庭是位于两侧小阴唇中间的裂隙，前部有尿道外口，后部有阴道口。阴道口有一层膜称处女膜。阴道口两侧有前庭大腺的开口，其分泌的液体具有滑润作用。阴道与肛门中间的部分称为会阴。

9. 内分泌系统

内分泌系统是机体生命活动的重要调节系统，包括独立存在的内分泌器官（如脑垂体、甲状腺、肾上腺、甲状旁腺、松果体等）、存在于其他器官内的内分泌腺组织（如胰岛、卵泡、黄体、睾丸间质细胞等）以及散布于全身各组织器官内的内分泌细胞（如胃肠道内的分泌细胞等）。内分泌系统与神经系统相辅相成，共同调节机体的生长发育和各种代谢，维持内环境的稳定，并可影响行为及控制生殖等。

（1）甲状腺

1）甲状腺构造。人的甲状腺重 20~30 g，是人体最大的内分泌腺。甲状腺位于气管上端两侧、甲状软骨的下方，分为左右两叶，中间由较窄的峡部相连，呈"H"形。

甲状腺由许多滤泡组成。显微镜下所见滤泡由单纯的立方腺上皮细胞环绕而成，中心为滤泡腔。腺上皮细胞是甲状腺激素合成和释放的部位，滤泡腔内充满了均匀的胶性物质，是甲状腺激素复合物，也是甲状腺激素的储存库。滤泡形态上的改变可反应腺体功能状态：腺体活动减弱时，腺上皮细胞呈扁平状，滤泡腔内储存物增加；如果活动亢进，腺泡上皮呈柱状，滤泡腔内储存物将减少。

2）甲状腺激素。甲状腺分泌的生物活性激素有甲状腺素（T4）和三碘甲腺原氨酸（T3）两种。它们是一组含碘的酪氨酸，其以碘和酪氨酸为原料在甲状腺腺细胞内合成。甲状腺腺细胞有很强的摄取碘的能力。人体每天从饮食中摄取100～200 μg的碘，其中约有1/3的碘进入甲状腺。甲状腺含碘总量约8 000 μg，占全身碘含量的90%，这说明甲状腺具有很强的泵碘能力。

3）甲状腺激素的生物学作用

促进生长发育。甲状腺激素促进生长发育的作用最明显的阶段是在婴儿时期，在出生后头四个月内影响最大。它主要促进骨骼、脑和生殖器官的生长发育。所以先天性或幼年时缺乏甲状腺激素，会引发呆小病。呆小病患者因骨骼生长停滞而导致身材矮小，上下半身的长度比例失调，上半身所占比例超过正常人；又因神经细胞树突、轴突、髓鞘以及胶质细胞生长障碍，脑发育不全而导致智力低下，他们的性器官也不能发育成熟。

对三大营养物质代谢的作用。甲状腺激素对三大营养物质代谢的影响十分复杂。它加速了糖和脂肪的代谢，特别是促进了许多组织的糖、脂肪及蛋白质的分解氧化过程，从而能增加机体的耗氧量和产热量。

（2）**肾上腺**。肾上腺位于肾脏上方，左右各一。肾上腺分为两部分：外周部分为皮质，占大部分；中心部分为髓质，占小部分。肾上腺皮质和髓质是两个不同的内分泌腺。皮质是腺垂体的一个靶腺，髓质受交感神经节前纤维的直接支配，相当于一个交感神经节。

人体糖皮质激素主要是皮质醇，仅含有少量皮质酮。肾上腺糖皮质激素在调节三大营养物质的代谢方面以及参与人体应激和防御反应方面都具有重要作用。它还具有药理作用，是一种具有疗效的激素，临床上应用较广泛。

髓质细胞又分为肾上腺素细胞和去甲肾上腺素细胞。肾上腺素细胞占多数，内含肾上腺素；去甲肾上腺素细胞数量较少，内含去甲肾上腺素。髓质细胞表面常与交感神经末梢形成突触，交感神经兴奋可通过突触传导到髓质细胞，引起肾上腺素和去甲肾上腺素的分泌。肾上腺素可使心肌收缩力增强，心率加快；去甲肾上腺素的主要作用是促进全身小血管收缩，使血压升高。

（3）**松果体及其激素**。松果体是一个扁锥形小体，位于丘脑后上方，并附于第三脑室顶的后部。松果体在儿童时期较发达，一般7岁后逐渐萎缩，成年后不断有钙盐沉着。松果体分泌的主要激素为褪黑素，属于吲哚类化合物，呈现明显的日周期变化。两栖类动物褪黑素对其有促使皮肤褪色的作用。对人体来说，褪黑素的生理作用通过下丘脑或直接抑制垂体促进性腺激素的分泌，抑制性腺活动，抑制性成熟，可防止儿童早熟。

培训课程 2 病原微生物

培训目标

1. 掌握微生物的概念、分类；
2. 掌握细菌的形态、结构和细菌的致病因素；
3. 掌握真菌的形态结构、致病性及防治原则；
4. 了解细菌繁殖生长的条件、真菌与病毒的抵抗力、其他病原微生物的相关知识；
5. 掌握病毒的结构特点、致病性及一般防治原则。

微生物是一些个体微小（直径一般 <0.1 mm）、构造简单的低等生物。由于划分微生物的标准仅按其形态大小，故其成员十分庞杂，粗分起来，可包括属于原核类的放线菌、蓝细菌、支原体、立克次体和衣原体；属于真核类的真菌（酵母菌、霉菌和蕈菌）、原生动物和显微藻类；属于非细胞类的病毒和亚病毒（类病毒、拟病毒和朊病毒）。

绝大多数微生物对人类和动植物的生存是有益且必需的。许多寄生在人类口腔、鼻咽部和消化道中的微生物，在正常情况下是无害的，而且有的还能抑制外来菌的侵袭和定居，并能提供给人类必需的营养物质（如多种维生素和氨基酸等）。有一小部分微生物可以经空气、饮食、用品等通过呼吸道、消化道或接触等途径进入人体，导致人体出现疾病，这些具有致病性的微生物称为病原微生物。有些微生物在正常情况下不致病，但在特定条件下可引起疾病，称为条件性病原微生物。

一、细菌

狭义的细菌是指一类细胞细短（直径约 0.5 μm，长度 0.5~5 μm）、结构简单、胞壁坚韧、多为二分裂方式繁殖和水生性较强的原核生物，广义的细菌则是指所有原核生物。

1. 细菌的形态

细菌细胞的外表特征可从其形态、大小和细胞间排列方式三个方面加以描述。细菌的形态极其简单，基本上只有球状、杆状和螺旋状三大类，仅少数为其他形状，如丝状、三角形、方形和圆盘形等。

（1）**球菌**。球状的细菌称为球菌，根据其分裂的方向及分裂后相互间的连接方式，可将其分为单球菌、双球菌、四联球菌、八叠球菌、链球菌和葡萄球菌等。

（2）**杆菌**。杆状的细菌称为杆菌，其细胞外形较球菌复杂，常有短杆（球杆）状、棒杆状、梭状、梭杆状、分枝状、螺杆状、竹节状（两端平截）和弯月状等；杆菌细胞的排列方式则有链状、栅状、"八"字状以及由鞘衣包裹在一起的丝状等。

（3）**螺旋菌**。呈螺旋状的细菌称为螺旋菌，若螺旋不足一环者则称为弧菌，满 2~6 环的小型、坚硬螺旋状细菌可称为螺菌，而旋转周数多（通常超过 6 环）、体长而柔软的螺旋状细菌则专称螺旋体。在自然界存在的细菌中，以杆菌最为常见，球菌次之，而螺旋状的细菌则最少。

2. 细菌的结构

细菌的基本结构由细胞壁、细胞膜、细胞质和核质体四个部分组成。某些细菌除了具有其基本结构外，还有荚膜、鞭毛、菌毛、芽孢等特殊结构，如图 3-13 所示。

（1）**基本结构**

1）细胞壁。细胞壁是位于细胞最外一层的厚实、坚韧的外被，具有外形和保护细胞不受损伤等多种生理功能。通过染色、质壁分离或制成原生质体后再通过在光学显微镜下进行观察，均可证实细胞壁的存在。

细胞壁的主要功能：固定细胞外形和提高力学性能；使其免受渗透压等外力的损伤；为细胞的生长、分裂和鞭毛运动所必需；阻拦大分子有害物质（某些抗生素和水解酶）进入细胞；赋予细菌特定的抗原性以及对抗生素和噬菌体的敏感性。

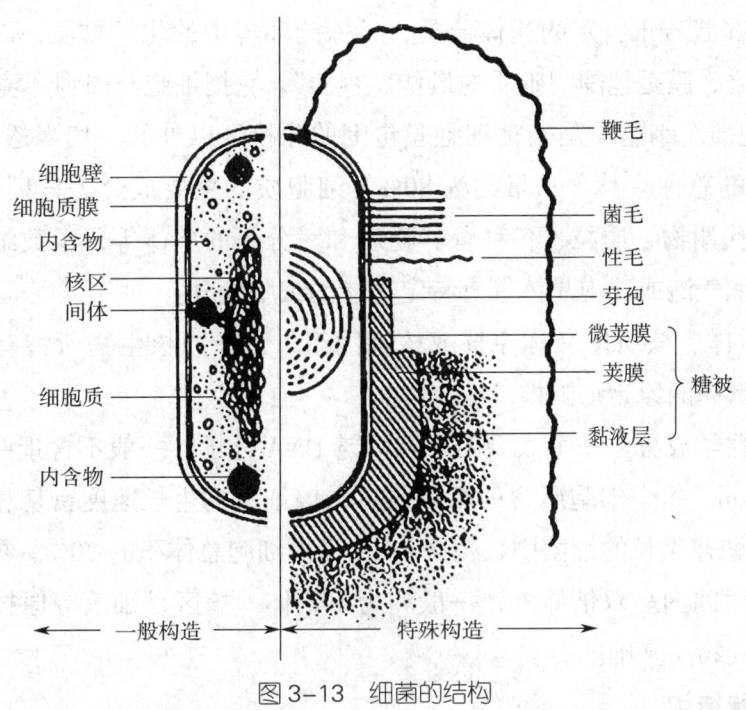

图 3-13 细菌的结构

除了绝大多数的真细菌以肽聚糖为基本成分外，细菌细胞壁在 G+、G- 细菌、抗酸细菌和古生菌中还各有自己的特点。

鉴别细菌时，主要通过细胞壁化学成分的差异引起的物理特性（脱色能力）的不同来鉴别。正是由于物理特性的不同，决定了最终染色反应结果的不同。具体做法是，用龙胆紫初染，加碘液处理，再以酒精脱色，最后用稀复红复染。凡染色后菌体呈紫色的，称"革兰阳性菌" G+，包括葡萄球菌、链球菌、破伤风梭菌等；凡染色后菌体呈红色或土黄色的，称"革兰阴性菌" G-，包括大肠杆菌、痢疾杆菌、伤寒杆菌、脑膜炎双球菌等。这一鉴别方法最初为丹麦医师革兰所采用。

2）细胞膜。细胞膜是一层紧贴在细胞壁内侧，包围着细胞质的柔软、脆弱、富有弹性的半透性薄膜，厚 7~8 nm，由磷脂（占 20%~30%）和蛋白质（占 50%~70%）组成。

细胞膜具有以下生理功能：能选择性地控制细胞内外营养物质和代谢产物的运送；是维持细胞内正常渗透压的结构屏障；是合成细胞壁和糖被有关成分（如肽聚糖、磷壁酸、LPS 和荚膜多糖等）的重要场所；膜上含有与氧化磷酸化或光合磷酸化等能量代谢有关的酶系，可使膜的内外两侧间形成电位差，即质子动势，故为细胞的产能基地；是鞭毛基体的着生部位，可提供鞭毛旋转运动所需的能量，质膜上还存在着若干特定的受体分子，可探测环境中的化学物质，以便做出相应的反应。总之，膜是包围细胞质的最佳"容器"，它把细胞与周围环境分隔开。

3）细胞质。细胞质是指被细胞膜包围的除核区以外的一切半透明、胶体状、颗粒状物质的总称。其含水量约为80%。细胞质的主要成分为核糖体、储藏物、酶类、中间代谢物、质粒、各种营养物质和大分子的单体等，少数细菌还含类囊体、羧酶体、气泡或伴孢晶体等有特定功能的细胞组分。

4）核质体。核质体又称原核或核基因组，是指原核生物所特有的无核膜包裹、无固定形态的原始细胞核。

核区的化学成分是一个大型的环状双链DNA分子，一般不含蛋白质，长度为$0.25 \sim 3.00$ mm。每个细胞所含的核区数目与该细菌的生长速度密切相关，一般为$1 \sim 4$个。在快速生长的细菌中，核区DNA可占细胞总体积的20%。核区除在染色体复制的短时间内呈双倍体外，一般均为单倍体。核区是细菌等原核生物负载遗传信息的主要物质基础。

（2）特殊结构

1）荚膜。某些细菌细胞壁外包绕的一层较厚的黏液性物质，其厚度大于0.2 μm，边界清晰，光镜下可见者称为荚膜。其功能为抗吞噬作用；抗有害物质的损伤作用；黏附作用：是引起感染的重要因素；有助于鉴别细菌：形态鉴别，荚膜不易着色，菌体周围有透明圈；抗原性鉴定：荚膜抗原有型的特异性，可依此分型。

2）鞭毛。许多细菌（所有的螺形菌、约半数的杆菌和极少数球菌）菌体上附着的细长、弯曲的丝状物称为鞭毛（细菌的运动器官）。其化学组成主要是蛋白质和少许糖脂。其功能有以下几点：鞭毛是运动器官，有助于细菌趋利避害；有助于鉴别细菌，包括形态鉴别、动力鉴别和抗原性鉴别；某些细菌与致病性有关，如霍乱弧菌、空肠弯曲菌等。

3）菌毛。在许多革兰阴性菌和少数革兰阳性菌菌体上附着的比鞭毛更细、更短而直，且数目较多的丝状物称为菌毛。其化学组成为菌毛蛋白，分为普通菌毛和性菌毛两种。普通菌毛的霉菌有数百根，具有黏附性，称为定植因子。少数革兰阴性菌有性菌毛，霉菌$1 \sim 4$根，中空管状，有致育因子（F因子）编码。有性菌毛者称F+菌，无性菌毛者称F-菌。其功能为：与致病性有关，细菌可借助普通菌毛黏附于易感细胞而引起感染；与传递某些遗传物质有关；有助于细菌抗原性鉴别和形态鉴别。

4）芽孢。在一定环境条件下，某些革兰阳性菌胞浆脱水浓缩，在菌体内部可形成一个圆形或卵圆形的小体，称为芽孢。芽孢的形成和发芽受遗传因素的控制和环境因素的影响。一个细菌繁殖体只能形成一个芽孢，芽孢成熟后菌体可崩解，芽孢脱落、游离。其特点是形状为坚实、无通透性的球体，代谢相对静止，为细菌的休眠状态。含有特殊的化学组分——吡啶二羧酸钙盐（DPA），且含水量少，能大大提高芽孢的耐热性。芽孢的抵抗力极强，耐热（100 ℃水温数小时）、耐干燥（能在自然环境中存活数年至数十年），同时对药物、消毒剂及射线也有较强的抵抗力。其功能与消毒灭菌有关，芽孢的抵抗力极强，在消毒灭菌时，应以杀死芽孢作为灭菌的指标（121 ℃，20 min）；与创伤感染有关。例如，深部创伤被泥土污染，进入伤口的破伤风梭菌芽孢，在适宜条件下就会繁殖产毒，引起破伤风病；有助于鉴别细菌。不同芽孢的大小、形状、位置因菌而异，可依此加以鉴别。

3. 细菌的营养和生长繁殖

营养是指生物体从外部环境中摄取的、其生命活动所必需的能量和物质。营养是生命活动的起点，它为一切生命活动提供了必需的物质基础。有了营养才可以进一步进行代谢、生长和繁殖，并可能为人们提供各种有益的代谢产物和特殊的服务。营养物则指具有营养功能的物质。

（1）**细菌的营养类型**。根据营养物质的获得来源，细菌可分为自养菌和异养菌。所有的病原菌都是异养菌，大部分属寄生菌。

自养菌能直接利用无机物，如空气中的二氧化碳及无机盐类作为营养物来源，合成细胞所需要的碳源。自养菌又分光能自养菌与化能自养菌，如藻类所含的叶绿素能够吸收光能，并利用二氧化碳合成所需化合物，其是光能自养菌。化能自养菌能氧化某些无机化合物，利用产生的化学能还原二氧化碳合成有机物，如硝化菌群、铁细菌、硫氧化细菌等。自然界中的化能自养菌分布较广，自养菌普遍对自然界中的氮、硫、铁等物质转化起到较大作用。

异养菌能利用环境中的有机物进行氧化发酵从而得到细胞所需的营养物，它不含有叶绿素。其中，有些细菌生活在动植物尸体上以吸收养料，这种吸收营养的生存方式称为腐生。有些细菌生活在活动的动植物身上以吸收养料，称为寄生。异养菌有好气性和厌气性之分。在循环冷却水中的异养菌多为好气性，能够利用水中的有机碳化合物进行繁殖。一般将用特定异养菌培养基培养出的细菌统称为好气异养菌。经有关研究人员监测分析，循环冷却水中的好气异养菌约分60个属。其优势菌属为假单胞菌属、不动细菌属及芽孢杆菌属等。

（2）细菌的营养物质。 不论是从元素的水平还是从营养要素的水平来分析，微生物的营养要求都与摄食型的动物（包括人类）和光合自养型的绿色植物十分接近，它们之间存在着"营养需求上的统一性"。在元素水平上都需20种左右，且以碳、氢、氧、氮、硫、磷6种元素为主，在营养要素水平上则都在五大类的范围内，即水、碳源、氮源、无机盐和生长因子。

1）水。微生物细胞的含水量很高，细菌、酵母菌和霉菌的营养体分别含80%、75%和85%左右的水，霉菌孢子约含39%的水，而细菌芽孢核心部分的含水量则低于30%。细菌代谢过程中所有的化学反应、营养的吸收和渗透、分泌、排泄均需有水参与才能进行。

2）碳源。微生物细胞含碳量约占其干重的50%，故除水分外，碳源是需要量最大的营养物，又称大量营养物。碳源同时又作为能源，因此，碳源又称双功能营养物。异养微生物虽然要利用各种有机碳源，但有些种类尤其是生长在动物血液、组织和肠道中的致病细菌，还需要有少量 CO_2 作为碳源才能满足其正常生长。

3）氮源。氮作为菌体成分的原料是构成重要生命物质——蛋白质和核酸等的主要元素，氮占细菌干重的12%~15%，与碳源相似，氮源也是微生物的主要营养物。

4）无机盐。无机盐或矿质元素主要为微生物提供除碳、氮源以外的各种重要元素。大量元素包括P、S、K、Mg、Na、Ca、Fe等，微量元素包括Cu、Zn、Mn、Mo、Co、Ni、Sn、Se、B、Cr、W、V等。不同种微生物所需的无机元素浓度有时差别很大，例如，G^- 细菌所需Mg就比 G^+ 细菌高约10倍。其作用为：构成有机化合物，成为菌体的成分；作为酶的组成成分，维持酶的活性；参与能量的储存和转运；调节菌体内外渗透压；某些元素与细菌的生长繁殖和致病作用密切相关。

5）生长因子。生长因子是一类为调节微生物正常代谢所必需，但不能用简单的碳、氮源自行合成的微量有机物。由于它没有作为能源和碳、氮源等作为结构材料的功能，因此需要量一般很少。广义的生长因子除了维生素外，还包括碱基、卟啉及其衍生物、甾醇、胺类、C-C的分支或直链脂肪酸，有时还包括氨基酸营养缺陷突变株所需要的氨基酸在内，而狭义的生长因子一般仅指维生素。

（3）细菌生长繁殖的条件

1）充足的营养。必须有充足的营养物质，才能为细菌的新陈代谢及生长繁殖提供必需的原料和足够的能量。

2）适宜的温度。细菌生长的温度极限为 -7~90 ℃。各类细菌对温度的要求不同，可分为以下几种：嗜冷菌，最适生长温度为 10~20 ℃；嗜温菌，最适生长温度为 20~40 ℃；嗜热菌，在高至 56~60 ℃ 的温度下生长最好。病原菌均为嗜温菌，最适温度为人体的体温，即 37 ℃。有些嗜温菌在低温下也可生长繁殖，如在 5 ℃ 的冰箱内，金黄色葡萄球菌能缓慢生长并可释放毒素，故食用过夜冰箱冷存食物可导致食物中毒。

3）合适的酸碱度。在细菌的新陈代谢过程中，酶的活性要在一定的 pH 值范围内才能发挥作用。多数病原菌最适 pH 值为中性或弱碱性（pH 7.2~pH 7.6）。人类血液和组织液的 pH 值为 7.4，细菌极易生存。胃液偏酸，绝大多数细菌可被杀死。个别细菌在碱性条件下生长良好，如霍乱弧菌在 pH 8.4~pH 9.2 时生长最好；也有的细菌最适 pH 值偏酸，如结核杆菌（pH 6.5~pH 6.8）、乳酸杆菌（pH 5.5）。

4）必要的气体环境。氧的存在与否和生长有关，有些细菌仅能在有氧条件下生存，有的只能在无氧环境下生存，而大多数病原菌在有氧及无氧的条件下均能生存。细菌代谢一般都需要 CO_2，但大多数细菌自身代谢所产生的 CO_2 即可满足需要。有些细菌，如脑膜炎双球菌在初次分离时需要较高浓度的 CO_2（5%~10%），否则生长很差，甚至不能生长。

根据细菌对氧的需要不同，可将其分为四类。

1）专性需氧菌。其是指在有氧的环境中才能生长繁殖的细菌。此类细菌具有完善的呼吸酶系统，能进行需氧呼吸，需要分子氧作为受氢体以完成氧化呼吸作用，所以这类细菌仅能在有氧条件下生存，如结核杆菌、假单胞菌属等。

2）专性厌氧菌。其是指在无氧的环境中才能生长繁殖的细菌。此类细菌缺乏完善的呼吸酶系统，只能进行无氧发酵，不但不能利用分子氧，而且游离氧对其有毒性作用，如破伤风杆菌、肉毒杆菌、产气荚膜杆菌等。

3）兼性厌氧菌。其是指在有氧或无氧环境中均能生长繁殖的微生物。在有氧或缺氧条件下，可通过不同的氧化方式获得能量，兼有有氧呼吸和无氧发酵两种功能，如酵母菌在有氧环境中进行有氧呼吸，在缺氧条件下发酵葡萄糖生成酒精和二氧化碳。

4）微需氧菌。在低氧压（5%~6%）条件下生长最好，氧压增高对其有抑制作用。一般细菌在代谢中需少量的 CO_2，以提供细菌合成核酸中的嘌呤、嘧啶等，如空肠弯曲菌、幽门螺旋杆菌。

4. 细菌在人体的分布

（1）正常菌群的含义。人自出生后，外界的微生物就逐渐进入人体。在正常人体皮肤、黏膜及与外界相通的各种腔道（如口腔、鼻咽腔、肠道和泌尿道）等部位，存在着对人体无害的微生物群，包括细菌、真菌、螺旋体、支原体等。在与宿主的共同长期进化过程中，微生物群的内部及其与宿主之间互相依存、互相制约，形成一个能进行物质、能量及基因交流的动态平衡的生态系统，称为正常菌群。大部分正常菌群是长期居留于人体中的，又称为常居菌；也有少数微生物是暂时寄居的，称为过路菌。

（2）**人体正常菌群的分布**。皮肤上的细菌往往依据个人卫生及环境情况而有所差异。最常见的是革兰阳性球病，其中以表皮葡萄球菌为多见，有时亦有金黄色葡萄球菌。当皮肤受损伤时，可引起化脓性感染。在外阴部与肛门部位，可找到非致病性抗酸性耻垢杆菌。

1）口腔中的细菌。口腔中的温度适宜，含有食物残渣，是微生物生长的良好环境。口腔中的微生物有各种球菌、乳酸杆菌、梭形菌、螺旋体和真菌等。

2）胃肠道中的细菌。若胃功能出现障碍，如胃酸分泌降低，尤其是患胃癌时，往往会出现八叠球菌、乳酸杆菌、芽孢杆菌等。成年人的空肠和回肠上部的细菌很少甚至无菌，肠道下段细菌逐渐增多。大肠积存有食物残渣，又有合适的酸碱度，适于细菌繁殖，菌量占粪便的1/3。大肠中微生物的种类繁多，主要有大肠杆菌、脆弱类杆菌、双歧杆菌、厌氧性球菌等，其他还有乳酸杆菌、葡萄球菌、绿脓杆菌、变形杆菌、真菌等。

3）呼吸道中的细菌。鼻腔和咽部经常存在葡萄球菌、类白喉杆菌等。在咽喉及扁桃体黏膜上，主要是甲型链球菌和卡他球菌占优势，此外还经常存在潜在的致病性微生物，如肺炎球菌、流感杆菌、乙型链球菌等。正常人的支气管和肺泡是无菌的。

4）泌尿生殖道中的细菌。正常情况下，仅在泌尿道外部有细菌存在，如男性生殖器有耻垢杆菌，尿道口有葡萄球菌和革兰阴性球菌及杆菌。女性尿道外部与外阴部菌群相仿，除耻垢杆菌外，还有葡萄球菌、类白喉杆菌和大肠杆菌等。阴道内的细菌菌群随着内分泌的变化而异。从月经初潮至绝经前一般多见的是阴道杆菌（乳酸杆菌类），而月经初潮前女孩及绝经期后妇女的阴道内主要细菌有葡萄球菌、类白喉杆菌、大肠杆菌等。

机体的多数组织器官是无菌的，若有侵入的细菌未被消灭则可引起传染。因此，在医疗实践中，当手术、注射、穿刺、导尿时，应严格执行无菌操作，以防细菌感染。人体各部位的正常菌群分布见表3-1。

表 3-1 人体各部位的正常菌群分布

部位	常见菌种
皮肤	表皮葡萄球菌、类白喉杆菌、绿脓杆菌、耻垢杆菌等
口腔	链球菌（甲型或乙型）、乳酸杆菌、螺旋体、梭形杆菌、白色念珠菌、（真菌）表皮葡萄球菌、肺炎球菌、奈瑟氏球菌、类白喉杆菌等
胃	正常一般无菌
肠道	类杆菌、双歧杆菌、大肠杆菌、厌氧性链球菌、粪链球菌、葡萄球菌、白色念珠菌、乳酸杆菌、变形杆菌、破伤风杆菌、产气荚膜杆菌等
鼻咽腔	甲型链球菌、奈氏球菌、肺炎球菌、流感杆菌、乙型链球菌、葡萄球菌、绿脓杆菌、大肠杆菌、变形杆菌等
眼结膜	皮表葡萄球菌、结膜干燥杆菌、类白喉杆菌等
阴道	乳酸杆菌、白色念珠菌、类白喉杆菌、大肠杆菌等
尿道	表皮葡萄球菌、类白喉杆菌、耻垢杆菌等

（3）正常菌群的生理作用

1）生物拮抗作用。正常菌群通过黏附和繁殖能形成一层自然菌膜，是一种非特异性的保护膜，可促进机体抵抗致病微生物的侵袭及定植，对宿主起到一定程度的保护作用。正常菌群除与病原菌争夺营养物质和空间位置外，还可以通过其代谢产物以及产生抗生素、细菌素等起作用。可以说，正常菌群是人体防止外来细菌入侵的生物屏障。

2）刺激免疫应答。正常菌群释放的内毒素等物质可刺激机体免疫系统保持活跃状态，是非特异免疫功能一个不可缺少的组成部分。

3）合成维生素。有些微生物能合成维生素，如核黄素、生物素、叶酸、吡哆醇及维生素 K 等，可供人体吸收利用。

4）降解食物残渣。肠道中正常菌群可互相配合，降解未被人体消化的食物残渣，以便于机体进一步吸收。

（4）条件致病菌和菌群失调

在一定条件下，正常菌群中的细菌也能使人患病：由于机体的防卫功能减弱，会引起自身感染。例如，皮肤黏膜受伤（特别是大面积烧伤）、身体受凉、过度疲劳、长期消耗性疾病等可导致自身感染。由于正常菌群寄居部位的改变，发生了定位转移，也可引起疾病。例如，大肠杆菌进入腹腔或泌尿道，可引起腹膜炎、泌尿道感染。因此，这些细菌称为条件致病菌。

在正常情况下，人体和正常菌群之间以及正常菌群中各细菌之间，均保持着一定的生态平衡。如果生态平衡失调，以至机体某一部位的正常菌群中各细菌的比例关系发生数量和质量上的变化，即为菌群失调。

菌群失调的常见诱因主要是使用抗生素、同位素、激素，患有慢性消耗性疾病时，肠道、呼吸道、泌尿生殖道的功能失常也是重要原因。去除诱因后一般可使菌群恢复正常，但也有长期失调而难于逆转的情况。

临床上常见的菌群失调症有耐药性葡萄球菌繁殖成优势菌引发的腹泻，偶尔也会引发致死性葡萄球菌脓毒血症；变形杆菌和假单胞菌生长旺盛并侵入组织发生肾炎或膀胱炎；白色念珠菌大量繁殖，引起肠道、肛门或阴道感染，也可发展成全身感染；艰难梭菌在结肠内大量繁殖，并产生一种肠毒素及细菌毒素，导致假膜性肠炎。

5. 细菌的致病性

病原菌的致病作用与其毒力、侵入机体的数量、侵入途径及机体的免疫状态密切相关。细菌的致病性是指细菌能引起感染的能力。细菌的致病性是对特定宿主而言的，有的仅对人类有致病性，有的只对某些动物有致病性，有的则对人类和动物都有致病性。凡能引起人类疾病的细菌统称为病原菌或致病菌。细菌在人体内寄生、增殖并引起疾病的特性称为细菌的致病性或病原性。致病性是细菌菌种的特征之一，不同病原菌对宿主可引起不同程度的病理过程并可导致不同的疾病，例如鼠疫杆菌可引起鼠疫，伤寒沙门菌感染可引起人类伤寒，结核分枝杆菌则引起结核病，这是由细菌种属特性决定的。

（1）**细菌的毒力**。致病性强弱程度以毒力表示。各种细菌的毒力不同，并可因宿主种类及环境条件不同而发生变化。同一种细菌也有强毒、弱毒与无毒菌株之分。细菌的毒力常用半数死量（LD50）或半数感染量（ID50）表示，其含义是在单位时间内，通过一定途径，使一定体重的某种实验动物半数死亡或被感染所需的最少量的细菌数或细菌毒素量。

（2）**细菌入侵门户**。病原微生物若要引起感染，除必须具有一定的毒力外，还要有足够的数量和适当的侵入部位。有些病原菌毒力极强，极少量的侵入即可引起机体发病，如鼠疫杆菌，只需数个细菌侵入就可发生感染。而对大多数病原菌而言，则需要一定的数量才能引起感染，而少量侵入则易被机体防御机能所清除。

病原菌的侵入部位也与感染的发生有密切关系。多数病原菌只有经过特定的途径侵入门户，并在特定部位定居繁殖才能造成感染。如痢疾杆菌必须经口侵入，且定居于结肠内才能引起疾病。在厌氧条件下，破伤风杆菌只有经伤口侵入，在局部组织生长繁殖产生外毒素，才能引发疾病，若随食物吃下则不能引起感染。

病原菌的这种特性是它的寄生与机体免疫系统抗寄生相互作用，并在长期进化过程中相互适应的结果。

（3）**机体的抗拒免疫**。病原菌侵入人体后，首先要突破机体非特异性免疫的防线。病原菌侵入后一般需经 7～10 d，机体才能产生特异性免疫，机体非特异性免疫与特异性免疫相互配合，共同发挥抗菌免疫作用。

1）**非特异性免疫**。非特异性免疫又称先天免疫，是人类在长期的种系发育和进化过程中，逐渐建立起来的一系列天然防御功能。其特点是：生来就有，受遗传基因控制，代代遗传，具有相对稳定性，个体差异小；作用无特异性，不是针对某一特定微生物，而是针对各种微生物均有的防御能力；再次接触相同微生物时其防御功能不增不减。

非特异性免疫的物质基础包括机体的屏障结构、吞噬细胞和体液中的抗菌物质。屏障结构有皮肤与黏膜，以及皮肤和黏膜分泌的杀菌物质、血脑屏障、胎盘屏障等。吞噬细胞是机体内具有吞噬功能的细胞。吞噬细胞分为小吞噬细胞和大吞噬细胞两类，前者主要是外周血液中的中性粒细胞，后者为血液中的单核细胞和多种组织的巨噬细胞，如肝中的枯否细胞、肺中的尘细胞、淋巴结和脾中的巨噬细胞等。血液中的单核细胞和组织中的巨噬细胞构成了单核吞噬细胞系统。当病原菌侵入皮肤或黏膜后，首先可被毛细血管内游离出的中性粒细胞吞噬杀灭。少数未被吞噬的细菌可经淋巴管到达局部淋巴结，由淋巴结中的巨噬细胞吞噬杀灭。极少数毒力强的病原菌可经淋巴结入侵血液及组织器官，再被该处的巨噬细胞吞噬杀灭。

2）**特异性免疫**。特异性免疫又称后天免疫或获得性免疫，是指人在出生后，在生活过程中与病原微生物及其毒性代谢产物等抗原物质接触后产生的免疫防御功能。其特点是：后天获得，不是生来就有，不能遗传，是在接触抗原刺激（感染或接种疫苗）后产生的；有明显的特异性，即机体接受某一病原微生物刺激后产生的免疫力，只能对该病原微生物起作用，而对其他微生物不起作用；再次接触相同微生物时，免疫力可增加。特异性免疫是在非特异性免疫的基础上建立起来的，分别通过抗体和致敏效应淋巴细胞发挥体液免疫和细胞免疫作用。

特异性免疫分为胞外菌感染的免疫和胞内菌感染的免疫。胞外菌感染的免疫发生在胞外菌感染时，病原菌位于宿主细胞外的血液、淋巴液、组织液等体液中，经繁殖可致病。胞外菌主要有葡萄球菌、链球菌、脑膜炎奈瑟菌、淋病奈瑟菌、厌氧芽孢梭菌和多种革兰阴性菌。体液免疫是胞外菌感染的主要特异性保护免疫，主要通过特异性抗体起作用。胞内菌感染的免疫是在病原菌侵入机体后，在宿主细胞内繁殖，称为胞内菌感染。医学上重要的胞内菌主要有结核分枝杆菌、麻风分枝杆菌、布鲁氏菌、军团菌等，此类细菌被吞噬细胞吞入后往往会引起不完全吞噬。因特异性抗体不能进入细胞与寄居的细菌起作用，体液免疫对此类细菌作用不大，故抗胞内菌感染免疫主要依赖于细胞免疫。

6. 细菌的变异现象

在细菌的生长繁殖过程中，可观察到很多的变异现象。在形态变异方面，细菌的大小可发生变异；有的细菌可失去荚膜、芽孢或鞭毛；有的细菌出现了细胞壁缺陷的L型细菌。细菌的毒力变异可表现为毒力增强或减弱。卡介二氏将有毒力的结核杆菌在含有胆汗的甘油马铃薯培养基上连续传代，经13年230代获得了减毒但保持疫原性的菌株，称为卡介苗，用于人工接种以预防结核病。肠道杆菌中如沙门氏菌属、志贺氏菌属中常发生鞭毛抗原以及菌体抗原的变异。变异后，细菌的抗原性消失或发生改变，从而不能被特异的抗体所凝集。有些细菌的酶活性发生了变异，以致出现异常的生化反应，例如大肠杆菌原可以发酵乳糖，但发生酶变异后会失去发酵糖的能力，从而难以与一些不发酵的肠道致病菌区别。有些细菌的变异表现为菌落的变异如S（光滑型）与R（粗糙型）变异。菌落中光滑、湿气、边缘整齐的变异为表面粗糙、干皱、边缘整齐。S-R变异多见于肠道杆菌，其变异的物质基础为革兰阴性菌细胞壁外膜的脂多糖蛋白质复合物失去了末端的特异寡糖，从而暴露了非特异的核心多糖。因此，失去了相应的O特异性抗体，毒力及生化反应亦随之改变。

7. 常见的病原性细菌

（1）球菌。根据革兰染色性的不同，分成革兰阳性球菌（葡萄球菌、链球菌、四联球菌、八叠球菌）和革兰阴性球菌（脑膜炎球菌、淋球菌、卡他球菌、干燥奈氏球菌）两类。对人类有致病性的球菌称为病原性球菌，由于这类球菌主要引起化脓性炎症，故又称为化脓性球菌，主要包括葡萄球菌、链球菌、奈瑟氏菌等。

1）葡萄球菌是一群革兰阳性球菌。葡萄球菌在皮肤表面上可长久生存，常隐藏在毛囊、汗腺及皮脂腺内。在进行注射、外科手术时，如不严格消毒，易引起化脓性感染。

所致疾病：局部感染主要引起毛囊炎、痈、蜂窝组织炎、伤口化脓等，还可引起气管炎、肺炎、脓胸及中耳炎；全身感染会引起脑膜炎、心包炎、心内膜炎、败血症及脓毒血症等，主要由金葡菌引起。食物中毒是人体食入含肠毒素的食物后，经2~6 h可发生急性肠胃炎。正常人肠道中有少量金葡菌存在，当优势菌（大肠杆菌、脆弱类杆菌）因抗菌药物的应用而被抑制或杀灭后，抗药的金葡菌就会趁机繁殖而产生肠毒素，引起以腹泻为主的临床症状，其本质是一种菌群失调性肠炎，即葡萄球菌性肠炎。特点为肠黏膜被一层炎性假膜所覆盖，该假膜由炎性渗出物、肠黏膜坏死块和细胞组成。

2）链球菌是化脓性球菌中另一大类常见细菌，少数可引起人类化脓性炎症，如猩红热、丹毒、新生儿败血症、脑膜炎、细菌性心内膜炎和链球菌变态反应性疾病。

所致疾病：化脓性疾病（淋巴管炎、淋巴结炎、蜂窝组织炎、痈、脓疱疮等局部皮肤和皮下组织感染，扁桃体炎、咽炎、咽峡炎、鼻窦炎、产褥热、中耳炎、乳突炎等其他系统的感染），中毒性疾病（猩红热），变态反应性疾病（风湿热和急性肾小球炎）。

3）奈瑟氏菌属于革兰阴性双球菌，包括脑膜炎球菌、淋球菌、干燥奈氏球菌等。

（2）**肠道杆菌**。其为条件致病菌，多数不引起疾病，少数（沙门氏菌和志贺氏菌）为肠道致病菌。

1）埃希氏菌（大肠杆菌）为革兰阴性杆菌，一般不致病。其中，最重要的为大肠杆菌，当机体抵抗力下降、大肠杆菌侵入肠外组织或器官时，可引起肠道外感染，某些血清型菌株致病力强，为致病性大肠杆菌。

所致疾病：肠外感染。大肠杆菌移居肠外组织或器官时可引起肠外感染，以化脓性炎症最常见，如尿道炎、膀胱炎、肾盂肾炎、腹膜炎、胆囊炎、阑尾炎和手术后创伤感染、败血症。

2）沙门氏菌为革兰阴性菌，对人致病的主要有伤寒杆菌、副伤寒杆菌，以及引起食物中毒与败血症的沙门氏菌。

所致疾病：肠热症（即伤寒和副伤寒）、胃肠炎（食物中毒）、败血症。细菌随血液到达组织、器官可导致感染，如脑膜炎、骨髓炎、胆囊炎、心内膜炎等。

3）志贺氏菌所致疾病为细菌性痢疾。

4）绿脓杆菌为假单胞菌属代表菌，为条件致病菌。除自然界广泛存在外，在正常人的皮肤、肠道和呼吸道中均有存在，为革兰阴性。

所致疾病：局部感染，常见烧伤或创伤部位、中耳、角膜、尿道和下呼吸道，也可引发心内膜炎、胃肠炎、脓胸、败血症。

5）棒状杆菌为革兰阳性菌，引起人类疾病的主要为白喉杆菌。

所致疾病：咽白喉，鼻白喉。

6）分枝杆菌主要有结核杆菌和麻风杆菌。

7）厌氧芽孢杆菌主要有破伤风杆菌。

（3）**支原体**。其为一类无细胞壁，能在体外独立生活的、最小的单细胞微生物，主要有肺炎支原体。

（4）**立克次体**。其为一类革兰阴性微小的球杆状微生物、专性细胞内寄生物。

二、真菌

真菌是一种真核细胞性微生物。其细胞结构比较完整，有典型的细胞核和完善的细胞器。不含叶绿素，无根、茎、叶的分化。少数为单细胞真菌，多数为多细胞真菌，由丝状体和孢子组成。真菌广泛分布于自然界，其种类繁多，有 10 余万种。大多对人无害，有的甚至有益，如食用蕈类，有的真菌用于生产抗生素和酿酒等。引起人类疾病的真菌有 300 余种，包括致病、条件致病、产毒以及致癌的真菌。近年来，真菌感染引发疾病的发病率明显上升。这与滥用抗生素引起的菌群失调和应用激素、抗癌药物导致的免疫低下有关，应引起注意。

1. 真菌的形态与结构

真菌比细菌大几倍至几十倍，结构也比细菌复杂。真菌细胞壁较细菌厚，约占菌细胞干重的 30%。但真菌细胞壁缺乏黏肽，其是由结构不同的多糖如葡聚糖、甘露糖、几丁质及脱乙酰壳多糖等组成，有的还含有蛋白质及类脂体。真菌细胞内微细结构与高等植物细胞基本相似，有较为典型的核结构和细胞器。真菌可分单细胞和多细胞两类。单细胞真菌呈圆形或卵圆形，如酵母菌、白假丝酵母菌（白色念珠菌）、新生隐球菌。单细胞真菌以出芽方式繁殖，芽生孢子成熟后脱落成独立个体。多细胞真菌由孢子出芽繁殖形成。大多长出菌丝和孢子，称丝状菌，又称霉菌。各种**丝状菌**长出的菌丝与孢子形态不同，是鉴别真菌的重要标志。

（1）**菌丝**。孢子长出芽管，逐渐延长呈丝状，称菌丝。菌丝延伸分枝，交织成团，称菌丝体。菌丝体按功能可分为营养菌丝体和气中菌丝体（其中产生孢子的则称为生殖菌丝体)。

(2) **孢子**。孢子是真菌的繁殖器官,一条菌丝上可长出多个孢子。真菌孢子与细菌芽孢不同。真菌孢子抵抗力不强,在60～70 ℃的温度下短时间即死,一条菌丝上可长出多个孢子,其是一种繁殖方式。细菌芽孢抵抗力强,煮沸时间短不死,一个细菌只产生一个芽孢,其不是一种繁殖方式。大多数致病性菌为有隔菌丝、无性孢子。

酵母菌属于单细胞真菌,包括酵母菌和类酵母菌两类,目前已知的有1 000多种。它们以出芽方式繁殖,但是酵母菌不产生菌丝。类酵母菌通过母细胞长出芽体进行繁殖,并延长成芽体,称为假菌丝。假菌丝连接在一起,称为假菌丝体。类酵母菌菌落形态和酵母型真菌的菌落基本相似,不同的是可有假菌丝伸进培养基内,故又称为假丝酵母菌(或称念珠菌)。酵母菌的生殖方式包括有性生殖和无性生殖两种。假丝酵母菌不能进行有性生殖。酵母菌中对人致病的主要是白色假丝酵母菌和新型隐球菌等。目前,由非白念念珠菌引起的疾病在日渐增多。

霉菌或称为丝状真菌,属于多细胞真菌,有菌丝和孢子。菌丝伸长分枝,交织成团,在营养基质上会形成绒毛状、棉絮状或蜘蛛网形丝状菌体。霉菌的菌丝呈长管、分枝状,无横隔壁,具有多个细胞核,可聚成菌丝体。霉菌的种类很多,有45 000种以上。常见的霉菌有曲霉、根霉、毛霉、脉孢菌和青霉。

双相真菌在不同的温度条件下可产生不同的形态学特征,如在人体内部寄生或在37 ℃条件下产生酵母,而在室温条件下则产生霉菌(菌丝相),主要包括几种致病菌:皮炎芽生菌、荚膜组织胞浆菌、巴西副球孢子菌、粗球孢子菌、申克氏孢子丝菌、马尔尼菲青霉等。

2. 真菌的抵抗力

真菌对干燥、阳光、紫外线及一般化学消毒剂有耐受力,但充分暴露于阳光、紫外线及干燥情况下,大多数真菌不能存活,且对2.5%碘酒和10%福尔马林敏感,可用福尔马林熏蒸被真菌污染的房间。真菌对热敏感,一般60 ℃下1 h可杀死真菌菌丝和孢子。

3. 真菌的致病性

(1) **真菌性感染**。主要是外源性感染,浅部真菌有亲嗜表皮角质特性,可侵犯皮肤、指甲及须发等组织,繁殖力顽强,可发生机械刺激损害,同时会产生酶及酸等代谢产物,引起炎症反应和细胞病变。深部真菌可侵犯皮下、内脏及脑膜等处,能引起慢性肉芽肿及坏死。

（2）条件性真菌感染。主要是内源性感染（如白色念珠菌），亦有外源性感染（如曲霉菌）。此类感染与机体抵抗力、免疫力降低及菌落失调有关，常发生于长期应用抗生素、激素、免疫抑制剂、化疗和放疗的患者。

（3）过敏性真菌病。在各种过敏性或变态反应性疾病中，由真菌性过敏原（如孢子抗原）引起过敏症，有哮喘、变态反应性肺泡炎和癣菌疹等。

（4）真菌毒素中毒症。真菌毒素已发现100多种，可侵害肝、肾、脑、中枢神经系统及造血组织，如黄曲霉素可引起肝脏变性，肝细胞坏死及肝硬化，可引发肝癌。黄绿青霉素可引起中枢神经损害，包括神经组织变性、出血或功能障碍等。某些镰刀菌素和黑葡萄穗素主要引起造血系统损害，使造血组织坏死或造血机能出现障碍，引起白细胞减少症等。

不同真菌可以通过不同的形式致病，其引起的疾病有以下几种。

1）致病性真菌感染：由外源性真菌引起，如皮肤癣菌等。

2）条件致病性真菌感染：由内源性真菌引起，如念珠菌、曲霉菌等。

3）真菌超敏反应性疾病：吸入或食入菌丝或孢子引起荨麻疹、哮喘等。

4）真菌性中毒症：食用含真菌毒素的霉变粮食所致。

5）真菌毒素：与肿瘤发生有关。

4. 人体对真菌的免疫性

（1）非特异性免疫。人类对真菌感染有天然免疫力，包括皮肤分泌短链脂肪酸和乳酸的抗真菌作用，血液中转铁蛋白扩散至皮肤角质层的抑真菌作用，中性粒细胞和单核巨噬细胞的吞噬作用，以及正常菌群的拮抗作用。许多真菌病受生理状态影响，如婴儿对念珠菌病易感，学龄前儿童易患头癣。

（2）特异性免疫。真菌感染中的细胞免疫是机体排菌杀菌及复原的关键，T细胞分泌的淋巴因子可加速表皮角化和皮屑形成，使其随皮屑脱落，将真菌排出。以T细胞为主导的迟发型变态反应可引起免疫病理损伤，能控制和消灭真菌，以终止感染。一般DTH反应强度与体内菌量呈反比，如DTH阴性则菌量增加，病情严重，而经治疗又转阳性，说明治疗有效，愈后良好。体液免疫对部分真菌感染有一定的保护作用，如特异性抗体可阻止真菌转为菌丝相，以提高吞噬细胞的吞噬率。抗白色念珠菌抗体与菌表面甘露醇蛋白质复合物结合，可阻止本菌黏附于宿主细胞。全身性白色念珠菌感染的迟发型变态反应呈阳性，或其通过被动转移致敏淋巴细胞的同时输入特异抗体才起保护作用。而DTH阴性者即使有抗体，也不能起到保护作用，这表明抗体须在具有良好细胞免疫基础的机体内才能产生保护作用。

5. 真菌感染的防治原则

皮肤癣菌的传播主要靠孢子。遇潮湿和温暖环境真菌又能发芽繁殖。当体表角质层破损或糜烂时，更易引起感染。预防措施主要是注意清洁卫生，保持鞋袜干燥，防止真菌滋生，或将含福尔马林棉球置鞋内杀菌后再穿鞋。避免直接或间接与患者接触。由于真菌表面抗原性弱，无有效的预防疫苗。局部治疗可使用5%硫磺软膏、咪康唑霜、克霉唑软膏或0.5%碘伏。若疗效不佳或存在深部感染，可口服抗真菌药物，如制霉菌素、咪康唑、酮康唑、氟康唑和伊曲康唑等。灰黄霉素对小鼠有致癌作用，使用时应加以注意。20世纪90年代以来主要使用氟康唑和伊曲康唑治疗，其对表皮癣菌与深部真菌均有疗效。

三、病毒

病毒是一类由核酸和蛋白质等少数几种成分组成的超显微"非细胞生物"，其本质是一类含DNA或RNA的特殊遗传因子。与质粒等一般遗传因子不同的是，病毒是一类能以感染态和非感染态两种形式存在的病原体，它们既可通过感染宿主并借助其代谢系统大量复制自己，又可在离体条件下，以生物大分子状态长期保持其感染活性。

病毒的特性：形体极其微小，一般都能通过细菌滤器，故必须在电子显微镜下才能观察到；没有细胞构造，其主要成分仅为核酸和蛋白质两种，故又称"分子生物"；每一种病毒只含一种核酸，不是DNA就是RNA；既无产能酶系，也无蛋白质和核酸合成酶系，只能利用宿主活细胞内的代谢系统合成自身的核酸和蛋白质组分；以核酸和蛋白质等"元件"的装配实现其大量繁殖；在离体条件下，能以无生命的生物大分子状态存在，并可长期保持其侵染活力；对一般抗生素不敏感，但对干扰素敏感；有些病毒的核酸还能整合到宿主的基因组中，并诱发潜伏性感染。

1. 病毒的大小与形态

病毒个体微小，测量病毒大小的单位是毫微米（nm），即1/1 000 μm。大型病毒（如牛痘苗病毒）为200~300 nm；中型病毒（如流感病毒）约100 nm；小型病毒（如脊髓灰质炎病毒）仅20~30 nm。

一个成熟有感染性的病毒颗粒称"病毒体"，电子显微镜观察有如下五种形态。

（1）**球形**。大多数人类和动物病毒为球形，如脊髓灰质炎病毒、疱疹病毒及腺病毒等。

（2）**丝形**。多见于植物病毒，如烟草花叶病病毒等。人类某些病毒（如流感病毒）有时也可形成丝形。

（3）**弹形**。形似子弹头，如狂犬病病毒等，其他多为植物病毒。

（4）**砖形**。如痘病毒（天花病毒、牛痘苗病毒等）。

（5）**蝌蚪形**。由一卵圆形的头及一条细长的尾组成，如噬菌体。

2. 病毒的结构与功能

（1）**病毒的基本结构**。含 RNA 的称为 RNA 病毒。DNA 病毒核酸多为双股（除微小病毒外），RNA 病毒核酸酸多为单股（除呼肠孤病毒外）。

1）病毒核酸。也称基因组，最大的痘病毒含有数百个基因，最小的微小病毒仅有 3~4 个基因。根据核酸构形及极性，病毒可分为环状、线状、分阶段以及正链、负链等不同类型，对进一步阐明病毒的复制机理和病毒分类具有重要意义。

核酸蕴藏着病毒遗传信息，若用酚或其他蛋白酶降解剂去除病毒的蛋白质衣壳，提取核酸并转染或导入宿主细胞，可产生与亲代病毒生物学性质一致的子代病毒。因此，可证实核酸的功能是遗传信息的储藏所，可主导病毒的生命活动、形态发生、遗传变异和感染性。

2）衣壳。在核酸的外面紧密包绕着一层蛋白质外衣，即病毒的"衣壳"。衣壳是由许多"壳微粒"按一定几何构型集结而成，壳微米在电子显微镜下可见，是病毒衣壳的形态学亚单位，它由一至数条结构多肽构成。根据壳微粒的排列方式将病毒构型区分为：立体对称，形成 20 个等边三角形的面，12 个顶和 30 条棱，具有五、三、二重轴旋转对称性，如腺病毒、脊髓灰质炎病毒等；螺旋对称，壳微粒沿螺旋形盘红色的核酸呈规则地重复排列，通过中心轴旋转对称，如正黏病毒、副黏病毒及弹状病毒等；复合对称，同时具有或不具有两种对称性的病毒，如痘病毒与噬菌体。

蛋白质衣壳的功能：致密稳定的衣壳结构除赋予病毒固有的形状外，还可保护内部核酸免遭外环境（如血流）中核酸酶的破坏；衣壳蛋白质是病毒基因产物，具有病毒特异的抗原性，可刺激机体产生抗原病毒免疫应答；具有辅助感染作用。

病毒的核酸与衣壳组成核衣壳，最简单的病毒就是裸露的核衣壳，如脊髓灰质炎病毒等。有囊膜的病毒核衣壳又称为核心。

（2）病毒的辅助结构

1）囊膜。某些病毒，如虫媒病毒、人类免疫缺陷病毒、疱疹病毒等，在核衣壳外包绕着一层含脂蛋白的外膜，称为囊膜。囊膜中含有双层脂质、多糖和蛋白质。其中，蛋白质具有病毒特异性，常与多糖构成糖蛋白亚单位，嵌合在脂质层中，表面呈棘状突起，称刺突或囊微粒。它们位于病毒体的表面，有高度的抗原性，并能选择性地与宿主细胞受体结合，促使病毒囊膜与宿主细胞膜融合，感染性核衣壳进入胞内可导致感染。囊膜中的脂质与宿主细胞膜或核膜成分相似，这证明病毒是以"出芽"的方式，从宿主细胞内释放过程中获得了细胞膜或核膜成分。有囊膜病毒对脂溶剂和其他有机溶剂敏感，失去囊膜后便丧失了感染性。

2）触须样纤维。腺病毒是唯一具有触须样纤维的病毒，腺病毒的触须样纤维是由线状聚合多肽和一球形末端蛋白组成的，位于衣壳的各个顶角。该纤维吸附到敏感细胞上，可抑制宿主细胞蛋白质代谢，与致病作用有关。此外，还可凝集某些动物的红细胞。

3）病毒携带的酶。某些病毒核心中带有催化病毒核酸合成的酶，如流感病毒带有 RNA 的 RNA 聚合酶，这些病毒在宿主细胞内要靠它们携带的酶合成感染性核酸。

3. 病毒的抵抗力

（1）病毒对物理因素的抵抗力

1）温度。大多数病毒（除肝炎病毒外）耐冷而不耐热。病毒一旦离开机体，以 56~60 ℃加热 30 min，由于表面蛋白变性，便会丧失其感染性，即被灭活。病毒对低温的抵抗力较强，但对反复冻融比较敏感。一般可用低温真空干燥法保存病毒，但在室温条件下干燥易使病毒灭活。

2）盐类对病毒具有稳定作用。克分子浓度的盐可提高病毒对热的抵抗力。$MgCl_2$ 对脊液灰质炎病毒、$MgSO_4$ 对正黏和副黏病毒、Na_2SO_4 对疱疹病毒具有稳定作用。因此，在减毒活疫苗中须加入这类稳定剂。有囊膜病毒即使在 -90 ℃也不能长期保存，但加入保护剂如二甲基亚砜（DMSO）可使之稳定。

3）pH 值。病毒一般在 pH 5.0~pH 9.0 的环境下是稳定的，但在某些病毒的血凝反应中，pH 值的改变可影响试验的结果。

4）射线。紫外线、X 射线和高能量粒子可杀死活病毒，这是因为光量子可击毁病毒核酸的分子结构，不同病毒对射线的敏感度不一。

（2）病毒对化学因素的抵抗力

1）脂溶剂。有囊膜病毒可迅速被脂溶剂破坏，如乙醚、氯仿、去氧胆酸钠等。这类病毒通常不能在含有胆汁的肠道中引起感染。病毒对脂溶剂的敏感性可作为病毒分类的依据之一。

2）甘油。大多数病毒在50%甘油盐水中能存活较长的时间。因病毒体中含游离水，可不受甘油脱水作用的影响，故可用于保存被病毒感染的组织。

3）化学消毒剂。一般病毒对高锰酸钾、次氯酸盐等氧化剂都很敏感，升汞、酒精、强酸及强碱均能迅速杀灭病毒，但0.5%~1%石炭酸仅对少数病毒有效。饮水中的漂白粉浓度对乙型肺炎、肠道病毒无效。β-丙内酯及环氧乙烷可杀灭各种病毒。

4）抗生素。抗生素及磺胺对病毒无效。利福平能抑制痘病毒复制，干扰病毒DNA或RNA合成，但也干扰宿主细胞的代谢，有较强的细胞毒性作用。

4. 病毒对机体的致病作用

（1）病毒感染机体的类型。病毒感染机体一方面取决于病毒的毒力或致病力，即一定的数量和合适的侵入门户；另一方面取决于机体的免疫力。毒力一般指同一病毒不同毒株所致疾病的严重程度。致病力是指不同病毒所致疾病的严重程度。因此，病毒的特性及机体免疫应答状态决定了病毒感染机体的类型和结局。

1）亚临床感染。不出现临床症状的感染称为亚临床感染或隐性感染。许多病毒性疾病为此型感染，是机体获得特异性免疫的主要来源。例如，脊髓灰质炎流行时，隐性感染约占99%，但隐性感染的人仍能向周围环境散布病毒，从而传染他人。

2）急性感染。临床所见的绝大多数病毒感染，如麻疹、乙型脑炎、流感、脊髓灰质炎、水痘等都为急性感染。病毒侵入机体内，在一种组织或多种组织中增殖，并经局部扩散，或经血流扩散到全身。经2~3d以至2~3周的潜伏期后，病毒繁殖到一定水平，当局部或组织广泛损伤时，可引起临床感染。从潜伏期起，宿主动员了非特异性和特异性免疫力，除致死性疾病外，宿主一般能在症状出现后1~3周内消除体内的病毒。通常在症状出现前后的一段时间内及病后数天到两周，从组织或分泌物中能分离出病毒。

3）持续性感染。

潜伏感染。原发感染后，病毒并未从体内完全消失，其基因潜伏于某些组织细胞内而不复制，但在一定条件下，病毒被激活，可再度复制使疾病复发。

慢性感染。病毒在感染后未完全被清除，血中可持续检测出病毒，并可经输血、注射而传播，症状无或轻微，反复发作，迁延不愈。

慢发病毒感染。为慢性发展的进行性加重的病毒感染。潜伏期长，症状出现后呈进行性加重，直至死亡。

急性病毒感染的迟发并发症。如麻疹致亚急性硬化性脑炎。

（2）**病毒感染细胞的类型**。在病毒与宿主细胞的相互作用中，病毒在细胞内是否复制是关键，据此可确定病毒感染细胞的类型和细胞的最终结局。

1）杀细胞性感染。病毒在宿主细胞内复制增殖过程中，阻断了细胞自身的合成代谢，胞浆膜功能衰退，待病毒复制成熟后，就能在很短的时间内一次释放出大量病毒，以致细胞裂解。同时，引起细胞内溶酶体膜的通透性增高，释放出过多的水解酶于胞浆中，而使细胞溶解。释放出的病毒再侵犯其他易感的宿主细胞。脊髓灰质炎病毒、柯萨奇病毒及鼻病毒等无囊膜的小RNA病毒感染均属于这一类。

2）稳定性感染。在细胞内增殖过程中，有囊膜的病毒不阻碍细胞本身的代谢，也不改变溶酶体膜的通透性，因而不会使细胞溶解死亡。它们是在一段时间内以"出芽"方式从感染的宿主中逐个释放出的。只有机械性损伤和合成产物的毒害，才能使细胞发生混浊肿胀、皱缩，出现轻微的细胞病变，在一段时间内宿主细胞并不立即死亡。有时受染细胞还可增殖，病毒可传给子代细胞，或通过直接接触，感染邻近的细胞。单纯疱疹病毒、脑炎病毒、麻疹病毒及流感病毒等的感染都属于这一类型。

3）整合感染。某些DNA病毒的全部或部分DNA以及逆转录病毒合成的cDNA插入宿主细胞基因中，形成前病毒，导致细胞遗传性状的改变，称为整合感染。整合的宿主细胞不复制期间为潜伏感染，偶尔复制出完整病毒视为复发感染。在适宜条件下，细胞也可转化为癌细胞，细胞膜上会出现肿瘤抗原。HTLV-1、EBV、HPV、HBV均可造成这一类型的感染。

5. **常见病毒**

常见病毒性疾病包括流感、艾滋病、麻疹、风疹、天花、流行性腮腺炎、风疹、水痘、呼吸道病毒感染、病毒性肝炎、脊髓灰质炎、其他肠道病毒感染、流行性乙型脑炎、流行性出血热等。

（1）**流感病毒**。流行性感冒病毒简称流感病毒，是一种造成人类患流行性感冒的RNA病毒。在分类学上，流感病毒属于正黏液病毒科，它会造成急性上呼吸道感染，并借由空气迅速传播，在世界各地常会有周期性的大流行。此外，在人类出现的各种流感中，易感人群都是儿童，所以更需要对儿童流感进行防治。抗病毒中药以抗流感病毒药物最多，如常用的金银花、连翘、板蓝根等。

（2）**流行性乙脑病毒**。流行性乙型脑炎病原体属披膜病毒科黄病毒属第1亚群，呈球形，为单股RNA病毒。外有类脂囊膜，表面有血凝素，能凝集鸡红细胞。病毒在胞浆内增殖，对温度、乙醚、酸等都很敏感，其抗原性较稳定。本病经蚊子传播，多见于夏秋季，临床上急起发病，有高热、意识障碍、惊厥、强直性痉挛和脑膜刺激征等，重型患者病后往往留有后遗症，该病属于血液传染病。

（3）**肝炎病毒**。病毒性肝炎是由多种不同肝炎病毒引起的一组以肝脏伤害为主的传染病。根据病原学诊断，肝炎病毒至少有5种，即甲、乙、丙、丁、戊型肝炎病毒，分别引起甲、乙、丙、丁、戊型病毒性肝炎。肝炎主要通过粪—口、血液或体液传播。临床主要表现为疲乏、食欲减退、肝肿大、肝功能异常，部分病例出现黄疸，无症状感染较常见。

（4）**肠道病毒**。肠道病毒属病毒引起的传染病，包括脊髓灰质炎病毒、柯萨奇病毒及新型肠道病毒共71个血清型。临床表现轻者只有倦怠、乏力、低热等，重者可全身感染，脑、脊髓、心、肝等重要器官受损，愈后较差，并可遗留后遗症或造成死亡。

6. 病毒感染的防治原则

人工主动免疫是预防某些病毒感染性疾病的主导措施。

（1）**常用的预防病毒病的人工主动免疫生物制剂**

1）病毒的减毒活疫苗。主要有口服脊髓灰质炎减毒活疫苗（OPV或称Sabin活疫苗）、麻疹活疫苗、甲型肝炎活疫苗、风疹（冻干）活疫苗、流行性腮腺炎活疫苗、黄热病活疫苗等。

2）病毒的灭活疫苗。主要有脊髓灰质炎灭活疫苗（或称Salk疫苗）、乙型脑炎灭活疫苗、人用狂犬病灭活提纯疫苗、肾综合征出血热灭活疫苗、森林脑炎灭活疫苗、甲型肝炎灭活疫苗等。

3）基因重组疫苗。目前研制成功的是乙型肝炎基因重组疫苗，其为将HBVS重组基因导入酵母菌并表达HBsAg疫苗成分。

4）预防病毒病的联合疫苗。主要有预防麻疹、腮腺炎、风疹联合活疫苗（简称麻腮风三联疫苗，MMR）和甲型肝炎—乙型肝炎联合疫苗（由甲型肝炎灭活疫苗与乙型肝炎基因重组疫苗组成），还有预防单一疾病的多价联合疫苗。

（2）**人工被动免疫制剂包括抗毒素及抗血清**。主要用于病毒病的早期治疗及辅助预防。

1）人血丙种球蛋白。包括肌肉注射用剂型和静脉注射用剂型，人血丙种球蛋白应含有乙型肝炎抗体及甲型肝炎、麻疹、脊髓灰质炎、白喉抗体。

2）特异性丙种球蛋白。乙型肝炎特异性丙种球蛋白（HBIG）（内含抗-HBS效价≥100 IU/mL），主要应用于HBsAg和HBeAg双阳性母亲的新生儿。另外，当不慎被带有HBV阳性血的针头刺伤皮肤等暴露于HBV的情况时，应立即肌肉注射HBIG 200～400 IU以预防HBV感染。

3）抗狂犬病血清和抗狂犬病特异性丙种球蛋白。当人被可疑狂犬咬伤时，尽快按20 IU/kg体重的剂量肌肉注射抗狂犬病特异性丙种球蛋白，并全程接种狂犬病灭活疫苗，可提高预防狂犬病的成功率。

（3）**抗病毒药物**。根据抗病毒药物的作用机制，可将目前的抗病毒药物分为以下几类。

1）穿入和脱壳抑制剂。金刚烷胺、金刚乙胺、恩夫韦地、马拉韦罗。

2）DNA多聚酶抑制剂。阿昔洛韦、更昔洛韦、伐昔洛韦、泛昔洛韦、膦甲酸钠。

3）逆转录酶抑制剂。核苷类：拉米夫定、齐多夫定、恩曲他滨、替诺福韦、阿德福韦酯。非核苷类：依法韦仑、奈韦拉平。

4）蛋白质抑制剂。沙奎那韦。

5）神经氨酸酶抑制剂。奥司他韦、扎那米韦。

6）广谱抗病毒药。利巴韦林、干扰素。

四、其他微生物

支原体、衣原体、立克次体、螺旋体等均属于原核细胞性微生物。

1. 支原体

支原体是一类没有细胞壁的原核细胞性微生物。细胞膜含固醇，呈二分裂繁殖，含DNA与RNA。支原体是目前所知能在无生命培养基中繁殖的最小微生物。过去曾将其称为类胸膜肺炎微生物，由于它们能形成有分枝的长丝，故称为支原体。

（1）**生物学性状**。支原体是原核细胞生物中最小的，其大小一般在0.2～0.3 μm，很少能超过1.0 μm。其最外层是细胞膜，由蛋白质与脂质组成的三层结构。内外两层主要是蛋白质，中间层为脂质。在脂质中固醇约占36%。凡能作用于固醇的物质，如两性霉素B、皂素、毛地黄苷等均能引起支原体细胞膜的破坏。有的支原体在细胞膜外还有一层由多聚糖构成的荚膜，有毒性，是支原体的一种致病因素。

支原体是一类没有细胞壁的原核细胞性微生物。细胞膜含胆固醇，可通过除菌滤器进行二分裂繁殖，是目前在无生命培养基中能生长繁殖的最小微生物。典型的菌落呈荷包蛋样。支原体可在细胞培养中生长，是污染细胞培养的一个重要因素。

支原体与细菌L型的区别。

1）支原体。在遗传上与细菌无关；在任何情况下都不能变成细菌；生长慢，菌落小，直径为0.1~0.3 μm；液体培养时浑浊度极低；除无胆甾原体外，生长时需要胆固醇。

2）细菌L型。在遗传上与原菌相关；在无诱导因素作用下易恢复为原菌；菌落稍大，直径0.5~1.0 μm；液体培养时浑浊度低，可黏附于管壁或沉于管底；不一定需要胆固醇。

（2）**抵抗力**。支原体因无细胞壁而对理化因素的影响比细菌敏感，容易被消毒剂灭活，但它对醋酸铊、结晶紫的抵抗力大于细菌。在分离培养时，培养基中加入一定量醋酸铊可除去杂菌生长。但脲原体对醋酸铊敏感，因其培养基pH值在6.0左右，亦能抑制许多杂菌生长。抑制真菌可加1 g/mL两性霉素B。支原体对干扰细胞壁合成的抗生素耐药，但对干扰蛋白质合成的抗生素如多西环素、氯霉素、红霉素、螺旋霉素、链霉素等敏感。

（3）**支原体致病性与免疫性**。支原体不侵入机体组织与血液，而是在呼吸道或泌尿生殖道的上皮细胞黏附并定居后，通过不同机制引起细胞损伤。巨噬细胞、IgG及IgM对支原体均有一定的杀伤作用。呼吸道黏膜产生的SIgA抗体已证明有阻止支原体吸附的作用。在儿童中，致敏淋巴细胞可增强机体对肺炎支原体的抵抗力。

（4）**主要致病性支原体**

1）肺炎感染支原体。从正常人和动物呼吸道黏膜上可分离出多种支原体，其中肯定能引起人类肺炎的只有肺炎支原体一种，由它引起的肺炎占非细菌性肺炎的1/2左右。支原体肺炎的病理变化以间质性肺炎为主，又称原发性非典型肺炎。肺炎支原体感染后症状较轻，仅有发热、咳嗽等呼吸道症状。经PCR技术证明有些喘息性哮喘、支气管炎与之有关。有时肺炎支原体感染也见于呼吸道以外的并发症，如心血管症状、神经症状和皮疹。这可能与免疫复合物的形成和自身抗体的出现有关。支原体肺炎主要经飞沫感染。大多发生于夏末秋初，但一年中任何时间都可发生。发病率以 5~15 岁的儿童青少年最多。

2）泌尿生殖道感染支原体。能引起泌尿生殖道感染的支原体主要有溶脲脲原体、人型支原体和生殖器支原体。这部分支原体在人体中的定值可有二次上升趋势。在分娩时，支原体感染由母体产道感染新生儿，以后会迅速减少，但在成长后从性生活开始又渐增多。其已被列为传播性疾病的病原体。溶脲原体可引起不孕，原因可能是多方面的：吸附于精子表面，阻碍精子的运动；产生神经氨酸样物质干扰精子和卵子的结合；与精子有共同抗原成分，对精子可造成免疫损伤。

3）穿透支原体是 1990 年首次从 1 例 HIV 阳性艾滋病患者尿中分离出的一种新型支原体，其形态为杆状或长烧瓶状。一端为尖形结构和肺炎支原体相似，具有黏附、穿入细胞的作用。

穿透支原体生长较慢，培养基中需加血清，菌落呈荷包蛋样，生化反应有别于其他支原体。其抗原和其他支原体不同，对红霉素、四环素、林可霉素敏感。

2. 衣原体

衣原体是一类在真核细胞内寄生生活的微生物。研究发现，这类微生物和革兰阴性细菌有很多相似之处。

（1）**生物学性状**。衣原体在宿主细胞内繁殖有特殊生活周期，可观察到两种不同的颗粒结构。

1）原体直径为 0.2~0.4 μm 的小球形颗粒，有胞壁，内有核质和核蛋白体，是发育成熟的衣原体，为细胞外形式。Maggie 染色呈紫色，Regimen 染色呈红色。原体具有高度的感染性，在宿主细胞外较稳定，无繁殖能力，通过吞饮作用进入胞内，原体在空泡中逐渐发育、增大成为网状体。

2）网状体称始体，EB 通过吞饮作用进入胞内，由宿主细胞包围 EB 形成空泡，并在空泡内逐渐增大为 RB。直径为 0.5~1.0 μm，呈圆形或椭圆形。电子致密度较低，无胞壁，代谢活泼，以二分裂方式繁殖。RB 为细胞内形式，无感染性，Macchiavello 染色呈蓝色。RB 在空泡内发育成许多子代，EB 也称为包涵体。成熟的 EB 从宿主细胞中释放，再感染新的易感细胞，开始新的发育周期，整个发育周期需 48~72 h。

（2）**类型**。根据抗原构造、包涵体性质和对磺胺的敏感性不同，衣原体可分为沙眼衣原体、肺炎衣原体、鹦鹉热衣原体。沙眼衣原体有三个生物变种，即沙眼生物变种、性病淋巴肉芽肿生物变种和鼠生物变种。其中，沙眼生物变种有 A、B、C、D、J、K 等血清型，性病淋巴肉芽肿生物变种有 L1、L2、L3、L2a 四个血清。用单克隆抗体识别鹦鹉热衣原抗原可分为 4 个血清型。肺炎衣原体只有 1 个血清型。

（3）**抵抗力**。衣原体耐冷不耐热，56～60 ℃仅存活 5～10 min，但在 -70 ℃时可保存数年。0.1% 甲醛液、0.5% 石炭酸 30 min 可杀死衣原体。75% 酒精 0.5 min 可杀死衣原体。衣原体对四环素、红霉素、螺旋霉素、多西环素及利福平均很敏感。衣原体为革兰阴性病原体，在自然界中传播广泛。它没有合成高能化合物 ATP、GTP 的能力，必须由宿主细胞提供，因此为能量寄生物，多呈球状、堆状，有细胞壁，一般寄生在动物细胞内。从前它们被划归为病毒，后来发现其自成一类。它是一种比病毒大、比细菌小的原核微生物，呈球形，直径只有 0.3～0.5 μm，无运动能力，衣原体广泛寄生于人类等哺乳动物及鸟类身体中，仅少数有致病性。

（4）**衣原体所致疾病**

1）沙眼。其由衣原体沙眼生物变种 A、B、Ba、C 血清型引起。主要经直接或间接接触传播，即眼—眼或眼—手—眼的途径传播。当沙眼衣原体感染眼结膜上皮细胞后，在其中增殖并在胞浆内形成散在型、帽型、桑椹型或填塞型包涵体。该病发病缓慢，早期可出现眼睑结膜急性或亚急性炎症，表现为流泪、有黏液脓性分泌物、结膜充血等症状与体征。后期移行为慢性，出现结膜瘢痕、眼睑内翻、倒睫、角膜血管引起的角膜损害，以致影响视力，最后导致失明。据统计，沙眼致盲居致盲病因的首位。1956 年，我国学者汤飞凡等用鸡胚卵黄囊接种法，在世界上首次成功地分离出沙眼衣原体，促进了相关原体的研究。

2）包涵体薄膜炎。其由沙眼生物变种 D～K 血清型引起，包括婴儿及成人两种。前者系婴儿经产道感染，引起急性化脓性结膜炎（包涵体脓漏眼），不侵犯角膜，能自愈。成人感染可因两性接触，经手至眼的途径或者因接触被污染的游泳池水而引起滤泡性结膜炎，又称游泳池结膜炎。病变类似沙眼，但不出现角膜血管翳，亦无结膜瘢痕形成，一般经数周或数月可痊愈，无后遗症。

3）泌尿生殖道感染。经性接触传播，由沙眼生物变种 D～K 血清型引起。男性多表现为尿道炎，不经治疗可缓解，但多数可转变成慢性尿道炎，周期性加重，并可合并副睾炎、直肠炎等。女性多表现为尿道炎、宫颈炎等，输卵管炎是较严重的并发症。该血清型有时也能引起沙眼衣原体性肺炎。

4）性病淋巴肉芽肿。其由沙眼衣原体 LGV 生物变种引起。LGV 要通过两性接触传播，是一种性病。该病可侵犯男性腹股沟淋巴结，引起化脓性淋巴结炎和慢性淋巴肉芽肿。该病可侵犯女性会阴、肛门、直肠，出现会阴—肛门—直肠组织狭窄。

5）呼吸道感染。其由肺炎衣原体及鹦鹉热衣原体引起。肺炎衣原体可引起急性呼吸道感染，以肺炎多见，也可致气管炎、咽炎等。鹦鹉热原为野生鸟类及家畜的自然感染，也可经呼吸道传给人，发生呼吸道感染和肺炎。

3. 立克次体

立克次体是一类以节肢动物为传播媒介或储存宿主的，呈微小杆状或球杆状、革兰染色阴性，除少数外仅能在宿主细胞内繁殖的原核细胞型微生物。对人类致病的立克次体有5个属：立克次体属、柯克斯体属、东方体属、埃立克体属和巴通体属。立克次体属又分成2个生物型：斑疹伤寒群和斑点热群。

立克次体大小为（0.8~2.0）μm×（0.3~0.6）μm，形态为微小杆状或球杆状，因发育阶段或宿主不同，形态呈多样性结构，与革兰阴性菌相似，有细胞壁和细胞膜，无鞭毛，无荚膜。

恙虫病是一种自然疫源性疾病，主要在啮齿动物之间流行。啮齿动物体内能长期保存病原体且多无症状，是本病的主要传染源。恙虫病立克次体寄居于恙螨，并可经卵传代。恙螨幼虫需吸取人或动物的淋巴液或血液才能完成从幼虫到稚虫的发育过程。人若被恙螨叮咬则可感染得病。叮咬部位出现溃疡，周围出现红晕，上盖黑色痂皮（焦痂），为恙虫病特征表现之一。另外，本病还可导致皮疹、神经系统、心血管系统以及肝、脾、肺等脏器损害症状。病死率随毒株不同而有很大差异。病后人体对同型同株有持久免疫力。

莫氏立克次体的传播方式与普氏立克次体有所不同。莫氏立克次体长期寄生于隐性感染的鼠体中，鼠蚤吸血后，立克次体进入鼠的消化道并在肠上皮细胞内繁殖。细胞破裂后将立克次体释出，混入蚤粪中，在鼠和小家鼠群间传播。鼠蚤只在鼠死亡后才离开鼠转而叮吮人血，而使人受感染。如此时人体寄生人虱，则可通过人虱在人群中激发性地传播。此外，带有立克次体的干燥蚤粪还可经口、鼻及眼结膜进入人体而致病。莫氏立克次体感染后与普氏立克次体有交叉免疫。

氯霉素、四环素、多西环素（强力霉素）等对各种立克次体病均有相当的疗效。四环素在国内某些报告中的疗效尤为突出，可使发热和其他症状及早消退，病程明显缩短，病死率大幅度下降。由于这些抗生素仅能抑制立克次体的繁殖而不能将其全部杀灭，因此某些立克次体病用药后的复发可见增多，但不同株间可有明显差别。对于确诊的危重患者,在疗程中可采用短期(3 d 左右)大剂量肾上腺皮质激素联合抗生素进行治疗。对于重症立克次体患者,支持疗法也很重要。立克次体为细胞内寄生微生物,抗菌药物的应用必须坚持完成全疗程(7 d 左右)。

4. 螺旋体

螺旋体是一类细长、柔软、弯曲呈螺旋状的运动活泼的单细胞原核生物。全长 3~500 μm,不能通过细胞滤器,具有细菌细胞的所有内部结构(无鞭毛)。螺旋体广泛分布在自然界和动物体内,其在生物学上的位置介于细菌与原虫之间。由核区和细胞质构成原生质圆柱体,柱体外缠绕着一根或多根轴丝。轴丝的一端附着在原生质圆柱体近末端的盘状物上,原生质圆柱体和轴丝相互交叠并向非固着端伸展,超过原生质圆柱体,类似外部的鞭毛,但具有外包被。用暗视野显微镜观察含活菌的新鲜标本,可看到运动活泼的螺旋体。运动有三种类型:绕螺旋体的长轴迅速转动、细胞屈曲运动以及沿着螺旋形或盘旋的线路移动。

螺旋体广泛分布在自然界和动物体内,分 5 个属:包柔氏螺旋体属(又名疏螺旋体属)、密螺旋体属、钩端螺旋体属、脊螺旋体属、螺旋体属。前三属中存在引起人患回归热、梅毒、钩端螺旋体病的致病菌,后两属不致病。

培训课程 3

人体免疫功能

培训目标

1. 熟悉抗原抗体的定义、抗原的特性、抗体的免疫学功能；
2. 了解抗原的种类、免疫缺陷病的定义及相关疾病；
3. 掌握免疫的概念、免疫应答类型及过程。

一、抗原

1. 抗原的定义及特性

（1）**抗原（Ag）**。抗原是指能被免疫系统捕获、处理并通过特异性膜受体（或者免疫细胞分泌的可溶性分子）所识别，进而引起免疫效应的物质。

（2）**抗原的特性**。一是免疫原性，即抗原刺激机体产生免疫应答，诱导产生抗体或致敏淋巴细胞的能力；二是抗原性，即抗原与其所诱导产生的抗体或致敏淋巴细胞特异性结合的能力。

1）免疫原性。抗原的免疫原性是指抗原分子能诱导免疫应答的特性，它涉及抗原分子与免疫细胞间的相互作用，即它必须经过抗原呈递细胞的加工、处理和呈递作用，以及能被T细胞和B细胞的抗原识别受体所识别。因此，抗原的免疫原性与抗原分子的化学性质相关，更与机体的免疫应答特性相关。

2）抗原性。抗原的抗原性是指抗原分子能与免疫应答产物，即抗体或效应T细胞发生特异反应的特性，故亦称之为抗原的反应原性。它只涉及抗原分子与抗体分子或T细胞的抗原受体分子（TCR）间的相互作用，即分子与分子间的相互作用。只是抗原分子表面的有限部位能与抗体分子相结合，称此部位为抗原决定簇或表位。因此，抗原的抗原性主要决定于抗原分子的化学性质，如抗原为蛋白质分子，其抗原性可决定于其氨基酸序列或其空间构型。

2. 重要抗原的医学意义

（1）**病原微生物及其代谢产物**。各种病原微生物如细菌、病毒、螺旋体等对机体均有较强的抗原性。微生物虽结构简单，但化学组成却相当复杂。各种微生物均含有多种不同的蛋白质及与蛋白质结合的多糖、类脂等，因此，微生物是一个含有多种抗原决定簇的天然抗原复合物。例如，细菌就具有表面抗原、鞭毛抗原、菌毛抗原、菌体抗原等，这些抗原成分均可作为微生物鉴定、分型的依据。

细菌的代谢产物有些也为良好的抗原，细菌外毒素的化学本质为蛋白质，具有很强的免疫原性，能刺激机体产生相应的抗体及抗毒素。外毒素经 0.3%～0.4% 甲醛处理后，可使其失去毒性而保留抗原性，称为类毒素。类毒素可刺激机体产生相应的抗毒素以中和外毒素的毒性作用，可作为人工自动免疫制剂，在预防相应疾病中起重要作用，如白喉类毒素、破伤风类毒素等。

（2）**动物免疫血清**。用类毒素免疫动物（如马）后，动物血清中可产生大量的抗毒素，即动物免疫血清。临床上常用抗毒素作为相应疾病的特异性治疗方案及紧急预防方案。这种来源于动物血清的抗毒素，对人体具有双重性：一方面可向机体提供特异性抗体（抗毒素），能够中和细菌产生的相应外毒素，起防治疾病的作用；另一方面对人而言又是异种蛋白质，可刺激机体产生抗动物血清的抗体，当机体再次接受此种动物血清时，有可能发生超敏反应。

（3）**异嗜性抗原**。异嗜性抗原是一类与种属特异性无关，存在于不同种系生物间的共同抗原。异嗜性抗原首先由 Formossan 发现。之后，人们又陆续发现了多种异嗜性抗原，如溶血性链球菌的多糖抗原和蛋白质抗原，与人体的心肌、心瓣膜或肾小球基底膜之间可有异嗜性抗原存在。当机体感染了溶血性链球菌并产生抗体后，可以与含有异嗜性抗原的上述组织结合，通过免疫反应造成机体的组织损伤，临床表现为风湿病或肾小球肾炎。大肠杆菌 O14 型的脂多糖与人体结肠黏膜间也有异嗜性抗原存在，这与溃疡性结肠炎的发病机制有关。

有些异嗜性抗原的存在可以协助疾病的诊断，例如引起非典型性肺炎的支原体与链球菌 MG 株之间有共同抗原的存在；有引起斑疹伤寒的立克次体与某些变形杆菌之间的异嗜性抗原的存在；EB 病毒所致的传染性单核细胞增多症患者血清中会出现能凝集绵羊红细胞的异嗜性抗体等，这些疾病均可用异嗜性抗原所致的交叉凝集反应来协助诊断。

（4）**同种异型抗原**。在同一种属的不同个体间，由于遗传基因不同而存在的不同抗原称为同种异型抗原。例如，人类的红细胞、白细胞、免疫球蛋白、血小板等组织上均有同种异型抗原存在。

1）红细胞抗原（血型抗原）。红细胞抗原存在于红细胞表面，迄今为止发现的红细胞抗原系统在 40 个以上，其中，以 ABO 血型系统最为重要，其次是 Rh 血型系统。

2）白细胞抗原。人类白细胞抗原（HLA）存在于白细胞、血小板和一切有核细胞表面，尤其在淋巴细胞表面密度最高。此类抗原参与免疫应答、免疫调节，且与移植排斥反应及某些疾病的发生相关。

（5）**自身抗原**。能引起自身免疫应答的自身成分称为自身抗原。在正常情况下，机体对自身成分不产生免疫应答，即免疫耐受。但在病理情况下，机体对自身抗原也会产生强免疫应答，可导致自身免疫疾病。

（6）**肿瘤抗原**。肿瘤抗原是细胞在癌变过程中出现的具有抗原性的一些大分子物质的总称，肿瘤抗原分为肿瘤特异性抗原（TSA）和肿瘤相关抗原（TAA）两类。TSA 是某一种肿瘤细胞所特有的抗原，这在实验动物肿瘤中已被证实。人类肿瘤中是否有 TSA 的存在尚有争议，但应用单克隆抗体技术已在黑色素瘤、结肠癌、乳腺癌等肿瘤细胞表面检测到肿瘤特异性抗原。TAA 是非肿瘤细胞特有的、在正常细胞上也可存在的抗原，但在细胞癌变时，其含量明显增加，胚胎抗原是其中的典型代表。

（7）**超抗原**。一般的多肽抗原称为常规抗原，只被极少数具有抗原特异性受体的 T 细胞克隆识别并激活。某些抗原物质只需极低浓度（1~10 ng/mL）即可激活大量 T 细胞克隆，产生极强的免疫应答效应，这类抗原称为超抗原。它对 T 细胞的激活机制与方式有别于常规抗原与有丝分裂原。有一类应激抗原能分别广泛刺激 T 细胞、B 细胞增殖，称为 T 细胞超抗原和 B 细胞超抗原，如热休克蛋白（HSP）能强烈刺激 $\gamma\delta$T 细胞的增殖，并增强其杀伤肿瘤细胞的活性；金黄色葡萄球菌蛋白 A（SPA）、人类免疫缺陷病毒（HIV）表面糖蛋白 gp120 等，均能激活某些亚型的 B 细胞增殖。应激抗原在机体的抗肿瘤免疫及自身免疫病的发病机制中有一定的意义。

（8）**其他**。除上述抗原外，还有某些蛋白类食物、花粉、激素与药物等抗原或半抗原成分，可作为变应原引起超敏反应。此外，在淋巴细胞活性及功能检测中常使用有丝分裂原。由于 T、B 这两类淋巴细胞表面均表达有丝分裂原的受体（M 受体），在体外实验中可利用有丝分裂原刺激静止的淋巴细胞转化为淋巴母细胞，刺激多克隆的淋巴细胞活化，临床上常用此种方法进行淋巴细胞活性检测。有丝分裂原多为细菌产物或植物蛋白，常用的有丝分裂原有植物血凝素（PHA）、刀豆蛋白A（ConA）、细菌脂多糖和聚合鞭毛素等。

二、抗体

抗体是一类能与抗原特异性结合的免疫球蛋白。它由浆细胞（效应B细胞）分泌，被免疫系统用来鉴别与中和外来物质如细菌、病毒等的大型Y形蛋白质，其仅被发现存在于脊椎动物的血液等体液中及B细胞的细胞膜表面。抗体能识别特定外来物，该外来目标称为抗原。

抗体按其反应形式分为凝集素、沉降素、抗毒素、溶解素、调理素、中和抗体、补体结合抗体等。按抗体产生的来源，可将其分为正常抗体（天然抗体），如血型ABO型中的抗A和抗B的抗体、免疫抗体如抗微生物的抗体。按反应抗原的来源分为异种抗体、异嗜性抗体、同种抗体和自身抗体。按抗原反应的凝集状态分为完全抗体IgM和不完全抗体IgG等。抗体在医疗实践中应用甚为广泛，如在疾病的预防、诊断和治疗方面都有一定的作用。临床上用丙种球蛋白来预防病毒性肝炎、麻疹、风疹等，国际上用抗Rh免疫球蛋白预防因Rh血型不合引起的溶血症。诊断上，类风湿因子用于类风湿性关节炎的诊断，抗核抗体（ANA）、抗DNA抗体用于系统性红斑狼疮的诊断，抗精子抗体用于原发性不孕症的诊断等；治疗上，如毒素中毒用抗毒治疗以及免疫缺陷性疾病的治疗等。

1. 各类抗体的主要特性和功能

（1）IgG。IgG于婴儿出生后3个月开始合成，3~5岁时接近成人水平。IgG是血清和体液中含量最高的抗体，占血清总Ig的75%~80%。根据其在血清中浓度的高低排序，人IgG有4个亚类，分别为IgG1、IgG2、IgG3、IgG4。IgG的半衰期为20~23 d，是再次免疫应答产生的主要抗体，其亲和力高，在体内分布广泛，具有重要的免疫效应，是机体抗感染的"主力军"。IgG1、IgG2和IgG3可以穿过胎盘屏障，在新生儿抗感染免疫中起重要作用。IgG1、IgG2和IgG3能通过经典途径来活化补体，并可与巨噬细胞、NK细胞表面受体Fc结合，发挥调理作用、ADCC作用等；人体IgG1、IgG2和IgG4可通过其Fc段与葡萄球菌蛋白A（SPA）结合，借此可纯化抗体，用于免疫诊断。某些自身抗体如抗甲状腺球蛋白抗体、抗核抗体，以及引起Ⅱ型、Ⅲ型超敏反应的抗体也属于IgG。

（2）IgM。IgM占血清Ig总量的5%~10%，血清浓度约为1 mg/mL。单体IgM

以膜结合型表达于 B 细胞表面，可构成 B 细胞抗原受体，只表达 mIgM 是未成熟 B 细胞的标志。分泌型 IgM 为五聚体，是分子质量最大的 Ig，其沉降系数为 19S，称为巨球蛋白，一般不能通过血管壁，主要存在于血液中。五聚体 IgM 含有 10 个 Fab 段，具有很强的抗原结合能力；含有 5 个 Fc 段，比 IgG 更易激活补体。天然血型抗体为 IgM，血型不匹配的输血，可导致严重的溶血反应。IgM 是个体发育过程中最早被合成和分泌的抗体，在胚胎发育晚期的胎儿即能产生 IgM，故脐带血 IgM 升高，提示胎儿有宫内感染（如风疹病毒或巨细胞病毒等感染）。IgM 也是初次体液免疫应答中最早出现的抗体，是机体抗感染免疫的"先头部队"；血清中 IgM 升高，提示新近发生过感染，可用于感染的早期诊断。

（3）IgA。IgA 分为两型：血清型为单体，主要存在于血清中，仅占血清 Ig 总量的 10%~15%；分泌型 IgA（secretory IgA，SIgA）为二聚体，由 J 链连接，含内皮细胞合成的分泌片，经分泌性上皮细胞分泌至外分泌液中。SIgA 合成和分泌的部位在肠道、呼吸道、乳腺、唾液腺和泪腺，因此，SIgA 主要存在于胃肠道和支气管分泌液、初乳、唾液和泪液中。SIgA 是外分泌液中主要的抗体类别，参与黏膜局部免疫，通过与相应病原微生物结合，可阻止病原体黏附到细胞表面，在局部抗感染过程中发挥重要作用。SIgA 在黏膜表面也有中和毒素的作用。新生儿易患呼吸道、胃肠道感染，可能与 IgA 合成不足有关。婴儿可从母亲初乳中获得 SIgA，这是一个重要的自然被动免疫过程。

（4）IgD。正常人血清中的 IgD 浓度很低，仅占血清 Ig 总量的 0.2%。IgD 可在个体发育的任何时间产生。在 5 类 Ig 中，IgD 的铰链区最长，易被蛋白酶水解，故其半衰期很短（仅 3 d）。IgD 分为两型：血清型 IgD 的生物学功能尚不清楚；膜结合型 IgD（mIgD）构成 BCR，是 B 细胞分化发育成熟的标志，未成熟 B 细胞仅表达 mIgM，成熟 B 细胞可同时表达 mIgM 和 mIgD，称为初始 B 细胞。活化的 B 细胞或记忆性 B 细胞表面的 mIgD 会逐渐消失。

（5）IgE。IgE 是正常人血清中含量最少的 Ig，血清浓度极低，为 5×10^{-5} ~ 5 mg/mL。IgE 主要由黏膜下淋巴组织中的浆细胞分泌，其重要特征为糖含量较高。IgE 为亲细胞抗体，其 CH2 和 CH3 结构域可与肥大细胞和嗜碱性粒细胞上的 IgE 高亲和力 Fc 受体结合，引起 I 型超敏反应。此外，IgE 与机体的抗寄生虫免疫相关。

2. 抗体的功能与作用

抗体的功能与其结构密切相关。同一抗体 V 区和 C 区的氨基酸组成和顺序的不同，决定了其功能上的差异。不同抗体的 V 区和 C 区在结构变化上具有一定的规律，又使得其在功能上存在共性。V 区和 C 区的组成和结构决定了抗体的生物学功能。

（1）**中和毒素和阻止病原体入侵**。识别并特异性结合抗原是抗体的主要功能，执行该功能的结构是抗体的 V 区，其中 CDR 部位在识别和结合特异性抗原中起决定性作用。抗体有单体、二聚体和五聚体，因此，结合抗原表位的数目也不相同。抗体结合抗原表位的个数称为抗原结合价。Ig 单体可结合 2 个抗原表位，为双价；SIgA 是二聚体，可结合 4 个抗原表位，为 4 价；IgM 是五聚体，理论上可以结合 10 个抗原，应该是 10 价，但由于立体构象的空间位组，使 IgM 一般只能结合 5 个抗原表位，故为 5 价。

抗体的 V 区与抗原结合后，借助于 C 区的作用，在体外可发生各种抗原抗体结合反应，有利于抗原或抗体的检测和功能的判断；在体内可中和毒素、阻断病原体入侵、清除病原微生物；B 细胞膜表面的 IgM 和 IgD 构成了 B 细胞的抗原识别受体，能辅助 B 细胞特异性识别抗原分子。

（2）**激活补体产生攻膜复合物使细胞溶解破坏**。人 IgG1～IgG3 和 IgM 与相应抗原结合后，可因构象改变而使其 CH_2 和 CH_3 结构域内的补体结合点暴露，从而通过经典途径激活补体系统，产生多种效应功能，其中，IgM、IgG1 和 IgG3 激活补体系统的能力较强，IgG2 激活补体系统的能力较弱。IgA、IgE 和 IgG4 本身难以激活补体，但在形成聚合物后，可通过旁路途径激活补体系统。通常情况下 IgD 不能激活补体。

（3）**调理吞噬和 ADCC**。IgG 可通过其 Fc 段与表面具有相应受体的细胞相结合，产生不同的生物学作用。

1）调理作用指 IgG 抗体（特别是 IgG1 和 IgG3）的 Fc 段与中性粒细胞、巨噬细胞表面相应的 Fc 受体结合，从而增强吞噬细胞的吞噬作用。例如，细菌特异性的 IgG 抗体可通过其 Fab 段与相应的细菌抗原结合，Fc 段与巨噬细胞或中性粒细胞表面相应的 Fc 受体结合，通过 IgG 的 Fab 段和 Fc 段的"桥联"作用，可促进吞噬细胞对细菌进行吞噬。

2）抗体依赖细胞介导的细胞毒作用（ADCC）指具有杀伤活性的细胞（如 NK 细胞）通过其表面的 Fc 受体识别于靶细胞表面抗原（如病毒感染细胞或肿瘤细胞）上的抗体 Fc 段，从而直接杀伤靶细胞。NK 细胞是介导 ADCC 的主要细胞。抗体与靶细胞上的抗原结合是特异性的，而表达 Fc 受体细胞的杀伤作用则是非特异性的。

（4）**介导**。Ⅰ型超敏反应。IgE为亲细胞抗体，可通过其Fc段与肥大细胞和嗜碱性粒细胞表面的IgE高亲和力Fc受体结合使其致敏。当相同的变应原再次进入机体时，可以直接与致敏靶细胞表面的特异性IgE结合，促使这些细胞合成和释放生物活性物质，从而引起Ⅰ型超敏反应。

（5）**穿过胎盘屏障和黏膜**。人类IgG是唯一能够通过胎盘的抗体。胎盘母体一侧的滋养层细胞可表达一种特异性的IgG输送蛋白，称为FcRn。IgG可选择性地与FcRn结合，从而转移到滋养层细胞内，并主动进入胎儿的血循环中。IgG穿过胎盘的意义在于这是一种重要的自然被动免疫机制，对于新生儿抗感染具有重要意义。另外，SIgA可通过呼吸道和消化道的黏膜，在黏膜局部免疫过程中发挥重要的免疫防御作用。

三、免疫应答

免疫应答是指免疫活性细胞（T淋巴细胞、B淋巴细胞）识别抗原、产生应答（活化、增殖、分化等）并将抗原破坏和（或）清除的全过程。这个过程是免疫系统各部分生理功能的综合体现，包括了抗原递呈、淋巴细胞活化、免疫分子形成及免疫效应发生等一系列的生理反应。通过有效的免疫应答，机体可以维护内环境的稳定，免疫应答常被作为免疫反应的同义词。免疫应答基本过程如图3-14所示。

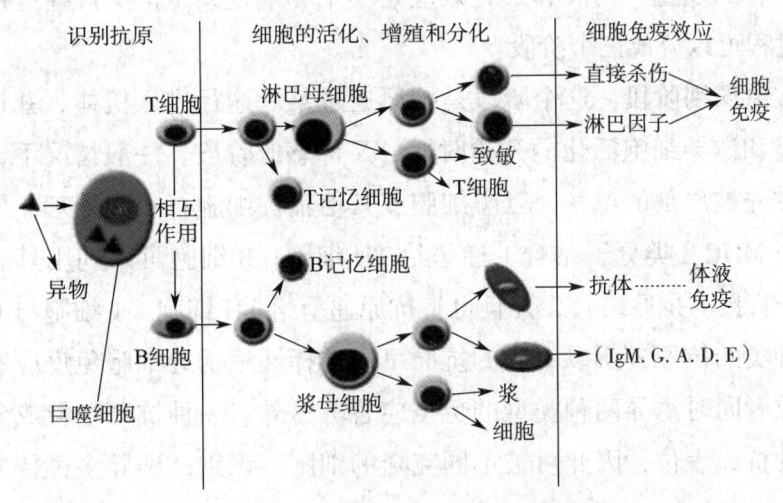

图3-14 免疫应答基本过程

1. 免疫应答的类型

根据抗原刺激、参与细胞或应答效果等各方面的差异，免疫应答可以分成不同的类型。

（1）按参与细胞分类。根据主导免疫应答的活性细胞类型分数，可分为细胞介导免疫（CMI）和体液免疫两大类。CMI 是 T 细胞介导的免疫应答，简称为细胞免疫，但与细胞免疫（吞噬细胞免疫）有本质的区别。体液免疫是 B 细胞介导的免疫应答，也称抗体应答，以血清中出现循环抗体为特征。

（2）按抗原刺激顺序分类。某抗原初次刺激机体与一定时期内再次或多次刺激机体会产生不同的应答效果，据此可分为初次应答和再次应答两类。一般来说，不论是细胞免疫还是体液免疫，初次应答都比较缓慢柔和，而再次应答则较快速激烈。

（3）按应答效果分类。一般情况下，免疫应答的结果是产生免疫分子或效应细胞，具有抗感染、抗肿瘤等对机体有利的效果，称为免疫保护；但在另一些条件下，过度或不适宜的免疫应答也可导致病理损伤，称为超敏反应，包括对自身抗原应答产生的自身免疫病。与此相反，特定条件下的免疫应答可不表现出任何明显效应，称为免疫耐受。

另外，在免疫系统发育不全时，可表现出某一方面或全面的免疫缺陷；而免疫系统的病理性增生则被称为免疫增殖病。

2. 免疫应答的基本过程

免疫应答的发生、发展和最终效应是一个相当复杂、但又规律有序的生理过程，这个过程可以分成三个阶段。

（1）抗原识别阶段。这个阶段是抗原通过某一途径进入机体，并被免疫细胞识别、递呈和诱导细胞活化的开始时期，又称感应阶段。一般情况下，抗原进入机体后，首先被局部的单核—巨噬细胞或其他辅佐细胞吞噬和处理，然后以有效的方式（与 MHC Ⅱ 类分子结合）递呈给 TH 细胞；B 细胞可以利用其表面的免疫球蛋白分子直接与抗原结合，并且可将抗原递呈给 TH 细胞。T 细胞与 B 细胞可以识别不同种类的抗原，所以不同的抗原可以选择性地诱导细胞免疫应答或抗体免疫应答，或者同时诱导两种类型的免疫应答。另外，一种抗原颗粒或分子片段可能含有多种抗原表位，因此可被不同克隆的细胞所识别，诱导多种特异性的免疫应答。

（2）**淋巴细胞活化阶段**。这个阶段是接受抗原刺激的淋巴细胞活化和增殖的时期，又被称为活化阶段。仅是抗原刺激还不足以使淋巴细胞活化，还需要另外的信号；TH细胞接受协同刺激后，B细胞接受辅助因子后才能被活化；活化后的淋巴细胞迅速分化增殖，变成较大的细胞克隆。

分化增殖后的TH细胞可产生IL-2、IL-4、IL-5和IFN等细胞因子，可促进自身和其他免疫细胞的分化增殖，生成大量的免疫效应细胞。B细胞分化增殖变为可产生抗体的浆细胞，浆细胞分泌大量的抗体分子进入血循环。这时，机体已进入免疫应激状态，也称为致敏状态。

（3）**抗原清除阶段**。这个阶段是免疫效应细胞和抗体发挥作用将抗原灭活并从体内清除的时期，也称效应阶段。这时如果诱导免疫应答的抗原还没有消失，或者再次进入致敏的机体，效应细胞和抗体就会与抗原发生一系列反应。

抗体与抗原结合形成抗原复合物，将抗原灭活并清除。T效应细胞与抗原接触释放多种细胞因子，诱发免疫炎症，CTL直接杀伤靶细胞。通过以上机制，可达到清除抗原的目的。

3. 免疫应答的特点

免疫应答的主要特点包括排异性、特异性、记忆性和放大性。

（1）**排异性**。免疫应答的本质就是排异性。机体的免疫系统能识别自身成分和异己成分，对自身成分不发生排斥反应，但对异己成分具有排斥和清除的作用，这就是免疫应答的排异性。

（2）**特异性**。免疫应答是由抗原选择性刺激具有相应抗原受体的特异性淋巴细胞诱发的。机体存在含有不同抗原受体的T、B细胞。当某一抗原进入机体后，可诱导具有相应受体（TCR/BCR）的T细胞、B细胞识别该抗原，从而引发免疫应答。而免疫应答的效应物质（抗体和效应T细胞），也只能与相应抗原细胞或分子特异性结合发挥排异作用，这就是免疫应答的特异性。

（3）**记忆性**。已被某一抗原免疫的机体，当再次接触相同抗原时，能迅速发挥排异效应的现象称为免疫应答的记忆性。免疫记忆的物质基础是机体对抗原初次产生应答时产生的记忆细胞。

（4）**放大性**。免疫应答的过程是一个逐级扩大免疫功效的过程。T细胞、B细胞接受抗原刺激后活化、增殖、分化可形成较多的效应细胞，而效应细胞又可产生更多的效应分子，进而引发较强的排异效应，此即免疫应答的放大性。

四、人体免疫功能与疾病

由于免疫系统中任何一方缺乏或功能不全导致的免疫应答及免疫功能性障碍，都称为免疫缺陷，由此导致的临床症状称为免疫缺陷病。

免疫缺陷病最典型的临床症状表现为反复感染或严重感染。由于遗传因素或先天因素引发的免疫系统在个体发育过程中不同环节、不同部位的受损所致的免疫缺陷病，称先天性免疫缺陷病，或原发性免疫缺陷病。其中，大多数与血细胞分化和发育有关，多发病于婴幼儿期，严重者可导致个体死亡。先天性免疫缺陷病种类很多，常分为抗体缺陷、补体缺陷、吞噬功能缺陷、联合缺陷、T细胞缺陷等。因其他疾病和因素引起的免疫功能障碍，称继发性免疫缺陷病，在临床上较为多见，如感染、肿瘤、肝肾功能不全、内分泌紊乱、免疫增生或其他慢性消耗性疾病，都可引起不同程度的免疫缺陷。患肿瘤或器官移植的患者长期使用免疫抑制剂，亦可导致继发性免疫缺陷。

1. 临床表现

免疫缺陷病患者不能发挥正常的免疫应答和防御功能。可继而发生以下临床表现。

（1）**感染**。反复感染是免疫缺陷病最重要和常见的临床表现，严重者可死于不可控制的感染。

（2）**肿瘤**。先天性免疫缺陷患者恶性肿瘤的发病率比常人高出100~300倍；由于肾移植时使用免疫抑制剂治疗，而导致继发性免疫缺陷病的患者的恶性肿瘤的发病率比常人高出100倍。

（3）**变态反应**。在免疫缺陷病患者中，由于免疫功能失调，变态反应性疾病的发病率也比正常人高。

（4）**自身免疫病**。由于免疫功能障碍、失调，常同时导致患者自身免疫病的发生。

从临床情况观察，继发性免疫缺陷多发生于老年人群，均为暂时性的，消除原始病因后，大多数继发性免疫缺陷患者能逐渐恢复。但严重者，如电离辐射和获得性免疫缺陷综合征，可造成不可恢复的免疫缺陷。

2. 共同特点

（1）**对各种病原体的易感性增加**。患者可出现严重的、持续的反复感染。一般体液免疫缺陷、吞噬细胞缺陷、补体缺陷患者易发生化脓性细菌感染，而细胞免疫缺陷患者易发生病毒、真菌、胞内寄生菌和原虫等细胞内感染。

（2）**易发生恶性肿瘤**。细胞免疫缺陷病患者的恶性肿瘤发病率比同龄正常人群高 100~300 倍。

（3）**易并发自身免疫病**。免疫缺陷病患者并发自身免疫病的概率可高达 14%，以并发系统性红斑狼疮、类风湿性关节炎较多见。

（4）**遗传倾向性**。原发性免疫缺陷病大多有遗传倾向，其中 1/3 为常染色体隐性遗传，1/5 为 X 型隐性遗传。

3. 原发性免疫缺陷病

原发性免疫缺陷病的类型分为以下几个。

（1）**抗体缺陷病**。其由于 B 细胞发育和（或）功能异常所致，占原发性免疫缺陷病的 50%~70%，其中以各类免疫球蛋白（Igs）均缺少的低丙球蛋白血症和某一类 Ig 选择性免疫缺陷病最为常见。

（2）**T 细胞缺陷病**。由于胚胎期胸腺发育不全导致的 T 细胞数目减少或功能障碍所致，占原发性免疫缺陷病的 5%~10%。DiGeorge 综合征或先天性胸腺发育不全是该类免疫缺陷病的代表。

（3）**T 细胞和 B 细胞联合免疫缺陷病**。由于 T 细胞和 B 细胞发育异常引起的体液和细胞免疫均缺陷，占原发性免疫缺陷病的 10%~25%，其中因骨髓造血干细胞缺损所致的严重联合免疫缺陷病最为典型和严重。

（4）**吞噬细胞缺陷病**。由于中性粒细胞或单核细胞或巨噬细胞吞噬功能障碍引起的免疫缺陷病，相对发病率为 1%~2%。吞噬功能至少包括吞噬细胞黏附于血管内皮、通过组织移至炎症部位、吞噬已调理的颗粒和在胞内杀死摄入的微生物四个步骤。慢性肉芽肿病是由于吞噬细胞缺乏能杀灭所吞微生物的酶所致。

（5）**补体系统缺陷病**。补体是人血清中一组具有重要非特异性免疫功能的蛋白质，由 9 个成分组成。临床上可见与各种单一补体组分缺陷、补体抑制物缺陷、补体活化过程中某些因子缺陷及补体受体缺陷有关的病症。

由于免疫功能缺陷的不同，临床表现差异很大。

X—连锁低丙种球蛋白血症仅男孩发病，多于 4~8 月龄后起病，常见各种反复持续的细菌感染，包括肺炎、败血症、脑膜炎等。患儿血清 IgG<2 g/L，IgA、IgM 含量很低，但 T 细胞功能正常。婴儿暂时性低丙种球蛋白血症易导致婴儿患各种细菌性感染，但病情较轻。血 IgG<2.5 g/L，但 B 细胞数和 T 细胞功能正常。常见变异型免疫缺陷病多见于青壮年，常患鼻窦炎、肺炎、支气管扩张、自身免

疫病或肿瘤。循环中B淋巴细胞数量正常或减少。先天性胸腺发育不全的临床特点为新生儿手足搐搦、心血管畸形、特殊面容和对感染的易感性增加。病理特征为胸腺和甲状腺缺陷如发育不良。循环中T细胞数显著减少，但抗体功能和Ig水平一般正常。

4. 继发性免疫缺陷疾病

继发性免疫缺陷病是出生后由物理（如射线）、化学（如药物）和生物（如病毒）等因素造成的，亦可因营养、疾病（如肿瘤）和大型外科手术造成免疫缺陷疾病，发病不仅局限于儿童。疾病可涉及免疫系统的各个方面，其临床表现和免疫学特征与相应的原发性免疫缺陷病相似，多数可找到明显的致病因素。

一种对人类生命和健康威胁很大的免疫缺陷病：获得性免疫缺陷综合征（AIDS，艾滋病），它由人类免疫缺陷病毒（HIV）引起。HIV是一类逆转录病毒，T细胞表面的CD4分子是其天然受体，因此其主要侵犯辅助性T细胞；其他如B细胞和单核巨噬细胞等也在一定程度上间接或直接受累。因此，受感染者免疫应答启动不佳，临床表现为获得性免疫缺陷。

HIV主要通过性接触、输注污染血制品、共用注射器或母婴途径传播。感染几周后，有些人可出现类似传染性单核细胞增多或流感的症状，持续3~14 d，并伴有抗HIV抗体出现，之后进入潜伏期。艾滋病的潜伏期可长达2~10年甚至更长。患病初期主要表现为流感样症状，有发热、咽喉痛、肌肉痛和皮疹，血中可查出HIV抗体。艾滋病综合征主要表现为持续性体重减轻、间歇发热、慢性腹泻、全身淋巴结肿大和进行性脑病；多有呼吸道、消化道和神经系统感染或恶性肿瘤发病，最常见的是卡氏肺孢子菌肺炎（50%以上）和Kaposi肉瘤（30%以上）。

引起继发性免疫缺陷的原因有很多，主要有以下几方面：

（1）感染。许多病毒、细菌、真菌、原虫等急慢性感染常引起机体防御功能低下，使病情迁延且极易并发其他病原体感染，导致病情加重和疾病复杂化。不少获得性免疫缺陷综合征都与病毒感染有关。

患先天性风疹综合征的患儿，伴有T细胞、B细胞免疫缺陷，血中IgG、IgA明显降低。虽有抗风疹病毒抗体存在，但患儿仍继续排泄病毒，只有当风疹病毒被清除后，免疫功能才能得到改善。麻疹病毒、肝炎病毒等急性感染时，常有T细胞免疫抑制，可引起结核杆菌、真菌等感染。

严重的细菌感染，尤其是胞内菌感染，除细菌毒素直接对免疫活性细胞产生抑制外，巨噬细胞也会受到抑制，这也是细胞免疫水平低下的一个重要原因。

（2）**恶性肿瘤**。肿瘤患者的免疫功能低下至少有五种情况：1）免疫系统自身的肿瘤，如霍奇金淋巴瘤、淋巴肉瘤、各类急性白血病和慢性淋巴细胞白血病以及骨髓瘤等，在肿瘤早期就可有免疫功能低下的表现，这是因为肿瘤细胞"排挤"了免疫活性细胞，同时因抑制性细胞的增加，血中出现抑制因子的原因；2）不少肿瘤细胞能分泌免疫抑制因子，尤其是肿瘤晚期分泌量增多、免疫被抑制的情况也在增大；3）多数晚期肿瘤患者血清中具有免疫抑制作用的α球蛋白在不断增高；4）抗肿瘤治疗可导致免疫功能低下；5）恶病质可造成严重营养不良。

（3）**免疫抑制剂和抗生素等药物**。常用的免疫抑制剂有皮质类固醇、环磷酰胺、硫唑嘌呤、硫基嘌呤、氨甲蝶呤、环孢霉素A、抗T淋巴细胞免疫球蛋白（ATG）以及γ射线等。上述制剂大剂量或长期应用时易导致严重感染，尤其会使条件致病菌的感染以及肿瘤发生率显著增高。

在低剂量时，皮质类固醇能使外周血中单核细胞减少，抑制中性粒细胞黏附在血管床上，稳定溶酶体膜，抑制吞噬细胞的吞噬和脱颗粒作用，因此有消炎的作用。中等剂量还能阻碍巨噬细胞和淋巴细胞之间的相互作用，阻止淋巴细胞释放淋巴因子，阻碍淋巴细胞对靶细胞的杀伤作用，还能加速IgG的分解，故能抑制原发性免疫反应和迟发型超敏反应。一次大剂量应用皮质类固醇时，周围血淋巴细胞（主要是T细胞）会显著减少，但24 h内又可恢复正常，因而不是淋巴细胞溶解作用，而是分布改变。皮质类固醇不仅能诱发细菌感染，而且能诱发病毒、真菌、原虫等的感染。

环磷酰胺、硫唑嘌呤和氨甲蝶呤是常用的细胞毒性药物。前者抗炎作用不强，但对淋巴细胞，尤其是B细胞有较强的抑制作用；后两者有较强的抗炎作用，对粒细胞抑制作用较强，对T细胞、B细胞也有抑制作用。

环孢霉素A是环状多肽，应用在抗排斥反应、抑制移植物抗宿主反应和治疗自身免疫病方面均取得了良好效果。它不是细胞毒药物，而是选择性抑制辅助细胞（TH），因此能抑制细胞免疫反应和对胸腺依赖抗原的抗体生成。体外研究表明，环孢霉素A低剂量时能封闭T细胞上的白细胞介素2（IL-2）受体，高剂量时能损害T细胞释放IL-2。由于它是选择性免疫抑制剂，故感染的发生率要比其他抑制剂少得多，但长期应用时，其感染的发生率与使用其他抑制剂一样仍然很高。

大多数淋巴细胞对γ射线十分敏感，全身主要淋巴组织经X线照射后，会出现淋巴组织萎缩、周围血淋巴细胞数减少、T细胞功能受到强烈抑制的情况，这种免疫低下状态可持续数年之久。

抗生素类药物也能抑制免疫功能。氯霉素类药物能抑制初次和再次免疫的抗体生成，在体外能抑制T细胞对有丝分裂原的增生反应。四环素类具有能抑制脾细胞的抗体生成和白细胞的趋化功能。氨基糖苷类抗生素，如链霉素、卡那霉素、新霉素等，对T、B淋巴细胞也有抑制作用。临床上长期应用广谱抗生素后，常诱发白色念珠菌感染、各种低致病力病原体感染，除菌群失调外，感染还与肌体免疫力低下有关。

有一些药物，如苯妥英钠、普鲁卡因胺、胶体金，能引起选择性IgA的缺乏，停药后可逐步恢复。

（4）营养不良与营养过多

1）蛋白质热卡不足。蛋白质热卡长期供给不足，尤其是在儿童群体和老年人群体中易发生分枝杆菌、病毒和真菌的感染，这反映了细胞免疫功能低下。患者淋巴器官萎缩、周围血淋巴细胞减少，对某些抗原迟发型皮试反应呈阴性。体外试验发现患者淋巴细胞对丝裂原的增生反应和分泌淋巴因子（如干扰素）的能力有所降低。患者有低白蛋白血症，多数人免疫球蛋白含量正常，部分有SIgA缺乏（易罹患革兰阴性菌感染和食物过敏症）。患者中性粒细胞、单核细胞和巨噬细胞的氧化还原能力降低，因此，杀菌力减弱，这也是患者易发生感染的原因。

蛋白质热卡不足时，常伴有维生素和矿物质的缺乏，尤其是锌、铁的缺乏。这与患者免疫功能低下也有一定关系。

2）蛋白质耗失。肾病综合征、肥厚性胃炎、节段性肠炎以及小肠原发性和继发性淋巴管扩张等疾病常伴有大量蛋白质的丢失和蛋白质的吸收不良，可造成继发性低γ球蛋白血症。它与原发性低γ球蛋白血症的区别之一是伴有低白蛋白血症。

3）维生素、矿物质的缺乏。维生素和矿物质的缺乏对免疫功能有不同程度的影响。维生素A、维生素B_6、叶酸、维生素B_{12}缺乏时，T细胞和B细胞功能皆明显低下；维生素B_1、维生素B_2、H（生物素）、P（泛酸）的缺乏对B细胞功能有明显影响；锌、铁及硒的缺乏，对T细胞功能影响较大；维生素B_{12}、维生素B_6、铁、铜的缺乏对中性粒细胞和巨噬细胞的功能有抑制作用。铁是许多氧化酶的辅基，铁缺乏时，吞噬细胞过氧化酶的活性降低，因此吞噬病原体后不能将它们杀死。在补充铁剂时，不要操之过急，以防止血清游离铁含量上升过高，反而有利细菌的生长，加重感染程度。

4）脂质过多。肥胖者易感染，这与肥胖者淋巴细胞和吞噬细胞功能降低有关。高胆固醇血症患者T细胞、B细胞和网状内皮系统的功能均低下。饱和脂肪酸或不饱和脂肪酸过多，均能抑制细胞免疫反应，抑制中性粒细胞趋化性和吞噬功能，抑制网状内皮系统的扩侵能力。极低密度脂蛋白能抑制淋巴细胞及其他细胞的蛋白合成和DNA合成的启动。一些脂蛋白能干扰补体附着在细胞表面的过程，从而影响免疫功能。患有病毒性肝炎和霍奇金淋巴瘤的患者血清中有一种β脂蛋白能抑制T细胞的花环形成和T细胞发育成熟。

（5）**肝、肾功能不全**。各种原因引起的肝实质性损害所造成的急性或慢性肝功能不全，常伴有高γ球蛋白血症，细胞免疫和体液免疫以及吞噬细胞功能缺陷。患者血清中还有多种免疫抑制因子存在，如甲胎蛋白、α球蛋白以及与病毒性肝炎感染有关的能抑制T细胞、B细胞增生反应的多肽和抑制花环形成的β脂蛋白。肝功能不全时，枯否氏细胞清除从肠道侵入的微生物和毒素以及从肝动脉来的病原体和免疫复合物的能力明显降低，中性粒细胞趋化能力也发生障碍。上述免疫缺陷是造成人在患肝病时易感染的原因。

尿毒症患者的细胞免疫功能明显低下，迟发型皮试反应常为阴性，有人认为，细胞免疫被抑制与细胞酸中毒有关。也有人认为，尿毒症时血清中还有免疫抑制因子存在。

（6）其他

1）糖尿病患者易出现各种化脓性感染，此现象曾认为是由血糖过高引起的，现认为此现象与中性粒细胞趋化作用障碍有关。

2）库欣综合征易发生感染，是与皮质类固醇过高、抑制淋巴细胞和吞噬细胞功能有关。

3）大面积烧伤，好发感染是与皮肤屏障受损、白细胞趋化和吞噬功能减弱、血中淋巴细胞数减少、血清调理作用降低以及应激引起皮质类固醇升高等因素有关。

4）胸导管引流术是延长移植肾存活的有效措施之一。引流后的细胞中80%~90%是T细胞。因此，患者周围血淋巴细胞锐减，细胞免疫反应低下，血清IgG下降。

5）麻醉及较大外科手术（如胆囊切除）均可引起免疫功能一过性下降，易引发感染。全身麻醉剂能抑制白细胞的吞噬功能,并使周围血液白细胞减少(可能是抑制白细胞有丝分裂),以及抑制淋巴细胞对抗原的应答反应。较大手术后患者周围血液淋巴细胞绝对减少,对特异性抗原和非特异性有丝分裂原的增生反应均降低,这可能与应激反应有关;此种状态可持续7~10 d,在此期间患者对微生物的易感性增高。

6)早产儿、新生儿和1岁以内的婴儿,因B细胞尚未发育成熟,且T细胞辅助较弱,血清补体少以及吞噬细胞功能低下,因此易被感染。60岁以上老人,因T细胞功能低下,尤以T抑制细胞更为明显,易发生病毒感染、自身免疫性疾病和肿瘤。

5. 自身免疫病

健康个体的正常免疫调节功能会将自身耐受和自身免疫协调在一个相辅相成的合理水平上。当某种原因使自身免疫应答过分强烈时,也会导致相应的自身组织器官损伤或功能障碍,这种病理状态被称为自身免疫病(AID)。

(1)自身免疫病的特点

1)患者血液中可以检出高浓度的自身抗体和(或)与自身免疫组织成分起反应的致敏淋巴细胞。

2)患者组织器官的病理特征为免疫炎症,并且损伤的范围与自身抗体或致敏淋巴细胞所针对的抗原分布相对应。

3)用相同抗原在某些实验动物中可复制出相似的疾病模型,并能通过自身抗体或相应致敏淋巴细胞,使疾病在同系动物间转移。

上述三个特点是自身免疫的三个基本特征,也是确定自身免疫病的三个基本条件。除此之外,目前所认识的自身免疫病往往还具有以下特点:

1)多数病因不明,常呈自发性或特发性,有些与病毒感染或服用某类药物有关。

2)病程一般较长,多呈反复发作和慢性迁延过程,病情的严重程度与自身免疫应答呈平行关系。

3)有遗传倾向,但多非单一基因作用的结果;HLA基因在某些自身免疫病中有一定的作用。

4)发病的性别和年龄倾向为女性多于男性,老年多于青少年。

5)多数患者血清中可查到抗核抗体。

6)易伴发于免疫缺陷病或恶性肿瘤。

（2）原因和发病机制。许多自身免疫病的起始原因和发病机制尚不清楚。但不论何种原因，使机体产生了针对自身抗原和抗体或致敏淋巴细胞时，就可以通过各种途径导致免疫炎症，使机体发生组织损伤或功能异常，表现为相应的临床症状。

1）隐蔽抗原释放机体。有些组织成分由于解剖位置的特殊性，正常情况下终生不与免疫系统接触，称为隐蔽抗原，例如，眼晶状体、葡萄膜和精子等都是隐蔽抗原，机体不能建立对这些组织的免疫耐受性。人出生后由于感染或外伤等原因，其隐蔽抗原被释放出来，与免疫系统接触便能诱导相应的自身免疫应答，导致自身免疫病的发生，如交感性眼炎等。

2）自身组织改变一些理化因素（例如 X 线照射或服用某些药物）或生物学因素（例如受病毒感染）。这些因素可直接引起组织抗原变性或改变细胞代谢过程的基因表达，从而可改变自身抗原的性质，诱导自身应答，导致出现自身免疫病，如自身免疫性溶血性贫血、特发性血小板减少、过敏性紫癜等。

3）共同抗原诱导。某些外源性抗原（例如微生物）与人体某些组织有类似的抗原结构，这些抗原进入人体后会诱发免疫应答，可以针对相应的组织发生反应。例如，A 群 β 溶血性链球菌与人的心肌间质或肾小球基底膜有共同抗原，所以在被链球菌感染后，容易发生风湿性心脏病或肾小球肾炎。

4）先天易感性遗传因素。对自身免疫病的发生也起一定的作用，例如，某些带有特殊 HLA 抗原的人群容易发生自身免疫病。

5）多克隆 B 细胞活化。有许多外源性或内源性的 B 细胞活化剂（如细菌脂多糖、淋巴因子、抗 Ig 抗体等）可以直接作用于 B 细胞，使多克隆 B 细胞活化，包括针对自身抗原的 B 细胞活化，绕过了 T 细胞的控制而产生自身免疫应答。

6）免疫调节失常。正常情况下，免疫功能处在一个调节网络的控制之下。当调节作用失控或抑制细胞出现缺陷时，可以使禁忌克隆的细胞复活，从而重新获得对自身抗原的应答能力，就有可能出现自身免疫性疾病。所以在免疫缺陷病或恶性肿瘤发生时，易伴发自身免疫病。这种理论虽然很容易解释，但也很难得到证实。

人类自身免疫病的研究得益于一些实验动物，最常用的是新西兰黑小鼠（NZB）及其与新西兰白小鼠（NZW）杂交的子代。NZB 小鼠会自发地出现免疫调节失常和自身免疫病，疾病的表现与人类的系统性红斑狼疮非常相似。另外，还可在其他小鼠、大鼠、豚鼠及家兔等实验动物中，人为地诱导制造出一些自身免疫病的模型，例如，实验性变态反应性脑脊膜炎和实验性自身免疫性甲状腺炎等。

（3）**自身免疫病的分类**。目前，自身免疫病尚无统一的分类标准，可以按照不同方法来进行分类。常用的方法有两种：按发病部位的解剖系统进行分类，可分为结缔组织病、消化系统病和内分泌疾病等；按病变组织的涉及范围进行分类，可分为器官特异性和非器官特异性两大类。

一般来讲，器官特异性自身免疫病愈后较好，而非器官特异性自身免疫病病变广泛，愈后不良。这一处区分并不十分严格，因为在血清检查中，常可出现两者之间有交叉重叠的现象，如自身免疫性状腺炎属于器官特异性自身免疫病，但在患者血清中，除了可检出抗甲状腺球蛋白抗体外，还可检出抗胃黏膜抗体、抗核抗体和类风湿因子等。

1）系统性红斑狼疮（SLE）是一种累及多器官、多系统的炎症性结缔组织病，多发于青年女性。其临床症状比较复杂，可出现发热、皮疹、关节痛、肾损害、心血管病变（包括心包炎、心肌炎和脉管炎）、胸膜炎、精神症状、胃肠症状、贫血等；疾病常呈渐进性，较难缓解。免疫学检查可见 IgG、IgA 和 IgM 增高，尤以 IgG 增高最为显著；血清中出现多种自身抗体（主要是抗核抗体系列）和免疫复合物，活动期补体水平下降。

2）类风湿性关节炎（RA）是一种以关节病变为主的全身性结缔组织炎症，多发于青壮年，女性多于男性。本病的特征是关节及周围组织出现对称性、多发性损害，部分病例可累及心、肺及血管。免疫学检查可见，血清及滑膜液中出现类风湿因子（RF），血清 IgG、IgA 和 IgM 水平升高。

（4）**自身免疫病的治疗原则**

1）消除自身抗原形成的外因，有些自身免疫病可有外界诱因，如因药物所致可停药，因感染所致应予以抗生素治疗等。

2）应用免疫抑制剂，包括应用皮质激素、细胞毒药物和环孢素等。

3）应用抗淋巴细胞抗体，包括泛 T 细胞抗体、CD3 抗体、抗 T 细胞亚群 CD4 抗体和 CD8 抗体。

五、知识拓展：免疫

1. 免疫及免疫系统

免疫是人体的一种生理功能，人体依靠这种功能识别"自己"和"非己"成分,从而破坏和排斥进入人体的抗原物质(如病菌等)或人体本身所产生的损伤细胞和肿瘤细胞等,以维持人体的健康,抵抗或防止微生物或寄生物的感染或其他所不希望的生物侵入的状态。

免疫系统具有免疫监视、防御、调控的作用。这个系统由免疫器官(骨髓、脾脏、淋巴结、扁桃体、小肠集合淋巴结、阑尾、胸腺等)、免疫细胞[淋巴细胞、单核吞噬细胞、中性粒细胞、嗜碱粒细胞、嗜酸粒细胞、肥大细胞、血小板(因为血小板里有 IgG)等],以及免疫活性物质(抗体、溶菌酶、补体、免疫球蛋白、干扰素、白细胞介素、肿瘤坏死因子等细胞因子)组成。

免疫系统分为固有免疫(又称非特异性免疫)和适应免疫(又称特异性免疫),其中适应免疫又分为体液免疫和细胞免疫。特异性免疫是在主体的寿命期内发展起来的,是专门针对某个病原体的免疫。非特异性成分不需要事先暴露,免疫系统可以立刻响应,能有效地防止各种病原体的入侵。

2. 免疫器官及免疫细胞

(1)**中枢免疫器官**。中枢免疫器官包括骨髓和胸腺,是造血干细胞分别分化为 B 细胞和 T 细胞的场所。

(2)**周围免疫器官**。包括脾、淋巴结、淋巴小结及全身弥散的淋巴组织,是成熟的 T 细胞和 B 细胞定居以及对抗原产生应答的场所。

(3)**免疫细胞**。白细胞的俗称,包括淋巴细胞和各种吞噬细胞等,也特指能识别抗原、产生特异性免疫应答的淋巴细胞等。淋巴细胞是免疫系统的基本成分,在体内分布很广泛,主要是 T 淋巴细胞、B 淋巴细胞受抗原刺激而被活化,分裂增殖能产生特异性免疫应答的细胞。除 T 淋巴细胞和 B 淋巴细胞外,还有 K 淋巴细胞和 NK 淋巴细胞共四种类型。T 淋巴细胞是一个多功能的细胞群。除淋巴细胞外,参与免疫应答的细胞还有浆细胞、粒细胞、肥大细胞、抗原呈递细胞及单核吞噬细胞系统的细胞。

3. 免疫的分类

(1)**种免疫**。种免疫为个体与生俱有,一般为非特异性免疫,如具有吞噬细胞的作用。

(2)**获得性免疫**。

1)自动获得性免疫。一般免疫时间长。可终身免疫,如麻疹、天花、痄腮。自然获得:如有天花病毒感染发病史的人,一般不会再次感染。人工获得:如种牛痘免疫天花。

2）被动获得性免疫。人工获得时存在免疫，但免疫时间短，现已较少采用。自然获得：如婴儿在母体胎盘或初乳中获得的免疫。人工获得：如注射具有免疫力的免疫血清而获得的免疫，如治疗蛇毒时注射的血清蛋白。

4. 免疫的三大功能

（1）**免疫防御**。指机体排斥外源性抗原异物的能力。这是动物借以自净、不受外来物质干扰和保持物种纯洁的生理机制。这种功能一是抗感染，即传统的免疫概念；二是排斥异种或同种异体的细胞和器官，这是器官移植时需要克服的主要障碍。当这种能力低下时，机体易出现免疫缺陷病，而这种能力过高时则易出现超敏反应性组织损伤。免疫防御功能见表 3-2。

表 3-2　免疫防御功能

免疫功能	防御功能
作用对象	外来的物质
正常表现	抗感染
异常表现	反复感染（功能低下时），过敏反应（功能紊乱时）
异常表现举例	细菌、病毒感染等，支气管哮喘、过敏性鼻炎等

（2）**免疫自稳**。指机体识别和清除自身衰老、残损组织、细胞的能力，这是机体借以维持正常内环境稳定的重要机制。当这种自身稳定功能失调时，易导致某些生理平衡的紊乱或者自身免疫病。免疫自稳功能见表 3-3。

表 3-3　免疫自稳功能

免疫功能	自稳功能
作用对象	损伤、衰老、死亡的细胞
正常表现	清除损伤、衰老的细胞
异常表现	自身免疫性疾病
异常表现举例	系统性红斑狼疮、类风湿性关节炎、强直性脊柱炎等

（3）**免疫监视**。指机体杀伤和清除异常突变细胞的能力，机体借以监视和抑制恶性肿瘤在体内的生长。此功能一旦低下，人易患恶性肿瘤。免疫监视功能见表 3-4。

表 3-4 免疫监视功能

免疫功能	监视功能
作用对象	体内突变的异常细胞
正常表现	抑制肿瘤
异常表现	发生肿瘤
异常表现举例	各类良、恶性肿瘤等

5. 免疫的三道防线

（1）**免疫的第一道防线。**第一道防线是由皮肤和黏膜构成的，它们不仅能够阻挡病原体侵入人体，而且其分泌物（如乳酸、脂肪酸、胃酸和酶等）还有杀菌的作用。呼吸道黏膜上有纤毛，可以清除异物。

（2）**免疫的第二道防线。**第二道防线是体液中的杀菌物质和吞噬细胞，这两道防线是人类在进化过程中逐渐建立起来的天然防御功能，其特点是生来就有，不针对某一种特定的病原体，而是对多种病原体都有防御作用，因此称为非特异性免疫（又称先天性免疫）。多数情况下，这两道防线可以防止病原体对机体的侵袭。

（3）**免疫的第三道防线。**第三道防线是特异性免疫。主要由免疫器官（胸腺、淋巴结和脾脏等）和免疫细胞（淋巴细胞）组成，其中，淋巴 B 细胞负责体液免疫，淋巴 T 细胞负责细胞免疫。细胞免疫最后往往也需要体液免疫的参与。第三道防线是人体在出生以后逐渐建立起来的防御功能，其特点是出生后才产生的，只针对某一特定的病原体或异物起作用，因此叫作特异性免疫（又称后天性免疫）。后天性的特异性免疫系统是一个专一性的免疫机制，针对一种抗原所生成的免疫淋巴细胞（浆细胞）分泌的抗体，只能对同一种抗原发挥免疫功能。而对变异或其他抗原则毫无作用。第一、二道防线就像杀毒软件本体，第三道防线就像病毒/木马专杀软件。只有 3 道防线同时、完整、完好地发挥免疫作用时，人的身体健康才能更充分地得到保障。

模块测试题

一、单项选择题（下列每题的选项中，只有一个是正确的，请将其代号填写在后面的括号内）

1. 控制生物遗传的物质是（　　）。

A. 核酸　　　　　B. 细胞质　　　　　C. 染色体　　　　　D. 细胞核

2. 人体 O_2、CO_2 进出细胞膜是通过（　　）实现的。

A. 单纯扩散　　　B. 易化扩散　　　　C. 主动转运　　　　D. 生物电现象

3. 在神经细胞动作电位中去极化到与电位水平时，主要通透的离子是（　　）。

A. K^+　　　　　B. Na^+　　　　　C. Cl^-　　　　　D. Ca^{2+}

4. 神经组织的组成是（　　）。

A. 神经元和神经间质　　　　　　　　B. 神经元和神经纤维
C. 神经胶质细胞和神经纤维　　　　　D. 神经元和神经胶质细胞

5. 神经元的基本结构是（　　）。

A. 胞体、树突和轴突　　　　　　　　B. 胞体、树突和神经纤维
C. 胞体、树突　　　　　　　　　　　D. 胞体、神经纤维

6. 左心室的入口是（　　）。

A. 主动脉口　　　B. 肺动脉口　　　　C. 左房室口　　　　D. 右房室口

7. 肺循环起止于（　　）。

A. 右心室—左心房　　　　　　　　　B. 右心房—右心室
C. 主动脉—肺动脉　　　　　　　　　D. 左心房—右心室

8. 以下选项中，不属于静脉特点的是（　　）。

A. 壁薄　　　　　　　　　　　　　　B. 富有弹性，压力较低
C. 数目较动脉多　　　　　　　　　　D. 管径粗，管腔大

9. 周围神经系统不包括（　　）。

A. 脑神经　　　　B. 脊神经　　　　　C. 植物性神经　　　　D. 网状结构

10. 以下选项中，关于脊神经的叙述错误的是（　　）。

A. 脊神经共有 31 对
B. 脊神经是混合型神经
C. 脊神经含有四种不同性质的神经纤维
D. 脊神经躯体感觉纤维分布于内脏、心脏、血管

11. 骨的形态不一，一般可分为四类，下列选项中不属于骨的形态的是（　　）。

A. 长骨　　　　　B. 短骨　　　　　　C. 扁骨　　　　　　D. 顶骨

12. 长骨中部细长，称骨干，两端膨大，在肢体运动中发挥（　　）作用。

A. 支撑　　　　　B. 杠杆　　　　　C. 支柱　　　　　D. 维持

13. 成人骨共有（　　）块。

A. 204　　　　　B. 205　　　　　C. 206　　　　　D. 207

14. 骨主要由骨质、骨髓、（　　）构成。

A. 密质骨　　　　B. 松质骨　　　　C. 骨膜　　　　　D. 骨基质

15. 骨密质主要分布在（　　）干和其他骨的表面。

A. 长骨　　　　　B. 短骨　　　　　C. 扁骨　　　　　D. 不规则骨

16. 成人的髂骨、胸骨、（　　）内终生保留红骨髓。

A. 椎骨　　　　　B. 附肢骨　　　　C. 皮质骨　　　　D. 长骨

17. 躯干骨包括椎骨、胸骨和肋，共（　　）块。

A. 50　　　　　　B. 51　　　　　　C. 52　　　　　　D. 53

18. 颅由（　　）块大小、形状不同的骨组成（3对听小骨未计在内）。

A. 21　　　　　　B. 22　　　　　　C. 23　　　　　　D. 24

19. 颅盖骨均为（　　），各骨之间以结缔组织相连称之为缝。

A. 扁骨　　　　　B. 短骨　　　　　C. 长骨　　　　　D. 不规则骨

20. 以下选项不属于皮肤的作用的是（　　）。

A. 保护作用　　　　　　　　　　　B. 吸收作用

C. 调节体温作用　　　　　　　　　D. 调理作用

21. 需在电子显微镜下才能看到的结构是（　　）。

A. 鞭毛　　　　　B. 芽孢　　　　　C. 荚膜　　　　　D. 菌毛

22. 细菌大小的测量单位是（　　）。

A. cm　　　　　　B. mm　　　　　C. μm　　　　　　D. nm

23. 下列各组都属于原核细胞型微生物的是（　　）。

A. 螺旋体、立克次体、放线菌　　　B. 衣原体、支原体、真菌

C. 细菌、放线菌、支原体、病毒　　D. 真菌、病毒、螺旋体、衣原体

24. 下列选项中属于非细胞性微生物的是（　　）。

A. 钩端螺旋体　　　　　　　　　　B. 人类免疫缺陷病毒

C. 霍乱弧菌　　　　　　　　　　　D. 沙眼衣原体

25. 下列选项中结构与维持细菌形态有关的是（　　）。

A. 细胞壁　　　　　　　　　　　　B. 芽孢和细胞壁

C. 荚膜和细胞壁　　　　　　　　　D. 细胞膜和细胞壁

26. 细菌中有抗吞噬细胞和体内杀菌物质作用的结构是（ ）。

　　A. 鞭毛　　　　　　B. 菌毛　　　　　　C. 荚膜　　　　　　D. 芽孢

27. 细菌下述结构中均为其基本结构的是（ ）。

　　A. 细胞壁、细胞膜、荚膜

　　B. 细胞壁、细胞膜、芽孢

　　C. 细胞壁、细胞膜、核质、细胞质

　　D. 细胞壁、异染颗粒、菌毛、细胞质

28. 细菌的生长繁殖方式是（ ）。

　　A. 有丝分裂　　　　B. 二分裂　　　　　C. 复制　　　　　　D. 断裂

29. 细菌生长繁殖的条件主要包括（ ）。

　　A. 营养物质、酸碱度、温度、气体

　　B. 营养物质、酸碱度、无机盐

　　C. 营养物质、水、温度

　　D. 营养物质、酸碱度、温度、生长因子

30. 细菌生长繁殖最适宜的酸碱度为（ ）。

　　A. pH 值为 6.5~6.8　　　　　　　　B. pH 值为 7.0~7.2

　　C. pH 值为 7.2~7.6　　　　　　　　D. pH 值为 7.6~8.6

31. 细菌的致病性不包括（ ）。

　　A. 细菌的毒力　　　　　　　　　　B. 细菌入侵门户

　　C. 变异性免疫　　　　　　　　　　D. 非特异性免疫

32. 以下各项中，不属于非特异性免疫特点的是（ ）。

　　A. 生来就有，受遗传基因控制，代代遗传，具有相对稳定性，个体差异小

　　B. 不是针对某一特定微生物，而是对各种微生物均有防御能力

　　C. 再次接触相同微生物，防御功能增减

　　D. 具有相对稳定性，个体差异小

33. 在常见病原性细菌中，属于革兰阳性球菌的是（ ）。

　　A. 葡萄球菌　　　　B. 链球菌　　　　　C. 淋球菌　　　　　D. 八叠球菌

34. 可导致肠热症、胃肠炎、败血症的细菌是（ ）。

　　A. 沙门氏菌　　　　B. 链球菌　　　　　C. 分枝杆菌　　　　D. 棒状杆菌

35. 以下关于真菌的叙述错误的是（ ）。

　　A. 一种真核细胞性微生物

B. 霉菌或称为丝状真菌，属于单细胞真菌

C. 真菌对干燥、阳光、紫外线及一般化学消毒剂有耐受力

D. 霉菌的种类很多，有45 000种以上。常见的霉菌有曲霉、根霉、毛霉、脉孢菌和青霉

36. 真菌的致病性不包括（　　）。

　　A. 真菌性感染　　　　　　　　B. 条件性真菌感染

　　C. 过敏性真菌病　　　　　　　D. 机体的抗拒免疫

37. 病毒适宜的 pH 环境是（　　）。

　　A. 6.0～9.0　　B. 4.0～9.0　　C. 5.0～9.0　　D. 4.9

38. 符合以下特征的病毒是（　　）：①属于 RNA 病毒；②属于正黏液病毒；③会造成急性上呼吸道感染的病毒。

　　A. 流行性乙脑病毒　　　　　　B. 流感病毒

　　C. 肝炎病毒　　　　　　　　　D. 肠道病毒

39. 下列各项中，关于支原体的叙述，错误的是（　　）。

　　A. 支原体是原核细胞生物中最小的

　　B. 最外层细胞膜是由蛋白质与脂质组成的三层结构

　　C. 支原体是一类没有细胞壁的原核细胞性微生物

　　D. 不易被消毒剂灭活，对醋酸铊、结晶紫的抵抗力大于细菌

40. 以下不属于衣原体所导致的疾病的是（　　）。

　　A. 沙眼　　　　　　　　　　　B. 麻疹

　　C. 包涵体薄膜炎　　　　　　　D. 泌尿生殖道感染

41. 下列各项中，不属于免疫功能的是（　　）。

　　A. 免疫检查　　B. 免疫防御　　C. 免疫自稳　　D. 免疫监视

42. 由皮肤和黏膜构成的，不仅能够阻挡病原体侵入人体，还有杀菌的作用；呼吸道黏膜上有纤毛，可以清除异物。以上叙述属于免疫的第（　　）道防线。

　　A. 一　　　　　　B. 二　　　　　　C. 三　　　　　　D. 四

43. 关于抗原特性，以下叙述错误的是（　　）。

　　A. 抗原特性分为免疫原性和抗原性

　　B. 抗原的免疫原性与抗原分子的化学性质相关

　　C. 抗原的抗原性主要决定于抗原分子的物理性质

　　D. 抗原为蛋白质分子，其抗原性可决定于其氨基酸序列或其空间构型

44. 以下不属于免疫应答的是（　　）。
A. 细胞介质免疫　　B. 体液免疫　　C. 初次应答　　D. 不敏反应

45. 免疫缺陷病的临床表现不包括（　　）。
A. 感染　　B. 肿瘤　　C. 营养不良　　D. 变态反应

46. 人们发现了一种对人类生命和健康威胁很大的免疫缺陷病，这种疾病是（　　）。
A. 艾滋病　　B. 肿瘤　　C. 乙型脑炎　　D. 乙型肝炎

47. 关于自身免疫病特点，以下叙述错误的是（　　）。
A. 患者血液中可以检出高浓度的自身抗体和与自身免疫组织成分起反应的致敏淋巴细胞
B. 患者组织器官的病理特征为非免疫炎症，并且损伤的范围与自身抗体或致敏淋巴细胞所针对的抗原分布相对应
C. 用相同抗原在某些实验动物中可复制出相似的疾病模型，并能通过自身抗体或相应致敏淋巴细胞使疾病在同系动物间转移
D. 病程一般较长，多呈反复发作和慢性迁延的过程

48. 以下不属于免疫应答特点的是（　　）。
A. 排异性　　B. 特异性　　C. 记忆性　　D. 缩小性

49. 以下关于IgD的叙述错误的是（　　）。
A 正常人血清IgD浓度很低，仅占血清Ig总量的0.2%
B. 可在个体发育的任何时间产生
C. IgD的铰链区最长，易被蛋白酶水解，故其半衰期很短
D. 主要由黏膜下淋巴组织中的浆细胞分泌

50. （　　）是一类能与抗原特异性结合的免疫球蛋白。它由浆细胞（效应B细胞）分泌，被免疫系统用来鉴别外来物质，如细菌、病毒等的大型Y形蛋白质，仅被发现存在于脊椎动物的血液等体液中，及其B细胞的细胞膜表面上。
A. 抗原　　B. 抗体　　C. 免疫　　D. 病毒

二、判断题（下列判断说法正确的在后面的括号内打"√"，错误的打"×"）

1. 核酸是控制生物遗传的物质，DNA是核糖核酸。　　（　　）
2. 单纯扩散是指物质分子遵循单纯的物理学原理，从浓度高的区域向浓度低的区域移动的现象。　　（　　）
3. 主动转运是指细胞膜将物质分子或离子从浓度高的一侧向浓度低的一侧转

运的过程。   (   )

4. 在可兴奋组织（如神经和肌肉）的细胞膜内外，存在着不同的带电离子，膜外呈负电，膜内呈正电，存在一定的电位差，称为膜电位。   (   )

5. 静息电位是指细胞未受刺激时，存在于细胞膜内外两侧的外正内负的电位差。   (   )

6. 头部由24块颅骨组成，圆形的颅腔保护人的大脑。   (   )

7. 心脏位于胸腔的中纵内，约1/3位于中线的左侧，2/3位于中线的右侧，外裹以心包。   (   )

8. 在心房与心室之间有房室瓣，心室与动脉之间有动脉瓣，这些瓣膜只能向一个方向开启。房室瓣朝向心室开启，动脉瓣朝向动脉开启。   (   )

9. 在心率恒定情况下，心肌收缩力越大，即收缩强度越强，收缩速度越快，则搏出量越多，反之亦然。   (   )

10. 胸腹腔内的大静脉，如门静脉、肝静脉、上下腔静脉没有静脉瓣，由于心脏的舒张和吸气时胸腔内压升高，腹内压下降等，可促进上述静脉血回流入心脏。
                                                            (   )

11. 淋巴循环的主要功能有回收蛋白质及运输营养物质，消除组织中的细菌、异物功能。   (   )

12. 神经元细胞体集中处色泽白亮，称白质，而被覆于大、小脑表面的白质又称为皮质。   (   )

13. 脑位于颅腔内，由脑干、间脑、小脑及端脑（左右大脑半球）组成。
                                                            (   )

14. 循环系统主要包括血液循环、组织液循环、淋巴循环和脑脊液循环。其中血液循环起主导作用。   (   )

15. 心血管系统由心脏、动脉、毛细血管及静脉组成。心脏是血液循环的主要器官。   (   )

16. 毛细血管是人体内分布最广、管壁最薄、口径最小的血管，一般仅能容纳1~3个红细胞通过。   (   )

17. 淋巴管道可分为毛细淋巴管、淋巴管、淋巴干和淋巴导管。淋巴导管最后注入静脉角内。   (   )

18. 在双重神经支配的器官中，交感神经与副交感神经的作用往往是协同的。
                                                            (   )

19. 躯干骨包括椎骨、胸骨和肋，共52块，借助骨连结构成脊柱和胸廓。
（　　）

20. 胸廓由脊柱、胸部、12对肋骨和一个胸骨构成，有上、下两口。（　　）

21. 肝是人体最大的腺体，成人的肝重量约为2 500 g，主要位于右肋区和腹上部。
（　　）

22. 呼吸系统是机体在生命活动中需要能量，能量来源于细胞内的氧化过程。
（　　）

23. 鼻是呼吸道直接与外界相通的器官，包括外鼻及鼻腔。外鼻以骨与软骨为基础，覆以鼻翼肌及皮肤。
（　　）

24. 支气管进入肺内后反复分枝，越分越粗，越分越厚，形成支气管树，包括小支气管、细支气管和终末细支气管，为气体出入的管道。
（　　）

25. 细胞膜具有能选择性地控制细胞内外营养物质和代谢产物运送的生理功能。
（　　）

26. 鞭毛是运动器官，具有趋利避害且有助于鉴别细菌的作用，包括形态鉴别、动力鉴别和抗原性鉴别。
（　　）

27. 某些革兰阳性菌在一定环境条件下胞浆会脱水浓缩，在菌体内部形成一个圆形或卵圆形的小体，称为芽孢。
（　　）

28. 真菌细胞壁较细菌厚，约占菌细胞干重的50%。但真菌细胞壁缺乏黏肽，且由结构不同的多糖如葡聚糖、甘露糖、几丁质及脱乙酰壳多糖等组成。（　　）

29. 支原体是一类没有细胞壁的原核细胞性微生物。细胞膜含固醇，呈二分裂繁殖，含DNA与RNA。
（　　）

30. 螺旋体是一类短小、柔软、弯曲呈螺旋状的、运动活泼的单细胞原核生物。
（　　）

模块测试题答案

一、单项选择题

1. A　　2. A　　3. B　　4. D　　5. A　　6. C　　7. A　　8. B
9. D　　10. D　　11. B　　12. B　　13. C　　14. C　　15. A　　16. A
17. B　　18. C　　19. A　　20. D　　21. D　　22. C　　23. A　　24. B
25. A　　26. C　　27. B　　28. C　　29. A　　30. C　　31. C　　32. C
33. C　　34. A　　35. B　　36. C　　37. C　　38. B　　39. D　　40. B

41. A 42. A 43. C 44. D 45. C 46. A 47. B 48. D
49. D 50. B

二、判断题

1. × 2. √ 3. × 4. × 5. √ 6. × 7. × 8. √
9. √ 10. × 11. × 12. × 13. √ 14. √ 15. × 16. ×
17. √ 18. × 19. × 20. √ 21. × 22. √ 23. √ 24. ×
25. √ 26. √ 27. √ 28. × 29. √ 30. ×

职业模块 4
药物基础知识

　　药物是指用于预防、治疗、诊断人体疾病,有目的地调节人体生理机能并被规定有适应证或功能主治、用法用量的物质。医药商品购销员是从事药物导购、销售、验收、保管、养护及咨询服务的人员。医药商品购销员所从事的每一项活动都与药物密切相关,直接关系到顾客的用药安全和药品经营企业的经济效益。因此,医药商品购销员学习相关的药物基础知识,具有十分重要的意义。

培训课程 1

药物的分类及制剂特点

培训目标

1. 掌握药物的分类与剂型类别；
2. 了解药物的特点及我国医药行业的发展概况。

一、药物的分类

药品种类繁多，性质复杂，分类方法也很多。几乎与药学有关的每一门学科都有从本学科角度出发的分类方法，且各有侧重。任何一种分类方法的目的都是深入研究药品的质量和性质，以利于合理地销售或选购、使用药品。药品常见的分类方法如下所述。

1. 按药品来源分类

（1）**来源于动物的药品**。利用动物的全部或部分脏器及其分泌物作为药用的，还有提取纯品药用的，如各种内分泌制剂（胰岛素、甲状腺等制剂）、血浆制品等。

（2）**来源于植物的药品**。植物的根、茎、叶、花、果实等各个部分均可作为药用，如阿片是罂粟果的汁液。随着化学工业的发展，人们还广泛地提炼出了各种植物药的有效成分，如生物碱（中药麻黄的有效成分麻黄碱、阿片中的吗啡、茶叶中的咖啡因等）、苷、挥发油、黄酮类化合物等。

（3）**来源于矿物的药品**。其是直接利用矿物质或以矿物质为原料并经加工制成的药品。可分为三类：从自然界采集后，基本保持原有性状作为药用的称原矿物药，如石膏、龙骨、琥珀等；主要以矿物为原料并经加工制成的单味药称矿物制品，如白矾、胆矾等；以多味原矿物药或矿物制品药为原料加工制成的制剂称矿物药制剂，如小灵丹、轻粉等。

（4）**来源于生物制品**。其是以微生物、细胞、组织和体液等为原料，应用传统技术或现代生物技术制成的药品，用于人类疾病的预防、治疗和诊断。人用生物制品包括细菌类疫苗（含类毒素）、病毒类疫苗、抗毒素及抗血清、血液制品、细胞因子、生长因子、酶、体内及体外诊断制品，以及其他生物活性制剂，如毒素、抗原、变态反应原、单克隆抗体、抗原抗体复合物、免疫调节及微生态制剂等。

（5）**来源于人工合成药品**。用化学合成方法合成的药品，如磺胺类药、喹诺酮类药、解热镇痛药等。随着制药工业的发展，合成药品的种类将越来越多，临床应用也日益广泛。

2. 按药物剂型分类

（1）**注射剂**。如庆大霉素注射剂、青霉素粉针剂等。

（2）**口服制剂**。如片剂、胶囊剂、丸剂、糖浆剂、合剂等。

（3）**外用制剂**。如软膏剂、栓剂、酊剂、搽剂、滴眼剂等。

（4）**气雾剂**。如外用喷雾剂、口腔喷雾剂等。

（5）**新型剂**。如缓释制剂、控释制剂、经皮给药制剂等。

3. 按给药途径与方法分类

这种分类方法是将采用同一给药途径和方法的剂型列为一类。其优点是与临床用药结合得比较紧密，并能反映给药途径与方法对剂型制备的特殊要求。其缺点是一种剂型由于给药途径或方法的不同，可能使剂型分类复杂化。

（1）**经胃肠道给药的剂型**。包括汤剂、合剂（口服液）、糖浆剂、煎膏剂、酒剂、流浸膏剂、散剂、颗粒剂（冲剂）、丸剂、片剂、胶囊剂等。经直肠给药的有灌肠剂、栓剂等。

（2）**不经胃肠道给药的剂型**

1）注射给药的剂型有注射剂（包括肌肉注射、静脉注射、皮下注射、皮内注射及穴位注射等）。

2）皮肤给药的剂型有软膏剂、膏药、糊剂、搽剂、涂抹剂、离子透入方式等。

3）黏膜给药的剂型有滴眼剂、滴鼻剂、含漱剂、舌下含片、吸入剂、栓剂、膜剂及含化丸等。

4）呼吸道给药的剂型有气雾剂、吸入剂等。

4. 按药理作用分类

（1）**抗微生物药**。如青霉素、诺氟沙星等。

（2）**消化系统药**。如西咪替丁、乳酶生等。

（3）**呼吸系统药**。如氨茶碱、沙丁胺醇等。

（4）**心血管系统药**。如利多卡因、普萘洛尔等。

（5）**泌尿系统药**。如呋塞米、氢氯噻嗪等。

（6）**外周神经系统药**。如阿托品、肾上腺素、普鲁卡因等。

（7）**中枢神经系统药**。如地西泮、氯丙嗪等。

（8）**内分泌系统药**。如可的松、甲状腺激素等。

（9）**血液系统药**。如肝素、维生素 K 等。

（10）**抗寄生虫病药**。如阿苯达唑、左旋咪唑等。

（11）**抗肿瘤药**。如白消安、氨甲蝶呤等。

（12）**免疫功能调节药**。如干扰素、卡介苗等。

5. 按处方药与非处方药分类

为保障人民用药安全有效、使用方便，根据药品品种、规格、适应证、剂量及给药途径不同，对药品分别按处方药与非处方药进行管理。国家建立处方药与非处方药分类管理制度，并制定处方药与非处方药分类管理办法。处方药和非处方药不是药品本质的属性，而是在药品管理上的界定。无论是处方药还是非处方药，都是经过国家药品监督管理部门批准的，其安全性和有效性是有保障的。

（1）**处方药**。处方药是指必须凭执业医师或执业助理医师处方才可调配、购买和使用的药品。处方药简称 Rx 药，是为了保证用药安全，由国家卫生行政部门规定或审定的，需凭医师或有其他有处方权的医疗专业人员开写处方出售，并在医师、药师或其他医疗专业人员监督或指导下方可使用的药品。处方药大多属于以下几种情况：1）上市的新药，对其活性或副作用还要进一步观察；2）可产生依赖性的某些药物，例如吗啡类镇痛药及某些催眠安定药物等；3）药物本身毒性较大，如抗癌药物等；4）用于治疗某些疾病所需的特殊药品，如心脑血管疾病的药物，须经医师确诊后开出处方并在医师指导下使用。处方药只准在专业性医药报刊进行广告宣传，不准在大众传播媒介进行广告宣传。

（2）**非处方药**。非处方药是指不需要凭执业医师或执业助理医师处方即可自行判断、购买和使用的药品。非处方药简称 OTC，这已成为全球通用的俗称。非处方药标签和说明书除符合规定外，用语还应当科学、易懂，以便于消费者自行判断、选择和使用。

1）根据药品的安全性，非处方药又分为甲、乙两类。非处方药的包装必须印有国家指定的非处方药专有标志（OTC），每个销售基本单元包装必须附有标签和说明书。其中红色标志为甲类非处方药，绿色标志为乙类非处方药，如图4-1所示。

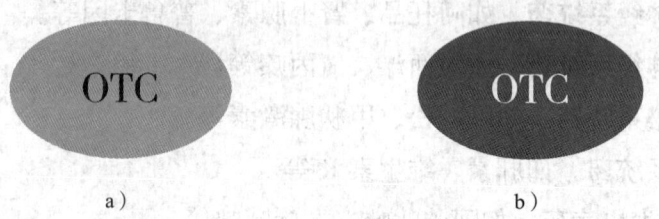

图4-1　非处方药专有标志
a）乙类非处方药（绿色标志）　b）甲类非处方药（红色标志）

2）进入药品流通领域的非处方药，其相应的忠告语应由生产企业醒目地印制在药品包装或药品使用说明书上。具体内容为："请仔细阅读药品使用说明书，并按说明书使用或在药师指导下购买和使用。"

3）消费者有权自助选购非处方药，并须按非处方药标签和说明书所示的内容使用。

4）零售乙类非处方药的商业企业，必须配备专职的具有高中以上文化程度，经专业培训后，由省级药品监督管理部门或其授权的药品监督管理部门考核合格并取得上岗证的人员销售。医疗机构根据医疗需要可以决定或推荐使用非处方药。

5）非处方药经审批可以在大众传播媒介进行广告宣传。

非处方药制定实施后并非一成不变，而是每隔3～5年还要进行一次再评价，以便推陈出新、优胜劣汰，从而确保OTC的有效性和安全性。

6. 按国家药物管理制度分类

按国家药物管理制度的要求，药物可分为国家基本药物与非基本药物。

（1）国家基本药物。 国家基本药物是指被列入《国家基本药物目录》中的品种。

为了加强国家对药品生产和使用环节的科学管理，保证人民防病治病的基本需求，适应医疗体系改革，我国政府有关部门组织制定了《国家基本药物目录》，其所列品种是专家和基层广大医药工作者，从我国临床应用的各类药物中通过科学评价筛选出来的具有代表性的药物，称为国家基本药物。

《国家基本药物目录》中的药物是公认的医疗基本药物，也是对公众健康产生最大影响的药物。基本药物不是便宜的药品，但可以说是最好的药品。《国家基本药物目录》的遴选原则为临床必需、安全有效、价格合理、使用方便、中西药并重。

1)《国家基本药物目录》中的药品包括化学药品、生物制品、中成药。化学药品和生物制品主要依据临床药理学分类，中成药主要依据功能分类。

2)《国家基本药物目录》的制定应当与基本公共卫生服务体系、基本医疗保障体系相衔接，一般每隔两年调整一次。

3)《国家基本药物目录》中的化学药品、生物制品、中成药，应当是《中华人民共和国药典》中收载的药物。独家生产的品种纳入《国家基本药物目录》的应当经过单独论证。

（2）非基本药物。非基本药物是指虽未列入《国家基本药物目录》中，但国家仍允许其继续发展、生产和使用的药物品种。

实施国家基本药物制度是深入医药卫生体制改革的重点工作之一。建立国家基本药物制度，保证基本药物足量供应和合理使用，有利于保障群众基本用药权益，转变"以药补医"机制，也有利于促进药品生产流通企业资源优化整合，对实现人人享有基本医疗卫生服务、维护人民健康、体现社会公平、减轻群众用药负担、推动卫生事业发展都具有十分重要的意义。

7. 按药品管理的特殊性分类

特殊药品包括狭义的特殊管理药品和广义的特殊管理药品。狭义的特殊管理药品是指"麻、精、毒、放"，即麻醉药品、精神药品、毒性药品、放射性药品；广义的特殊管理药品除上面的4类药品外，还包括药品类易制毒化学品、兴奋剂、含特殊药品类复方制剂等。

特殊药品的管理主要是指对麻醉药品、精神药品、毒性药品及放射性药品的管理。根据《药品管理法》的规定，国务院先后颁布了《麻醉药品管理办法》《精神药品管理办法》《医疗用毒性药品管理办法》及《放射性药品管理办法》，以正确发挥这类药品防病治病的积极作用，严防因管理不善或使用不当而造成的危害。

（1）**麻醉药品**。麻醉药品是指连续使用后易产生生理依赖性、能成瘾癖的药品。麻醉药品也称成瘾性的毒性药品，其专有标识如图4-2所示。

1）根据我国《麻醉药品管理办法》规定，麻醉药品包括阿片类、吗啡类、盐酸乙基吗啡类、可待因类、福尔可定类、可卡因类、阿片全碱类（潘托邦类）、大麻类和合成药类等。

图4-2 麻醉药品标识

2）麻醉药品只能用于本院医疗、教学和科研的需要，正确合理地使用，严防患者产生对此类药品的依赖性，杜绝事故漏洞。

3）医务人员必须具有医师以上专业技术职称，并经考核能正确使用麻醉药品者，才能有麻醉药品的处方权。

4）麻醉药品必须使用专用的处方笺，并有医师的签章，配方人员也要签字，并建立麻醉药品处方登记册。医务人员不得为自己开具处方使用麻醉药品。

5）每张麻醉药品处方注射剂均不得超过2d常用量，片剂、酊剂、糖浆剂等不得超过3d常用量，连续使用不得超过7d。经县级以上医疗单位诊断确需使用麻醉药品止痛的危重患者，可按规定手续办理"麻醉药品专用卡"，凭卡到指定医疗单位开方取药，一次取药最多为5d常用量。

6）麻醉药品要有专人负责、专柜加锁、专用账单、专用处方、专册登记。处方需保存3年以备查。

（2）**精神药品**。精神药品是指直接作用于中枢神经系统，使之兴奋或抑制，连续使用能产生依赖性的药品。依据精神药品产生的依赖性和危害人体健康的程度，将其分为第一类和第二类精神药品。精神药品标识如图4-3所示。

1）精神药品只准在本院使用，医生应当根据医疗需要合理使用，严禁滥用。第一类精神药品只能有限供应县级以上卫生行政部门指定的医疗单位使用；第二类精神药品可供各医疗单位使用，医药门市可凭处方零售。

2）精神药品处方需限量，除特殊要求外，第一类精神药品的处方每次不超过3d常用量；第二类精神药品的处方每次不超过7d常用量。处方应当留存2年以备查。

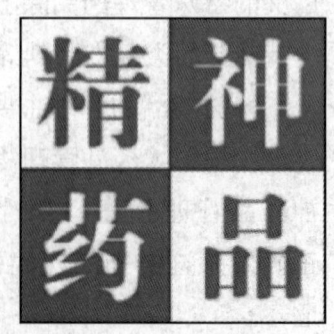

图4-3 精神药品标识

3）医疗单位应当建立精神药品收支账目，按季度盘点，做到账物相符。发现问题应当立即报告当地药品监督管理主管部门，药品监督管理主管部门应当及时予以查处。

（3）**毒性药品**。医疗用毒性药品（简称毒性药品）是指毒性剧烈、治疗量与中毒剂量相近，使用不当会致人中毒或死亡的药品。毒性药品标识如图4-4所示。

图4-4 毒性药品标识

1）毒性药品的品种范围。目前我国毒性药品的管理品种中有毒性中药27种（指原药材及饮片），毒性西药11种（指原料药）。上述中、西毒性药品品种一般不包括其制剂，其单方制剂按地方规定办理。

2）医师开写毒性药品处方只允许开制剂，不得开毒性药品原料药，每次处方极量不得超过2日剂量。

3）调配处方时必须认真负责，计量准确，按医嘱注明要求，并由配发人员及具有药师以上技术职务的复核人员签名盖章后方可发出。对处方不注明"生用"的毒性中药应付炮制品。如发现处方有疑问时，须经原处方医生重新审定后再进行调配。处方一次有效，并保存2年以备查。

4）建立保管、验收、分发、核对等制度。严禁收假、发错或与其他药品混杂放置。必须专人、专柜、加锁保管，并建立登记账，记明收、支、存情况。

（4）**放射性药品**。放射性药品是指用于临床诊断或者治疗的放射性核素或其标记药。医疗单位使用放射性药品必须取得省级公安、环保和药品监督管理部门核发的"放射性药品使用许可证"。医疗单位设置核医学科、室（同位素室），须由经过核医学技术培训的专业技术人员使用。放射性药品标识如图4-5所示。我国国家药品标准收载了36种放射性药品。

图4-5 放射性药品标识

8. 按商业习惯分类

（1）**片剂**。如单压片、多层片等。

（2）**针剂**。如注射剂、注射用粉针剂等。

（3）**水剂**。如合剂、糖浆剂等。

（4）**粉剂**。如散剂、颗粒剂等。

二、药物的剂型

剂型是指药物制剂的类别。常用剂型主要包括液体药剂、注射剂与滴眼剂、散剂、颗粒剂、胶囊剂、滴丸剂、丸剂、片剂、栓剂、软膏剂、膜剂、气雾剂、中药制剂、缓释剂与控释剂、靶向制剂等。药物常用剂型如图4-6所示。

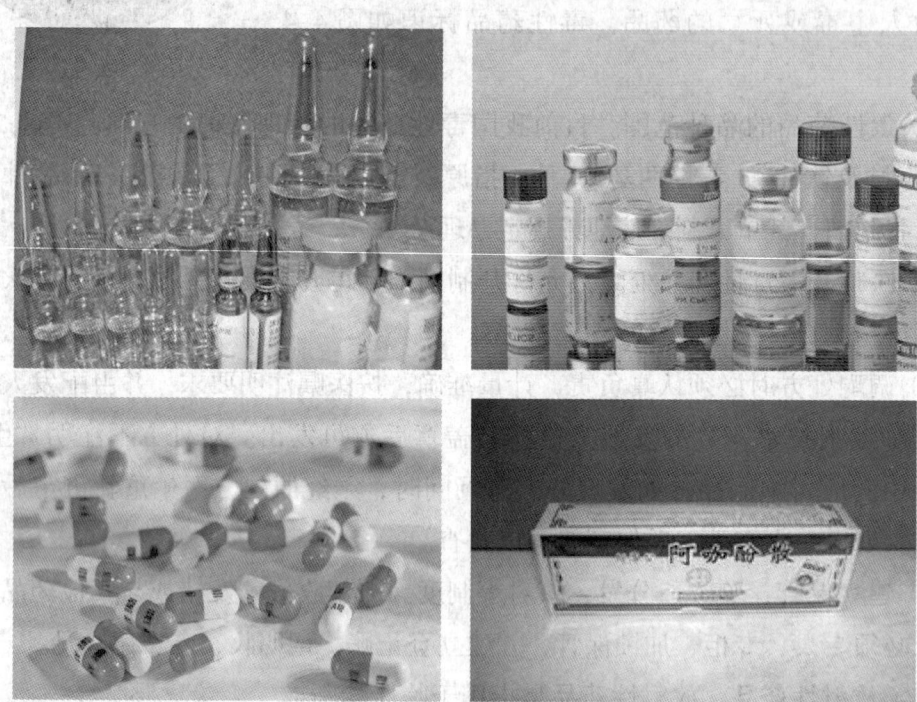

图4-6 药物常用剂型

1. 片剂

片剂是指药物与适宜的辅料均匀混合,通过制剂技术压制而成的圆片或异形片的固体制剂,以口服普通的压制片和包衣片为主,另有分散片、咀嚼片、泡腾片、含片、舌下片、控释片、缓释片、阴道片、多层片、植入片、纸型片等,见表4-1。

(1) **优点**。计量准确,应用方便;质量稳定,携带、运输和储藏方便;机械化生产、自动化程度高,产量大、成本低;品种丰富,能满足预防、治疗用药的不同需求。

(2) **缺点**。婴幼儿和昏迷患者不易吞服;因片剂需加入若干种辅料并且经过压缩而成,故易出现崩解度和溶出度不合格的问题;含挥发性成分的片剂久储后挥发性成分含量会下降等。

表 4-1　常见片剂的分类

压制片	指药物与赋形剂混合后，经加工压制而成的片剂，一般不包衣的片剂多属此类，压制片剂应用最广，如复方阿司匹林片等
包衣片	在普通压制片外表面包裹一层衣膜的片剂，如糖衣片以焦糖为包衣材料（如氯霉素片），薄膜衣片以丙烯酸树脂、羟丙甲纤维素等高分子材料为包衣材料（如头孢辛酯片），肠溶衣片如红霉素片等
泡腾片	指含有泡腾消解物料的片剂，可供口服或外用，如止泻1号片、滴净沸腾片等
咀嚼片	指在口内嚼碎后下咽的压制片，多用于治疗胃部疾患，如氢氧化铝凝胶片、酵母片等，适合儿童服用
多层片	指片剂各层含有不同赋形剂组成的颗粒或不同的药物，如用速效、长效两种颗粒压成的双层复方氨茶碱片
植入片	植入人体皮下缓慢溶解吸收、缓慢释放药物的片剂，可维持疗效数周至数月，如避孕药植入片

2. 胶囊剂

胶囊剂是指将药物填装于空胶囊或密封于软质囊材中而制成的制剂，可分为硬胶囊、软胶囊、肠溶胶囊、控释胶囊等类型。

（1）**优点**。与片剂相比，药物释放快，主药较易被吸收；胶囊可掩盖药物的不良气味，便于吞服；胶囊壳可保护药物免受湿气、空气中氧和光线的作用，可提高药物的稳定性；胶囊壳可染有各种颜色，便于识别。

（2）**缺点**。胶囊在胃中溶化释药时因局部药物浓度过高而刺激胃黏膜，可造成黏膜损伤；胶囊不适合儿童和有消化性溃疡的患者服用。

3. 注射剂

注射剂又称针剂，系指专供用注射器注入体内的一类制剂，包括药物的无菌或灭菌溶液、混悬液、乳浊液和临用前配制成溶液或混悬液的无菌粉末。

（1）**优点**。注射剂是将药液直接注入组织或血管中，所以人体吸收快，作用迅速，剂量准确，疗效可靠，尤其适用于急症或危重患者；因为药物不经过消化道吸收，所以不受消化液和食物的影响，适于不易口服的药物和不能口服药物的患者；能使药物发挥局部定位作用，如局麻作用、局部封闭、关节腔注射、造影剂局部造影等。

（2）**缺点**。由于注射剂要求无菌无热源，研制和生产过程复杂、严格，因此需要较高的设备条件，而且注射剂中的药物一般均以分子状态或微米级的固体小粒子或油滴分散在水中，分散度很大，且要经过高温灭菌，往往会产生药物水解、氧化、固体粒子聚结变大或油滴合并破裂等稳定性问题；安全性及机体适应性差，由于注射剂直接且迅速地进入人体，无人体正常生理屏障的保护，因此若剂量不当或注射过快，或药品质量存在问题，均有可能给患者带来危害，甚至造成无法挽回的后果。

注射剂按分散系统可分为5种类型，见表4-2。

表4-2 注射剂按分散系统分类

溶液型注射剂	如氧化钠注射液、葡萄糖注射液（为水溶液型）、黄体酮注射液（油溶液型）
混悬型注射液	水难溶性药物可制成水或油混悬液，如醋酸可的松注射液。混悬型注射液仅供肌肉注射
乳剂型注射液	适用于水不溶性药物，如静脉注射用脂肪乳剂
注射用无菌粉末（粉针剂）	临用前可用注射用水溶解或混悬，如青霉素G的钠盐、钾盐无菌粉末
颗粒剂	颗粒剂是药物与适当辅料混合制成的颗粒状制剂，可直接服用，也可冲水饮用

4. 糖浆剂

糖浆剂是指含有药物、药材提取物或芳香物质的口服浓蔗糖水溶液。其在应用方面有独特的优点，即味甜、芳香可口，能掩盖药物的苦味、咸味及其他能引起不适的味道，使药物易于服用，尤其适合儿童患者。

5. 软膏剂

软膏剂是指药物与软膏基质混合而制成的一种容易涂布于皮肤、黏膜或创面的具有适当稠度的外用半固体制剂。一般可发挥保护、润滑皮肤的作用，同时因加入药物的不同而能发挥局部消炎、杀菌、防腐、收敛、止痒以及促进肉芽生长等治疗作用。软膏剂分为皮肤用软膏和黏膜用软膏。

（1）皮肤用软膏一般不太软，易于均匀涂布和洗涤，如鱼石脂软膏等。

（2）黏膜用软膏分类见表4-3。

表4-3 黏膜用软膏分类

分类	举例
眼用软膏	是指供眼用的灭菌软膏，如阿昔洛韦眼膏等
鼻用软膏	如薄荷脑软膏、包甘酸钠鼻用软膏等
直肠用软膏	如痔疮膏等
阴道用软膏	如克林霉素乳膏、克霉唑软膏等

6. 栓剂

栓剂是指由药物和适宜基质制成供腔道给药的固体剂型。其形状和重量因施用腔道的不同而有所不同，分为直肠栓、阴道栓、尿道栓；因作用方法的不同分为普通栓和缓释栓。栓剂在常温下通常为固体，引入腔道后，在体温条件下能迅速熔化或软化，并逐渐释放药物而产生药效。

（1）**优点**。直肠吸收比口服吸收快而有规律，且作用时间长；可避免药物对胃黏膜产生刺激；无首关消除效应；适用于不能吞服药物的患者。

（2）**缺点**。使用不方便，成本较高，易受温度、湿度的影响而变质。

7. 酊剂

酊剂是指药物用规定浓度的乙醇浸出或溶解而制成的澄清液体制剂，也可用流浸膏稀释制成，如阿片酊、颠茄酊、碘酊等。酊剂的含乙醇量为40%~90%，含乙醇量的高低主要根据药物中所含有效成分的溶解性质而定。

8. 散剂

散剂是指药物与适宜的辅料经粉碎、均匀混合制成的干燥粉末状制剂，分为口服散剂和外用散剂。

（1）**口服散剂**。一般溶于或分散于水或其他液体中服用，也可以直接用水送服，如蒙脱石散。

（2）**外用散剂**。可供皮肤、口腔、咽喉、腔道等处应用，主要起到消炎、保护、收敛等作用。

9. 颗粒剂

颗粒剂是指药物与适宜的辅料制成的具有一定粒度的干燥颗粒状制剂。颗粒剂可分为可溶颗粒剂、混悬颗粒剂、泡腾颗粒剂、肠溶颗粒剂、缓释颗粒剂和控释颗粒剂等。

颗粒剂的特点有飞散性、附着性、聚集性、吸湿性等均较小；服用方便，适当加入芳香剂、矫味剂、着色剂等，可制成色、香、味俱全的药物。

10. 油剂

油剂是指药物呈油状液体制剂，绝大多数供外用。油剂具有刺激性小、作用缓和的特点，对皮肤黏膜有保护作用。油剂主要包括以下两种：

（1）用植物油作稀释剂或溶剂制成的油状制剂，如维生素AD滴剂、鱼肝油等。常用植物油有花生油、麻油、茶油、蓖麻油等。

（2）含有挥发油的油状液体制剂。常用的挥发油有薄荷油、樟脑油、松节油等。

11. 气雾剂

气雾剂是指将药物与抛射剂共同封装于具有特制阀门系统的耐压密封容器内，使用时借助抛射剂的压力定量或非定量地将药物以细雾状、半固体或泡沫喷出的制剂。气雾剂主要经呼吸道、腔道、皮肤等局部发挥治疗作用，也可经肺、鼻腔、黏膜、皮肤吸收发挥全身治疗作用。

（1）气雾剂的优点是具有速效和定位作用。

（2）缺点是效期短，需耐压容器才能使用，因此成本高。

12. 贴剂

贴剂是指通过粘贴在皮肤上，使药物产生全身或局部作用的一种薄片状制剂。该制剂有背衬层、有（或无）控释膜的药物储存、粘贴层及临用前须除去的保护层。贴剂可用于完整皮肤表面，也可用于有疾病或不完整的皮肤表面。其中，用于完整皮肤表面的，能将药物输送透过皮肤进入血液循环的贴剂称为透皮贴剂。

13. 滴丸剂

滴丸剂是指固体或液体药物与适宜的基质加热熔融混匀后，滴入不相混溶的冷凝液中，经收缩冷凝而制成的球状制剂。滴丸剂主要供口服，也可供局部如耳、鼻、直肠、阴道等使用。其特点是药效迅速、生物利用度高、便于服用和运输、药物稳定性好、生产成本低，根据需要可制成内服、外用、缓释、控释或局部治疗等多种类型的滴丸剂。

14. 膜剂

膜剂是指药物与适宜的成膜材料经加工制成的膜状制剂。膜剂有外科和皮肤用药膜、眼用药膜、口服药膜、阴道用药膜及植入膜等，可供口服或黏膜用。

（1）**膜剂的优点**。无粉末飞扬、成膜材料用量少、含量准确、稳定性好、吸收快、疗效好，也可控速用药。

（2）**缺点**。载药量少，只适用于剂量小的药物。

15. 植入剂

植入剂是指药物与辅料制成的供植入体内的无菌固体制剂。植入剂一般采用特制的注射器植入，也可以用手术切开植入，植入剂在体内可持续释放药物，维持时间长，但使用不方便，给药时有创伤。

16. 溶液剂

溶液剂是指化学药物内服和外用的澄清溶液，以分子或离子状态分散，溶剂大多为水，少数为醇或油，如硝酸甘油溶液等。可供内服、外用或环境卫生用。大多数药物制成溶液剂后稳定性较差，易氧化、水解、霉变、沉淀等，因此，对其包装材料的要求比固体制剂严格。

17. 混悬剂

混悬剂是指难溶性固体药物，以 0.5~50 μm 大小微粒分散在溶剂中所制成的非均相分散系的液体药剂。混悬剂在口服、外用、注射、滴眼、气雾及控释等制剂中均有应用。

18. 乳剂

乳剂是指两种不相混溶的液体，经过乳化构成的不均匀的分散系，其中一种液体以小液滴的状态分散在另一种液体中。乳剂有水包油型和油包水型两种，可供内服、外用、注射用等。

19. 合剂

合剂是指含有一种或一种以上的可溶性药物或不溶性固体药物的澄清液或混悬液。合剂中的药物可以是化学药物，也可以是中药材提取物。合剂主要以水为溶剂，有时为了溶解药物也可以加少量乙醇。

20. 滴剂

滴眼剂是指专供患者滴入眼内用的澄清溶液或混悬液。一般作为消炎杀菌、收敛、散瞳、缩瞳、降低眼压及局部麻醉用，也有用作润滑或代替泪液，如氯霉素滴眼剂等。

滴鼻剂是指专供患者滴入鼻腔内使用的液体药剂，可发挥局部治疗和全身性治疗的作用。

滴耳剂是指专供患者滴入耳腔内的外用液体药剂，滴耳剂一般起到消炎、止痒、收敛、润滑等作用，如复方新霉素滴耳剂等。

培训课程 2 药物的作用

1. 掌握药物的基本作用及其主要类型；
2. 了解药物的不良反应类型。

一、药物的基本作用及治疗作用

1. 药物的基本作用

药物的基本作用是指药物对机体原有功能活动的影响，包括兴奋作用和抑制作用。

（1）兴奋作用是指凡能使机体原有功能活动增强的作用，如肾上腺素可升高血压、呋塞米能增加尿量等。

（2）抑制作用是指凡能使机体原有功能活动减弱的作用，如吗啡镇痛、阿托品使腺体分泌减少等均属抑制作用。

2. 药物的治疗作用

药物的治疗作用是指药物所起到的符合用药目的，有利于防病、治病的作用。根据药物作用所达到的效果，可分为对因治疗作用和对症治疗作用。

（1）对因治疗作用是指针对疾病产生的原因进行的治疗时产生的作用，如用抗生素杀灭体内病菌。

（2）对症治疗作用是指用药目的在于改善疾病症状时产生的作用，如对于某些诊断不明或病因未明而暂时无法根治的疾病所进行的治疗，如银翘片的解热镇痛作用。

二、药物作用的主要类型

1. 局部作用和吸收作用

药物作用的方式可分为局部作用与吸收作用两种。

（1）**局部作用**。局部作用是指药物吸收入血以前，在用药局部产生的作用，如抗酸药氢氧化铝中和胃酸作用、口服硫酸镁的导泻和利胆作用等。

（2）**吸收作用**。吸收作用也称全身作用，是指药物从给药部位吸收入血，分布到机体各组织器官而产生的作用，如口服阿司匹林的退热作用、肌肉注射硫酸镁产生降血压和抗惊厥作用等。

2. 选择作用和普遍细胞作用

（1）**药物的选择作用**。药物的选择作用是指许多药物在某一剂量应用时仅对机体的某一组织或器官产生明显的作用，而对其他组织或器官产生的作用轻微或几乎不产生作用的现象。药物的选择作用代表了药物的主要防治作用，是选择用药的主要依据，如强心苷可选择性地加强心肌收缩力，而对平滑肌和骨骼肌无作用。

（2）**药物的普遍细胞作用**。药物的普遍细胞作用与选择作用相反，是指药物无选择地影响机体各组织和器官，能对许多组织产生损伤性伤害的现象，如抗癌药的细胞毒性作用。

3. 按照药物作用的性质分类

（1）**兴奋作用**。凡能使机体原有生理、生化功能增强的作用均称为兴奋作用，如肾上腺素有升高血压的作用，尼可刹米有使呼吸频率加快的作用等。

（2）**抑制作用**。凡能使机体原有生理、生化功能减弱的作用均称为抑制作用，如地西泮能降低中枢神经兴奋性，西咪替丁能减少胃酸分泌等。

4. 不良反应

凡与用药目的无关，并给患者带来不适或痛苦的反应均称为药物的不良反应。不良反应主要有以下几种类型。

（1）副作用是指在治疗剂量使用药物时产生的与用药目的无关的作用。产生的原因是药物选择性低，作用所涉及的范围广。

（2）毒性反应是指药物在用药剂量过大、用药时间过长或机体对药物敏感性过高时产生的危害性反应，如久用链霉素会引起耳聋。

（3）过敏反应是指药物引起的异常免疫反应。

（4）停药反应是指患者长期应用某种药物，在突然停药后病情发生变化的情况，如高血压患者长期服用β受体阻断药普萘洛尔，在突然停用时可出现血压急剧升高的情况。

（5）后遗效应是指停药后，血药浓度已降至阈浓度以下时残存的药理效应，如服用催眠药苯巴比妥钠后次日早晨出现乏力、困倦等现象。

（6）继发反应是指药物治疗作用所引起的不良后果，又称治疗矛盾，例如长期服用广谱抗生素，可使肠道正常菌群共生状态遭到破坏，敏感菌被抑制，耐药菌乘机繁殖，引起真菌或耐药菌继发性感染；再如长期服用四环素类广谱抗生素可引起二重感染。

（7）药物依赖性。又称生理依赖性，是指反复用药患者对药物产生了适应状态，一旦停药就会出现戒断症状，表现为烦躁不安、流泪、出汗、疼痛、恶心、呕吐、惊厥等，甚至危及生命。易产生成瘾性的药物有吗啡、哌替啶等。

培训课程 3 药物的体内过程

培训目标

1. 掌握药物的体内变化过程；
2. 熟悉影响药物吸收、分布、代谢、排泄的主要因素。

药物的体内过程研究，是药物代谢动力学（简称药动学）研究的重要内容，即药物在体内的动态变化规律，主要包括药物的吸收、药物的分布、药物的代谢、药物的排泄，如图 4-7 所示。

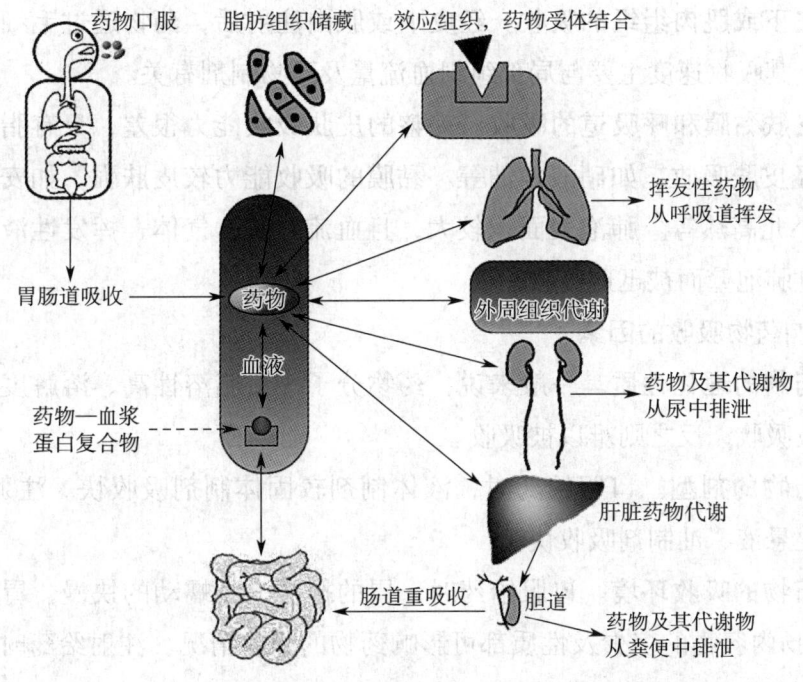

图 4-7 药物在体内的变化过程

一、药物的吸收

药物从给药部位进入血液循环的过程称为吸收。吸收速度主要影响药物起效的快慢,吸收程度主要影响药物作用的强弱。

1. 吸收部位及特点

(1) 消化道给药的吸收。消化道给药包括口服给药、舌下给药、直肠给药。

1) 口服给药。口服给药是最常用的给药方法。由于胃的吸收面积小,排空较快,胃液的 pH 值较低,所以仅有少量含酸性药物可被吸收。小肠吸收面积大,血液丰富,肠内 pH 值偏中性,因此,绝大多数药物均易被吸收。由胃肠道吸收的药物,经门静脉进入肝脏,有些药物首次通过肝脏即被转化灭活,使进入人体循环的药量减少,药效降低,这种现象称为首关消除。首关消除较多的药物不宜口服,如硝酸甘油口服后首关消除率达 90%,因此可选择舌下给药。

2) 舌下给药。舌下黏膜血液丰富,因此舌下给药吸收迅速,给药方便,可避免首关消除效应。但舌下吸收面积小,舌下给药仅适用于脂溶性高、用量小的药物。

3) 直肠给药。直肠给药起效快,可避免首关消除效应,但吸收面积小,吸收量少,仅用于不能口服给药的患者。

(2) 皮下或肌肉组织的吸收。经皮下或肌内注射后,药物通过毛细血管进入血液循环,其吸收速度主要与局部组织血流量及药物制剂有关。

(3) 皮肤黏膜和呼吸道的吸收。完整的皮肤吸收能力很差,只有脂溶性很高的药物可经皮肤吸收,如硝酸甘油等。黏膜的吸收能力较皮肤强,如安乃近滴鼻剂可用于小儿高热等。肺泡表面积较大,且血流丰富,气体、挥发性液体和气雾剂均可通过肺泡壁而被迅速吸收。

2. 影响药物吸收的因素

(1) 药物的理化性质。一般来说,药物分子小、脂溶性高、溶解度大、解离度小者易被吸收,反之则难以被吸收。

(2) 药物的剂型。口服给药时,液体制剂较固体制剂吸收快。注射给药时,水溶液比混悬液、油制剂吸收快。

(3) 药物的吸收环境。口服给药时,胃的排空、肠蠕动的快慢、胃肠溶液的 pH 值、胃肠内容物的多少及性质都可影响药物的吸收情况。注射给药时,注射部位的血流量也影响药物的吸收情况。

二、药物的分布

药物被吸收后，随血液到达各组织器官的过程称为药物的分布。药物在体内的分布是不均匀的，有些组织器官药物分布浓度较高，有些组织器官药物分布浓度较低，所以，药物对各组织器官的作用强度也是不相同的。影响药物分布的因素主要有以下几个方面：

1. 药物的理化性质

脂溶性药物或水溶性小分子药物易透过毛细血管壁，由血液分布到组织；水溶性大分子药物或离子型药物难以透出血管壁进入组织，如甘露醇由于分子大而不易透出血管壁，故静脉给药后可促进药物的分布。

2. 药物与血浆蛋白的结合率

进入血液循环后，多数药物可不同程度地与血浆蛋白结合。结合型药物分子质量大，难以进入组织而发挥药理作用，也不能被代谢和排泄；而游离型药物可分布到组织或作用部位产生药理效应，故血浆蛋白结合率高的药物在体内消除较慢，作用维持时间长。

3. 药物与组织的亲和力

有些药物与某组织细胞有特殊的亲和力，使药物在其中的浓度较高，从而可表现出药物作用的选择性，如碘在甲状腺中的浓度比血浆中的浓度高 25 倍。

4. 血—脑屏障和胎盘屏障

（1）血—脑屏障是指血浆与脑细胞或脑脊液间由特殊细胞构成的屏障。这是大脑自我保护的生理屏障，有利于维持中枢神经系统内环境的相对稳定。婴幼儿血—脑屏障发育不完善，中枢神经系统易受某些药物的影响，故应谨慎用药。

（2）胎盘屏障的通透性与生物膜相似，几乎所有能通过生物膜的药物都能通过胎盘屏障，因此，妊娠期间用药也应谨慎，禁止使用对胎儿发育有影响的药物。

5. 体液的 pH 值

弱酸性药物在碱性环境中或弱碱性药物在酸性环境中解离增多，不易被跨膜运转。通过改变体液 pH 值，可改变药物的分布方向，如抢救弱酸性巴比妥类药物中毒的患者，可用碳酸氢钠碱化尿液，能加快药物自尿液排出的速度。

三、药物的代谢

药物在体内发生的化学变化称为代谢，又称生物转化。大多数药物主要是通过肝脏进行生物转化的,也有部分药物可在其他组织中进行生物转化。

1. 药物代谢后的变化

药物代谢后通常有三种变化。

(1)由活性药物转化为无活性的代谢物,称灭活。

(2)由无活性或活性较低的药物变成有活性或活性较强的药物,称活化。

(3)由无毒或毒性小的药物变成毒性代谢物。

2. 药物代谢的催化剂——药酶

药物代谢是有条件的,它必须在酶的催化下才能进行,这些催化药物的酶统称为药物酶,简称药酶。

(1)药酶的分类。药酶可分为微粒体酶系和非微粒体酶系两类。

1)微粒体酶系是促进药物生物转化的主要酶系,主要存在于肝细胞内质网上,又称肝药酶。其中主要的氧化酶系是细胞色素 P-450。

2)非微粒体酶系是存在于血浆、细胞质和线粒体中的多种酶系,有单胺氧化酶、黄嘌呤氧化酶、醇和醛脱氧酶、胆碱酯酶、乙酰转移酶、磺基转移酶以及谷胱甘肽 -S- 转移酶等。

(2)肝药酶的分类。肝药酶的活性和含量是不稳定的,且个体差异大,易受某些药物的影响,肝药酶可分为药酶诱导剂和药酶抑制剂两类。

1)药酶诱导剂。凡能使肝药酶的活性增强或合成加速的药物,都称为药酶诱导剂,如苯巴比妥、苯妥英钠、利福平等。

2)药酶抑制剂。凡能使药酶活性降低或合成减少的药物,都称药酶抑制剂,如氯霉素、对氨基水杨酸、异烟肼等。它能减缓其他药物的代谢,使药效增强。

四、药物的排泄

药物在体内经吸收、分布、代谢后,以原型或代谢产物经不同途径排出体外的过程称排泄。挥发性药物及气体可从呼吸道排出,多数药物主要由肾排泄,有的也经胆道、乳腺、汗腺、肠道等排泄。

1. 肾排泄

肾是药物排泄最重要的器官,当尿液呈酸性时,弱酸性药物排泄慢,而弱碱性药物排泄快;反之,当尿液呈碱性时,弱酸性药物排泄快,而弱碱性药物排泄慢。临床上可利用改变尿液 pH 值的方法,加速药物的排泄以治疗药物中毒。

2. 胆汁排泄

许多药物及其代谢物可经胆汁进入肠道，某些药物在肠道内又被重新吸收，可形成肝肠循环，使血药浓度下降减慢，作用时间延长，有的抗微生物药物如利福平、多西环素经胆汁排泄，在胆道内浓度高，有利于胆道感染的治疗。

3. 乳汁排泄

乳汁略呈酸性，脂溶性高的药物和弱碱性药物如吗啡、阿托品等可自乳汁排出，故哺乳期妇女用药应慎重，以免对婴幼儿产生不良反应。

4. 肺呼气排泄

挥发性药物、全身麻醉药可通过肺呼气排出体外，有些药物还可以从唾液、汗液、泪液等排出。某些药物在唾液中的浓度与血药浓度有一定相关性，故采集唾液可作为无痛性采样药检的手段。

培训课程 4

影响药物作用的因素

培训目标

1. 熟悉影响药物作用的药物因素;
2. 了解药物作用的机体因素。

在药物进入机体产生作用的过程中往往会受到许多因素的影响,药物剂型、药效学、药动学、机体生理和病理机能等许多因素都可影响药物作用。因此,只有了解这些影响药物作用的因素,结合患者具体情况调整用药方案,才能达到提高疗效、减少药物不良反应的目的。

一、药物方面的因素

1. 剂型

由于剂型不同,同一药物采用的给药途径不同,其引起的药物效应也会不同。口服时液体制剂比固体制剂吸收快;不同剂型的固体制剂的吸收也有差异,如胶囊剂的吸收比片剂、丸剂快;肌内注射时水溶液吸收较混悬剂、油剂快。

2. 剂量

剂量是指每次用药的分量。在一定范围内,剂量越大,血药浓度越高,作用越强,但超过一定范围,则会引起中毒甚至死亡。

(1)最小有效量。其指开始出现药效的剂量。

(2)极量。其是指出现最大治疗作用,但尚未引起毒性反应的量。极量是安全用药的极限。

（3）治疗量和常用量。治疗量是指最小有效量与极量之间的剂量。为使药物疗效可靠安全，常采用比最小有效量大且比极量小的量，即常用量。

（4）最小中毒量。其指能引起中毒症状的最小剂量。

3. 给药途径

给药途径不同可直接影响药物效应的快慢和强弱，依药效出现时间的快慢，其顺序为静脉注射＞肌肉注射＞皮下注射＞口服。临床用药应根据病情需要和制剂特点选择适当的给药途径。

4. 用药时间和次数

（1）用药时间。用药时间应根据病情需要和药物特点而定。一般来说，饭前服药吸收较好、起效快；饭后服药吸收较差、起效较慢。有刺激性的药物如水杨酸类宜饭后服用，可减少药物对胃肠道的刺激。治疗目不同也应有不同的选择，如催眠药应睡前给药，降糖药胰岛素应餐前给药。

（2）用药次数。用药次数应根据病情需要以及药物在体内的消除速率而定。对毒性大或消除速率慢的药物，应规定单日的用量和疗程，长期用药应避免蓄积中毒。当患者的肝、肾功能不全时，应适当调整给药次数及给药的间隔时间。

5. 联合用药

联合用药是指两种或两种以上的药物同时或先后应用的情况。联合用药往往使药物之间发生相互作用，当联合用药引起的效应大于单用效应的总和时，称协同作用；当联合用药引起的效应小于它们分别作用的总和时，称拮抗作用。

（1）协同作用。其指联合用药使药效相加后增强，如青霉素与链霉素合用，可使抗菌谱扩大，抗菌效应增强。

（2）拮抗作用。其指联合用药后使原有药效减弱或消失，如胰岛素与普萘洛尔合用，使胰岛素降血糖作用减弱。

在临床上，利用药物间的协同作用多用于增强治疗效果，而采用拮抗作用时多用于减少不良反应或解救药物中毒。

6. 药物相互作用

（1）配伍禁忌。在配制或使用药物过程中，药物与药物、药物与辅料、药物与溶媒之间发生的理化反应，可出现浑浊、沉淀、变色以至药效减低、失效或毒性增强的现象，称配伍禁忌。

（2）药动学方面的作用。联合用药时，药物在胃肠道吸收、与血浆蛋白结合、肝脏的代谢及肾脏排泄的过程中受到其他药物的影响，可使药物在作用部位的浓度改变，导致药物效应增强或减弱，作用时间缩短或延长。如抗酸药减少氨苄西林的吸收；苯巴比妥使可的松代谢加速；碳酸氢钠可促进苯巴比妥从肾脏排泄，解除其毒性等。

二、机体方面的因素

1. 年龄与体重

通常所说的常用量是指 18~60 岁成年人的用药剂量。老年人和儿童由于体重和生理特点与成年人不同，对药物的反应也不同。

（1）老年人的生理功能和代偿能力在逐渐减退，对药物的代谢和排泄功能降低，因此，老年人用药剂量要适当减少，一般为成年人的 3/4。

（2）儿童用药除考虑体重外，还应考虑儿童处于生长时期，尤其是婴幼儿的肝肾功能尚未发育完全，对药物的代谢和排泄能力较弱。儿童对某些药物特别敏感，易引起药物中毒。儿童用药剂量一般是根据体重或年龄计算的。

1）根据体重计算。这是最常用的方法，如公式（4-1）所示。

$$\text{儿童剂量} = \text{儿童剂量}/\text{kg} \times \text{儿童体重}(\text{kg}) \qquad (4-1)$$

注：公式中儿童各年龄体重可按下列公式计算：

$$1\sim6\text{个月体重}(\text{kg}) = \text{出生时体重}(\text{kg}) + \text{月龄} \times 0.6$$

$$7\sim12\text{个月体重}(\text{kg}) = 6\text{个月时体重}(\text{kg}) + \text{月龄} \times 0.25$$

$$1\text{周岁后的平均体重}(\text{kg}) = \text{年龄} \times 2 + 8$$

2）根据年龄计算。儿童用药剂量按成年人剂量换算较为方便，但不够准确，见表 4-4。

表 4-4 儿童用药剂量按年龄计算表

年龄	剂量	年龄	剂量
出生至 1 个月	成人剂量的 1/18~1/14	4~6 岁	成人剂量的 1/3~2/5
1~6 个月	成人剂量的 1/14~1/7	6~9 岁	成人剂量的 2/5~1/2
6 个月至 1 岁	成人剂量的 1/7~1/5	9~14 岁	成人剂量的 1/2~2/3
1~2 岁	成人剂量的 1/5~1/4	14~18 岁	成人剂量的 2/3 至全量
2~4 岁	成人剂量的 1/4~1/3		

注：本表仅供参考，使用时可根据患者体质、病情及药物性质等因素酌情决定。

2. 性别

性别对药物的反应通常无明显差异，但女性在月经期、妊娠期、哺乳期等特殊生理时期用药应慎重。例如，在月经期和妊娠期禁用剧泻药和抗凝血药，妊娠早期禁用激素类等有致畸作用的药物。

3. 个体差异

一般在年龄、体重、性别等都相同的情况下，多数人对药物的反应基本相同，但也有个别人对药物的反应与大多数人不同，个体差异表现有以下几方面。

（1）**高敏性**。其指少数人对某些药物特别敏感，使用较小剂量就能产生较强的药理作用甚至产生毒性反应。

（2）**耐受性**。其指机体对药物反应性降低的一种状态，往往是连续多次用药后发生的，需增加剂量才能出现原有药效的情况。机体对某种药物产生耐受性后，对另一种药物的敏感性也会降低，这称为交叉耐受性。病原体或肿瘤细胞对药物的敏感性降低称耐药性，也称抗药性。

（3）**特异质反应**。其指由于遗传缺陷，少数人体内缺乏某一种酶，这导致机体对药物的生物转化出现异常，用药后会产生特殊反应，如葡萄糖-6-磷酸脱氢酶缺乏者，使用磺胺类和伯氨喹等药物易发生溶血现象。

4. 药物依赖性

药物依赖性是指由药物与机体相互作用而造成的一种精神状态，可分为两类。

（1）**成瘾性**。躯体依赖性又称生理依赖性，也称成瘾性，是指由于反复应用某些麻醉药品或精神药品所造成的一种适应状态，一旦停药，会出现强烈的戒断综合征，而渴望再次用药，如镇痛药吗啡成瘾者如中断用药，常出现流涎、流泪、出汗、哈欠、思睡、腹痛、腹泻、肢体疼痛等症状，严重者可致休克。

（2）**习惯性**。精神依赖性又称心理依赖性，也称习惯性，指用药后能产生愉快满足的感觉，使用者在精神上渴望周期性或连续用药，能产生强迫性觅药行为，以便获得舒适感，断药时一般不出现戒断症状。常易产生精神依赖性的药物有镇静催眠药、中枢抑制剂或兴奋剂。

5. 病理状态

能使药物的反应性或药物在体内的代谢发生改变，从而影响药物的作用，如肝肾功能不全时，药物在体内的代谢和排泄速度会减慢，可使药效作用加强，持续时间延长。

6. 精神状态

一般情况下，乐观的情绪对疾病的痊愈可产生有利的影响，而焦虑、悲观的消极情绪可使病情加重，药物也难以发挥应有的治疗作用。

7. 遗传因素

有些药物作用的差异是由遗传因素引起的，遗传因素对药物反应的影响比较复杂，可表现为种属差异、种族差异和个体差异。

培训课程 5

药品的质量标准

培训目标

1. 掌握药品质量、药品质量标准的概念；
2. 熟悉国家药品标准的主要指标；
3. 了解药品质量标准的主要内容。

一、药品质量的概念及药品质量指标

1. 药品质量的概念

药品质量是指药品能满足规定需求和特性的总和，它是衡量药品使用价值的尺度。随着科学技术的发展和人们对药品质量认识的不断提高，用户对药品质量的要求往往不仅是技术标准所规定的项目，而且是在使用过程中药品所表现出来的特性，这些特性一般由药品的有效性、安全性、稳定性、均一性、经济性等指标表现出来。

2. 药品质量指标

（1）**物理指标**。其指药品活性成分、辅料的含量、制剂的含量、外观等指标。

（2）**化学指标**。其指药品活性成分的化学、生物化学特性变化等指标。

（3）**生物药剂指标**。其指药品的崩解、溶出、吸收、分布、代谢、排泄等指标。

（4）**安全性指标**。其指药品的"三致"（致癌、致畸胎、致突变）、毒性、不良反应和副作用、药物相互作用和配伍、使用禁忌等指标。

（5）**有效性指标**。其指药品针对规定的适应证在规定的用法、用量条件下治疗疾病有效程度的指标。

（6）稳定性指标。其指药品在规定的储藏条件下，在规定的有效期内保持其物理、化学、生物药剂学、安全性、有效性指标稳定的指标。

（7）均一性指标。其指药品活性成分在每一单位（片、粒、瓶、支、袋）药品中的物理、化学、生物药剂学、安全性、有效性、稳定性等指标等同程度的指标。

二、药品质量标准的制定原则

1. 药品质量标准的含义

《药品标准工作管理办法》规定："药品质量标准是国家对药品质量规格及检验方法所做的技术规定，是药品生产、供应、使用、检验和管理部门共同遵循的法定依据。"药品标准的含义包括以下几方面。

（1）药品标准具有法规的性质。

（2）药品标准由国务院药品监督管理部门颁布。

（3）药品标准是对药品质量规格和检验方法所做的技术规定。

（4）药用辅料、药品卫生标准均属药品标准。

（5）所有从事药品生产、经营、使用、检验、科研的单位和个人均应遵循药品标准，保证药品质量。

2. 药品质量标准的制定原则

药品是特殊商品，其质量的优劣直接关系到人民的健康与生命安危。因此，在制定药品质量标准时，必须遵循如下原则。

（1）必须坚持质量第一，充分体现"安全有效，技术先进，经济合理"的原则。尽可能采用先进标准，使标准起到推动提高药品质量的作用。

（2）必须坚持"准确、灵敏、简便、快速"的原则。在检验方法的选择上，既要考虑当前国内的实际条件，又要注意吸收国内科研成果和国外先进经验；既要强调方法的适用性，又要反映新技术的应用和发展，进一步完善和提高检测水平。

（3）坚持生产、流通、使用各个环节综合分析的原则。有针对性地规定检测项目，切实加强对药品内在质量的控制。对于某些抗生素、生化药品和必须采用生物测定的品种，在不断改进生物测定法的同时，也可采用化学和仪器分析的方法控制其质量。

（4）坚持从我国实际出发的原则。只有结合我国实际，才能制定出一个既符合中国国情又有较高水平的药品质量标准，保证药品在生产、储存、销售和使用过程中质量可控。

三、药品质量标准的内容

1.《中华人民共和国药典》

《中华人民共和国药典》（以下简称《中国药典》），是药品质量标准的核心内容，是由国家药典委员会根据《中华人民共和国药品管理法》的规定，负责组织编纂及制定和修订的，是法定的国家药品标准。现行版是2020年版。

2.《中国药典》的收载范围

《中国药典》的收载范围必须是医疗必需、临床常用、疗效肯定、质量好、副作用小、优先推广使用，并有标准规定的品种。具体规定如下所述。

（1）工业生产的药品应是工艺成熟、质量稳定、可成批生产的。

（2）中药材应是医疗常用、品种来源清楚、有商品经营许可的。

（3）中成药应是使用面广、处方合理、工艺成熟、有较长期的使用经验，临床必需的验方、制剂择优选收，医疗常用的辅料、基质等适当收载。

3. 药品质量标准的具体内容

（1）**药品名称**。包括中文名称、汉语拼音名称、英文名称。药品标准中药品的中文名称即药品通用名称，也为药品的法定名称。

（2）**性状**。性状项目中记述了药品的外观、气味、一般的稳定性情况及物理常数等。

（3）**鉴别**。其是指用规定的试验方法辨别药物的真伪。

（4）**检查**。检查项下的内容主要包括有效性、均一性、安全性及纯度要求。

（5）**含量测定**。其是指用规定的方法测定药物中有效成分的含量。

（6）**类别**。其是指按药品的主要作用、用途或学科划分的类型，如安乃近片的类别为"解热镇痛抗炎药"。

（7）**储藏**。主要是规定药品的储藏条件。

培训课程 6 药品包装与标志

培训目标

1. 掌握药品包装的基本要求;
2. 熟悉药品包装的类别、材料及容器;
3. 了解药品标签、说明书、标志的内容。

一、药品包装的基本要求

药品包装是指用适当的材料或容器、利用包装技术对药物制剂的半成品或成品进行分(灌)、封、装贴签等操作,为药品提供品质保证、鉴定商标与说明的一种加工过程的总称。

1. 药品包装的法律要求

在对药品进行包装的过程中,药品生产企业要认真执行《中华人民共和国药品管理法》《药品说明书和标签管理规定》《药品生产质量管理规范》(GMP)等国家对药品包装的法律法规要求,如《中华人民共和国药品管理法》,要求如下所述。

(1)第五十二条。直接接触药品的包装材料和容器,必须符合药用要求,符合保障人体健康、安全的标准,并由药品监督管理部门在审批药品时一并审批。药品生产企业不得使用未经批准的直接接触药品的包装材料和容器。对不合格的直接接触药品的包装材料和容器,由药品监督管理部门责令停止使用。

(2)第五十三条。药品包装必须适合药品质量的要求,方便储存、运输和医疗使用。发运中药材必须有包装。在每件包装上,必须注明品名、产地、日期、调出单位,并附有质量合格的标志。

(3)第五十四条。药品包装必须按照规定印有或者贴有标签并附有说明书。

标签或者说明书上必须注明药品的通用名称、成分、规格、生产企业、批准文号、产品批号、生产日期、有效期、适应证或者功能主治、用法、用量、禁忌、不良反应和注意事项。麻醉药品、精神药品、医疗用毒性药品、放射性药品、外用药品和非处方药的标签，必须印有规定的标志。

2. **药品包装的技术要求**

（1）**保护药品**。这是药品包装的基本作用。药品在从生产领域向消费领域转移的过程中，要经过运输、装卸、储存、销售等环节，在空间转移和时间转移过程中，良好的包装可以使药品避免由于碰撞、风吹、日晒、雨淋导致的损坏、变质、散失，可保证药品的使用价值完好。包装的保护功能与包装材料的性能、结构直接相关。例如，金属容器因耐压、耐撞击性能好，故被常用于气雾剂等高压药品的包装。

（2）**美化药品**。消费者在选购药品时，首先看到的就是药品的包装，精美的包装会对消费者产生极大的吸引力。药品的"包装打扮"能给人以美的享受。因此，精美的包装能够起到美化药品的作用。企业应重视包装的美化功能，充分发挥包装在市场竞争中的作用。

（3）**促进销售**。包装对药品有介绍、宣传与推广的作用，在某种程度上对药品的销售有重要影响，甚至可能成为决定医药市场命运的主要因素。包装是"无声的推销员"，企业要充分利用药品包装向消费者宣传、介绍药品，以吸引消费者的注意力，刺激消费者购买。

（4）**增加利润**。包装是药品质量的组成部分，优良的包装能提高药品的价格，消费者愿意付出较高的价格来购买，超出的价格往往远高于包装花费的附加成本。

（5）**方便功能**。包装应方便药品在流通过程中的运输与储运，当药品到达消费者手中时，还应方便消费者使用。

（6）**启示教育**。包装的设计中蕴含着大量的药品信息，这些信息对消费者无形中也发挥着启示教育的作用，如有些包装上有回收标志，提示消费者不要乱扔废弃的包装容器，以维护公共场所的卫生。OTC药品包装上对药品性能、用法、用量的详细说明，能指导消费者正确用药。

二、药品包装的类别、材料及容器

1. **药品包装的类别**

药品包装一般有三个层次：内包装、中包装和外包装。

（1）**内包装**。其是指直接盛装药品的容器。内包装均应无毒、洁净，与药品不发生化学反应，不影响药品的质量，如玻璃瓶、塑料瓶、铝塑等。此外，内包装还应包括帽盖、瓶内填充物、塞子、标签等，药品内包装如图4-8所示。

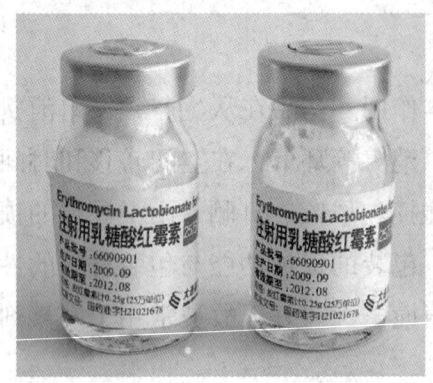 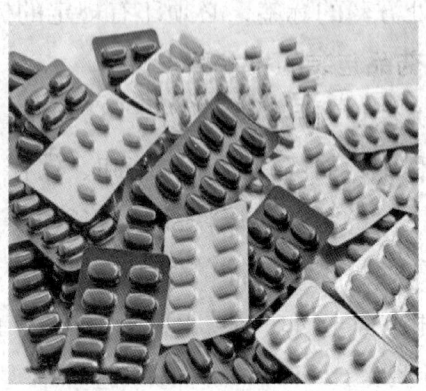

图4-8　药品内包装

（2）**中包装**。其是指用于保护和销售药品的包装，如盛装针剂的小纸盒等。中包装具有保护药品、美化药品、宣传药品和促进药品销售的作用。中包装应具有色彩悦目、便于陈列和展销的特点，药品中包装如图4-9所示。

 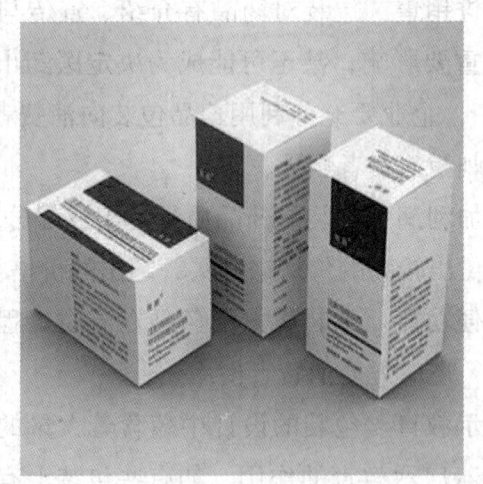

图4-9　药品中包装

（3）**外包装**。其指便于储存和搬运的包装，即既便于发运、装卸、储存，也便于识别和计量的中包装外面的包装物，如纸箱、木箱、塑料桶、金属桶等。外包装要有明显的运输标志，危险品要有国家标准的危险货物包装标志，**特殊管理的药品及外用药品应有专用标签**，药品外包装如图4-10所示。

图 4-10　药品外包装

2. 药品常用的包装材料

（1）**玻璃**。因玻璃具有防潮、易密封、透明和化学性质比较稳定等优点，其是目前使用最多的药品包装材料之一。但玻璃也有易碎、质量重等缺点，所以为了保证药品的质量，药典规定安瓿、大输液瓶必须使用硬质中性玻璃；在盛装遇光易变质的药品时，应选用棕色玻璃制成的容器。

（2）**塑料**。塑料是现代包装工业中常用的包装材料，可用于药品的内、外包装，具有包装牢固、容易封口、色泽鲜艳、透明美观、质量轻、携带方便、价格低廉等优点。但是，由于塑料在生产过程中常加入附加剂，作为直接接触药品的包装材料，这些附加剂可与药品发生化学反应，使药品的质量发生变化。塑料还具有透气、透光、易吸附等缺点，这些缺点可加快药品氧化变质的速度，会引起药品变质。

（3）**纸制品**。纸制品的原料来源广泛，成本较低，刷上防潮涂料后具有一定的防潮性能，包装体积与形状可随需要而制造，具有回收使用的价值，其是当今使用最广泛的单元包装材料之一。缺点是强度低、易变形。

（4）**金属**。作为包装材料，常用的金属是黑铁皮、镀锌铁皮、马口铁、铝箔等。一般用于盛装需要密封的软膏、液体药物、化学危险品、压缩气体等。该类包装耐压、密封性能好，但成本较高。

（5）**木材**。木制品具有耐压性能，是常用的外包装材料，主要有木箱、胶合板、木桶、木箱等。但我国木材资源短缺，木材包装有逐步被纸和塑料制品代替的趋势。

（6）复合材料。复合材料是包装材料中的新产品，是用塑料、纸、铝箔等材料进行多层复合而制成的包装材料。常用的有纸塑复合材料、铝箔—聚乙烯复合材料、铝箔—聚氯乙烯等。这些复合材料具有良好的力学性能、耐生物腐蚀性能、保持真空性能及耐高压性能等。

（7）橡胶制品。药用包装上使用橡胶制品最多的是各种瓶塞，主要用于严封包装抗生素粉针剂、冻干粉、输液、血浆等瓶装药品。由于直接与药品接触，故要求其具有非常好的稳定性及优良的密封性，以确保药品在有效期内不因空气及湿气的渗透而变质。

包装材料向着以纸代木，以塑代纸或向纸、塑料、铝箔等组成各种复合材料的方向发展，特种包装材料，如聚四氟乙烯塑料、有机硅树脂、聚酯复合板或发泡聚氨酯等的使用率都处于上升趋势。

3. 药品常用的包装容器

（1）密闭容器。密闭容器指能防止尘埃、异物等混入的容器，如玻璃瓶、纸袋、塑料袋等。凡受空气中氧、二氧化碳、湿度等因素影响不大，而仅需防止损失和尘埃等杂质混入的药品均可使用此类容器密封。

密封容器指能防止药品风化、吸湿、挥发或异物污染的容器，如带紧密玻璃塞或木塞的玻璃瓶、软膏管、铁锡等，最好用适宜的封口材料辅助密封。适用于盛装易挥发的液体药品及易风化、潮解、氧化的固体药品。

（2）熔封和严封容器。熔封和严封容器指将容器熔封或以适宜的材料严封，以防止空气、水分进入发生细菌污染的容器，如玻璃安瓿或输液瓶等，用于注射剂、血清、血浆及各种输液药品的盛装。

（3）遮光容器。遮光容器指能阻止紫外线透入，保护药品不受光化作用的一种容器，如棕色玻璃瓶、普通无色玻璃瓶外面裹以黑纸或装于不透明的纸盒内，主要用于盛装遇光易变质的药品。

三、药品包装上的标志

1. 药品标签

根据《药品管理法》规定，药品的包装必须印有标签。标签分为内包装标签和外包装标签。标签内容不得超出国家食品药品监督管理局批准的药品说明书所限定的内容，文字表达应与说明书保持一致。药品标签如图4-11所示。

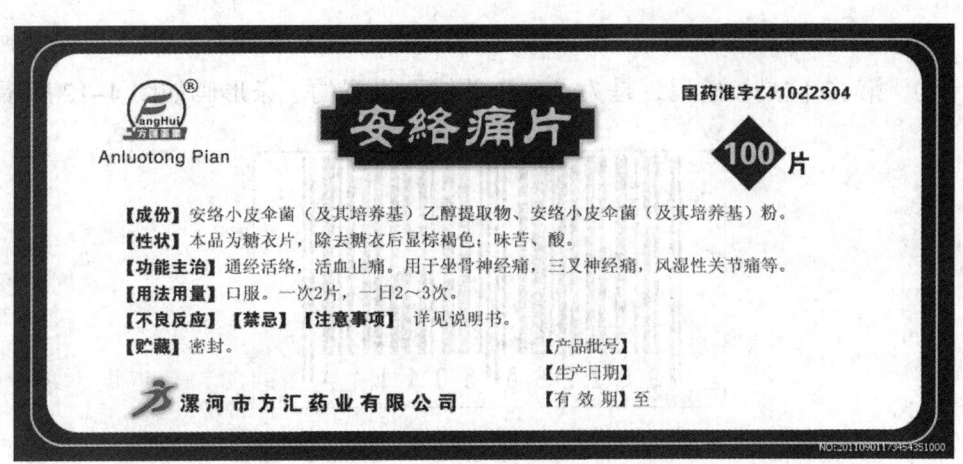

图 4-11 药品标签

2. 注册商标

商标是商品的标记,是生产者或经营者在其生产或经营的商品上使用的、具有显著特征的、能够区别商品来源的一种标志。商标标志有文字商标、图形商标、记号商标、组合商标等。

商标可分为注册商标和未注册商标。注册商标具有排他性、独占性、唯一性等特点,属于注册商标所有人所独占,受法律保护,任何企业或个人未经注册商标所有权人许可或授权,均不可自行使用,否则将承担侵权责任。未经注册的商标不受法律保护。

对进口药品不要求必须使用我国的注册商标,但进口药品分装出售时,必须在其说明书或包装上注明原商标或使用分装企业的注册商标。

注册商标印制方法是,在药品包装物上的商标名称的右上方,印上一个®。R是英语 Registered Trademark 的缩写,印制时在 R 上印一个圆圈,表示已登记注册。注册商标有效期为 10 年。

3. 条形码

条形码是商品的识别标志,是印在商品销售包装上的一组粗细不等的深色线条,线条下面有数码,可利用光电扫描阅读设备给计算机输入数据,其可靠性高、输入快、适用性广、简便易行,凡是规则包装的商品都可使用条形码标志。每一种产品的条形码都是不同的,故又称为商品代码。它能反映出该商品的有关资料、商品本身的代号、商品生产的国家和地区、生产厂商的名称等(但不包括商品的价格)。商品采用条形码是我国企业进入国际市场的必备条件。

通常商品条形码的数字码由 13 位数字组成,第 1~12 位为产品代码(前 3 位是国别码；中间4位是制造商号，代表一个企业，具有唯一性；后5位是实际产品代码）；第13位是校验码，是为了防止差错而设置的。条形码如图4-12所示。

图4-12 条形码

4. 批准文号

药品批准文号是药品生产合法性的标志。《药品管理法》规定，生产药品"须经国务院药品监督管理部门批准，并发给药品批准文号"。

我国现行的药品批准文号格式规定如下：国药准字+1位字母+8位数字；试生产药品批准文号格式为国药试字+1位字母+8位数字。其中"准"代表国家批准生产的药品，"试"代表国家批准试生产的药品。字母包括H、Z、S、B、T、F、J，分别代表药品的不同类别：H代表化学药品、Z代表中成药、S代表生物制品、B代表保健药品、T代表体外化学诊断试剂、F代表药用辅料、J代表进口包装药品。在8位数字的第1、2位中，10代表原卫生部门批准的药品，19、20代表国家药品监管部门批准的药品；其他代表各省、自治区、直辖市的行政区划代码。第3、4位代表换发批准文号公元年号的后两位数字，但来源于卫生部门和国家药品监管部门的批准文号仍使用原文号年的后两位数字。第5、6、7、8位为批准文号的顺序号。港、澳、台生产的药品标注"医药产品注册证号"。进口药品的包装和标签还应标明"进口药品注册证号"。

5. 药品批号

在规定限度内具有同一性质和质量，并在同一连续生产周期内生产出来的具有一定数量的药品为一批。药品批号是用于识别"批"的一组数字，每批药品均应指定生产批号。

我国医药企业一般用6位数来表示批号，前2位表示年份，中间2位表示月份，后2位表示药品的生产批次，也有一些企业以生产日期来表示批次。如批号为210125，则表示该批药品为2021年1月生产的第25批。

6. 药品的有效期和失效期

（1）有效期。其是指在一定储存条件下能够保持药品质量的期限，如某药品标明有效期为2020年10月31日；有的药品只标明有效期为2年，则可根据该药品的批号推算出其有效期限，如某药品的批号为20201208，即表示该药可以使用至2022年12月7日。

（2）失效期。其是指药品在规定的储存条件下药品质量开始下降，达不到原质量标准要求的时间期限，如失效期为2020年9月，即表示该药只能用到2020年8月31日，9月1日起开始失效。

7. 专有标志

非处方药专有标志是已列入《国家非处方药目录》的，并用于通过药品监督管理部门审核登记的非处方药药品标签、使用说明书、内包装、外包装的专有标志，可用作经营非处方药药品的企业指南性标志。特殊管理的药品（麻醉药品、精神药品、医疗用毒性药品和放射性药品）、外用药品、非处方药品，必须在其包装上印有符合规定的标志，如图4-13所示。

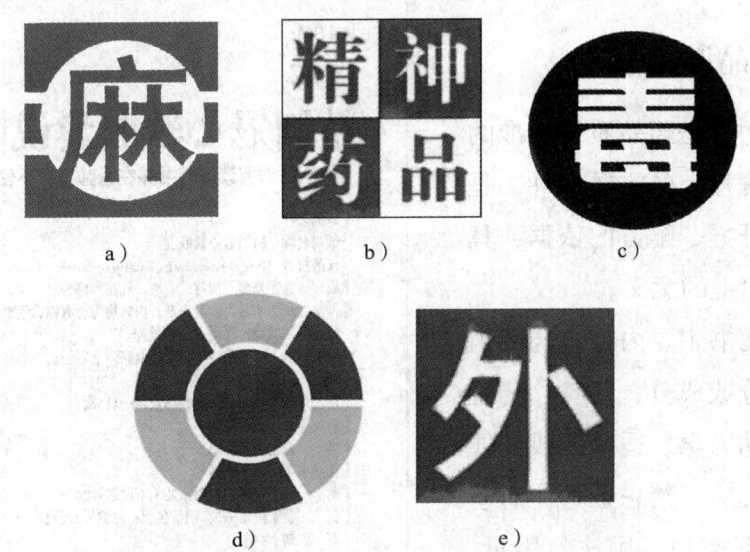

图4-13 特殊管理药品、外用药品标志
a）麻醉药品 b）精神药品 c）医疗用毒性药品 d）放射性药品 e）外用药品

8. 指示性、警告性标志

根据药品的特点，对于易碎、易燃、有毒、防潮、防颠倒等药品，应在包装上用醒目的图形或文字标明"怕湿""堆叠""小心轻放"等，如图4-14所示。

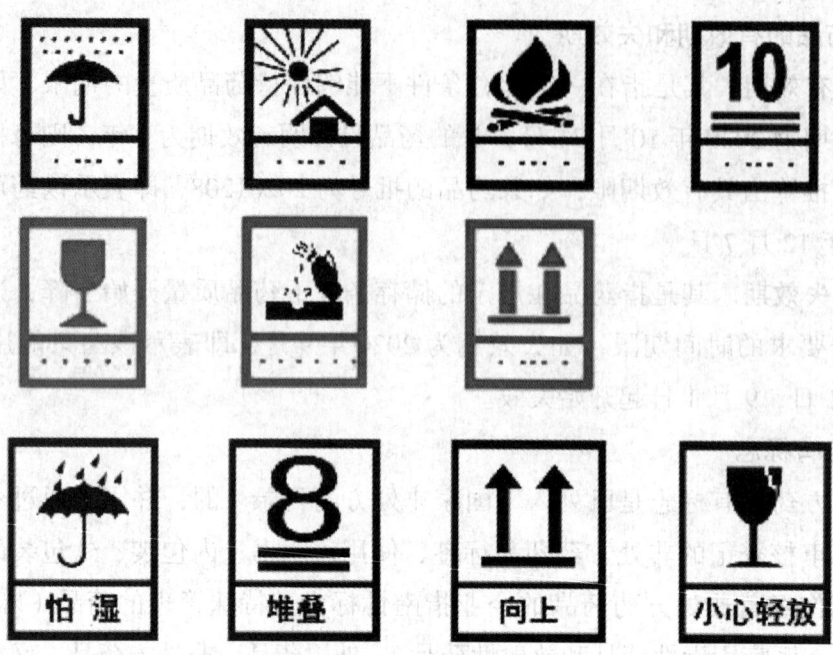

图 4–14　指示性、警告性标志

四、药品说明书

药品说明书是药品质量标准的一部分，是医疗上的重要文件，是医生和药师开方、配方的依据，具有科学及法律上的意义。

药品说明书主要内容有药品名称、主要成分或成分、性状、药理毒理、药代动力学、适应证或功能主治、不良反应、禁忌证、注意事项、药物相互作用、用法、用量、规格、储藏、包装、有效期、生产企业、批准文号、传真号码、网址等，如图 4–15 所示。

核准日期：

芯宝®

精制冠心软胶囊说明书

请仔细阅读说明书并在医师指导下使用

【药品名称】
通用名称：精制冠心软胶囊
汉语拼音：Jingzhi Guanxin Ruanjiaonang
【成　　分】丹参、川芎、赤芍、红花、降香。
【性　　状】本品为软胶囊剂，内容物为含有棕黄色至棕褐色悬浮浸膏的油状物；气微香，味微苦。
【功能主治】活血化瘀。用于心血瘀阻之冠心病，心绞痛。
【规　　格】每粒装0.5克.
【用法用量】口服，一次4～5粒，一日3次。
【不良反应】尚不明确
【禁　　忌】尚不明确
【注意事项】尚不明确
【贮　　藏】密封，置阴凉处（不得超过20 ℃）。
【包　　装】药用pvc、铝箔包装；15粒×2板/盒。
【有 效 期】36个月。
【执行标准】国家食品药品监督管理局标准（试行）YBZ06822005
【批准文号】国药准字Z20053751
【生产企业】
企业名称：吉林永利药业股份有限公司
生产地址：吉林省白山市卫国路42–2号
邮政编码：134300
生产电话：0431–88513513
传真号码：0431–88513513
注册地址：白山市卫国路42–2号

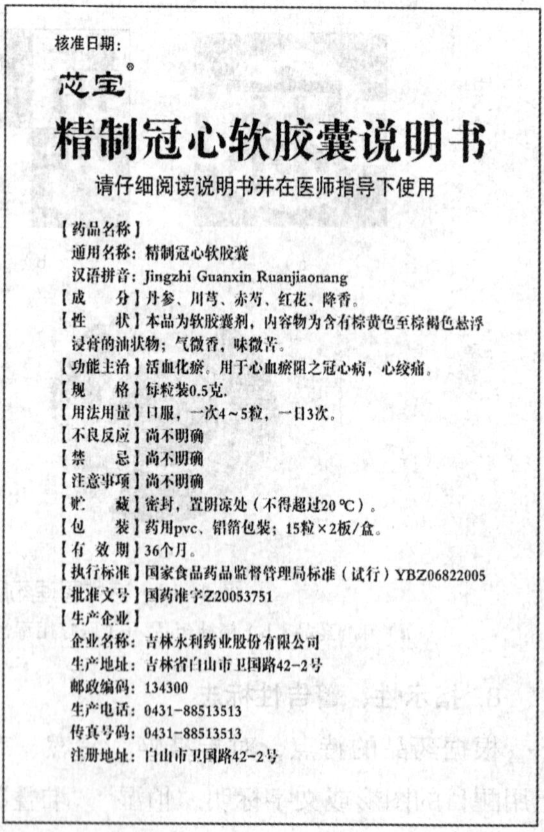

图 4–15　药品说明书

药品包装标志的识别

一、实践准备

1. 工作服、胸卡、文具。

2. 模拟药房、药品内包装（若干）、盛药白瓷盘。

3. 空白表格（若干），表格格式见下表。

二、实践步骤

1. 分组上岗，着装上岗。2 名学生一组，其中 1 人操作，另外 1 人参与并评判操作的正确性。

2. 随机抽取药品内包装盒 5 种（包括处方药和非处方药），根据提供的资料填写表 4-5。

表 4-5 随机抽取药品明细

药品通用名	药品商品名	规格	数量	批号	生产企业	失效期	批准文号	药品商标	非处方药类别或处方药警示语

3. 请解释下列药品包装中的储藏条件（任选 3 题，每题 10 分）。

（1）凉暗处；（2）避光，密闭，干燥处；（3）常温密封；（4）阴凉处；（5）冷处。

4. 清理现场。

三、注意事项

1. "数量"一栏填写一个内包装所包装药品的片数、粒数或支数等。

2. 填写"药品商标"时，可用文字、图形、字母、数字、三维标志或以上几个要素的组合进行描述。

四、评分标准（见表4-6）

表4-6 药品包装标志的识别评分标准

序号	考核内容	考核要点	分值	配分	得分
1	仪表	着装整洁，佩戴胸卡	5	5	
2	药品包装标志	正确填写药品通用名	80	5	
		正确填写药品商品名		5	
		正确填写规格		5	
		正确填写数量		5	
		正确填写批号		5	
		正确填写生产企业		5	
		正确填写失效期		5	
		正确填写批准文号		5	
		正确描述商标		5	
		正确填写非处方药类别		5	
		正确解释储藏条件		30	
3	礼仪	使用礼貌用语，语气亲切，语速适中，表达准确，离别时说"谢谢！"	5	5	
4	清理现场	物品归位	10	10	
		合计	100	100	

模块测试题

一、单项选择题（下列每题的选项中，只有一个是正确的，请将其代号填写在后面的括号内）

1. 下列说明中错误的是（　　）。

    A. 处方药应凭医生处方销售

    B. 非处方药安全，无明显不良反应

    C. 精神药物需特殊管理

    D. 大多数药物是被动转运的

    E. 药物治疗作用可分为对症治疗和对因治疗

2. 药品所标明的适应证或者功能主治超出规定范围的应按（　　）论处。

A. 超范围经营　　　B. 违法广告　　　C. 假药　　　D. 劣药

3. 拆零药品应集中存放于专柜，并保留（　　）。

A. 原包装标签　　　B. 说明书　　　C. 空包装　　　D. 凭证和记录

4. 调配处方必须（　　）。

A. 准确无误　　　B. 说明用法　　　C. 经过核对　　　D. 审方签字

5. 现行中国药典为（　　）年版。

A. 2015　　　B. 2000　　　C. 1995　　　D. 1953

6. 人体结构和功能的基本单位是（　　）。

A. 器官　　　B. 组织　　　C. 系统　　　D. 细胞

7. 胃酸 pH 值为（　　）。

A. 0.9～1.5　　　B. 1.0～1.5　　　C. 1.5～2.5　　　D. 1.0～4.0

8. 无尿是指一昼夜尿量（　　）。

A. 少于 1 000 mL　　　B. 少于 100 mL
C. 为 0 mL　　　D. 为 100～500 mL

9. 酸中毒时常伴有（　　）。

A. 高尿酸症　　　B. 高血钾症　　　C. 高血钠症　　　D. 高血糖症

10. 体温是指（　　）的平均温度。

A. 机体深部　　　B. 口腔　　　C. 腋窝　　　D. 直肠

11. 具有致病性的细菌称为（　　）。

A. 病原体　　　B. 病源体　　　C. 病原菌　　　D. 致病菌

12. 栓剂属于（　　）制剂。

A. 固体　　　B. 半固体　　　C. 液体　　　D. 新剂型

13. 临床上一般用（　　）表示药品的安全性。

A. 安全范围　　　B. 安全指数　　　C. 最小中毒量　　　D. 极量

14. 药品生产合法性的标志是（　　）。

A. 药品批准文号　　　B. 药品批号
C. 生产许可证　　　D. GMP 证书

15. 经（　　）个半衰期后，可认为药物基本消除完毕。

A. 3　　　B. 4　　　C. 5　　　D. 10

16. 起效最快的给药途径是（　　）。

A. 静脉注射　　　　　B. 肌肉注射　　　　　C. 吸入　　　　　D. 皮肤给药

17. 以下关于药物剂型方面的叙述错误的是（　　）。

A. 同一种药物制成不同剂型，所起的作用及不良反应有所不同

B. 同一种药物制成同一种剂型，药物的疗效和毒性也相同

C. 利用生物利用度评价药物的疗效

D. 生物利用度是指药物制剂被机体吸收利用的程度

18. 《产品质量法》中对产品及其包装标识的要求是（　　）。

A. 有产品质量检验合格证明

B. 有中文标明的产品名称、生产厂厂名和厂址

C. 限期使用的产品，必须在显著位置清晰地标明生产日期和安全使用期或失效期

D. 以上均是

19. 下列药品不属于假药的是（　　）。

A. 国家卫生行政部门规定禁止使用的

B. 未取得生产批准文号生产的

C. 超过有效期的

D. 变质不能药用的

20. 药品说明书的内容包括（　　）。

A. 药品名称　　　　　　　　　　B. 药品名称的汉语拼音

C. 性状　　　　　　　　　　　　D. 以上均是

21. 依照医药商品保管习惯分类，丸剂属于（　　）。

A. 片剂类　　　　　B. 水剂类　　　　　C. 针剂类　　　　　D. 粉剂类

22. 湿度对药品直接引起的质量变化是（　　）。

A. 潮解　　　　　　B. 溶化　　　　　　C. 稀释　　　　　　D. 水解

23. 注射剂是指（　　）。

A. 水溶液型注射剂　　　　　　　B. 油溶液型注射剂

C. 混悬型注射剂　　　　　　　　D. 以上均是

24. 药品质量的物质性是指（　　）。

A. 有效性、安全性、可控性

B. 有效性、安全性、可控性、稳定性

C. 有效性、可控性、稳定性

D. 有效性、安全性、稳定性

25. 影响药物作用的因素是（　　）。

　　A. 体重和年龄　　　　B. 性别　　　　　C. 精神状态　　　D. 以上均是

26. 以下关于药物消除半衰期的说法错误的是（　　）。

　　A. 消除半衰期指血药浓度降低一半所需的时间

　　B. 药物的生物半衰期与药物本身的结构性质有关，还与机体消除器官的功能有关

　　C. 如果药物的生物半衰期发生改变，表明消除器官的功能出现变化

　　D. 肝、肾功能低下者，药物的生物半衰期缩短

　　E. 药物的生物半衰期长，表示药物在体内消除慢、滞留时间长

27. 在连续给药的情况下，需经过（　　）个半衰期才能达到稳态血药水平或坪值。

　　A. 4~5　　　　　　　B. 1~2　　　　　　C. 2~3　　　　　D. 6~7

28. 关于稳态血浆浓度的定义，以下说法正确的是（　　）。

　　A. 稳态血浆浓度是指连续多次用药后，当用药量与消除量达到动态平衡时，多次用药的锯齿形药时曲线将在某一水平范围内波动，称为稳态血浆浓度，又称为坪浓度

　　B. 稳态血浆浓度是指连续多次用药后，当用药量大于消除量时，多次用药的锯齿形药时曲线将在某一水平范围内波动，称为稳态血浆浓度

　　C. 稳态血浆浓度是指连续多次用药后，当用药量小于消除量时，多次用药的锯齿形药时曲线将在某一水平范围内波动，称为稳态血浆浓度

　　D. 临床用药力求服药后能缓慢达到稳态血浆浓度，使药物缓慢发挥效应

29. 关于稳态血浆浓度的意义，以下说法错误的是（　　）。

　　A. 临床用药上，力求服药后能缓慢达到稳态血浆浓度，使药物缓慢发挥效应

　　B. 临床用药上，力求服药后能迅速达到稳态血浆浓度，使药物迅速发挥效应

　　C. 力求稳态血浆浓度维持在最低有效浓度和最低中毒浓度之间

　　D. 使药物既能发挥最大的效应，又很少出现不良反应

30. 下列剂型中，不属于胃肠道给药剂型的是（　　）。

　　A. 片剂　　　　　　　　　　　　　　　B. 颗粒剂

　　C. 胶囊剂　　　　　　　　　　　　　　D. 经口腔黏膜吸收的剂型

31.《药品生产质量管理规范》的英文缩写是（　　）。

A. GMP B. GLP C. GCP D. GAP

32.《药品经营质量管理规范》的英文缩写是（　　）。

A. GMP B. GLP C. GCP D. GSP

33.《药物非临床研究质量管理规范》的英文缩写是（　　）。

A. GMP B. GLP C. GCP D. GAP

34. 关于不同剂型在体内的吸收路径，以下说法错误的是（　　）。

A. 普通片剂和胶囊剂口服后首先崩解成细颗粒状，然后药物分子从颗粒中溶出，药物通过胃肠黏膜吸收进入血液循环中

B. 颗粒剂或散剂口服后没有崩解过程，迅速分散后具有较大的比表面积，因此药物的溶出、吸收和奏效较快

C. 混悬剂的颗粒较大，因此药物的溶解与吸收过程更慢

D. 溶液剂口服后没有崩解与溶解过程，药物可直接被吸收入血液循环当中，从而使药物的起效时间更短

35. 以下关于口服制剂吸收快慢的顺序，正确的选项是（　　）。

A. 混悬剂＞溶液剂＞散剂＞颗粒剂＞胶囊剂＞片剂＞丸剂

B. 溶液剂＞混悬剂＞散剂＞颗粒剂＞胶囊剂＞片剂＞丸剂

C. 溶液剂＞混悬剂＞颗粒剂＞散剂＞胶囊剂＞片剂＞丸剂

D. 溶液剂＞混悬剂＞散剂＞颗粒剂＞胶囊剂＞丸剂＞片剂

36. 下列关于老年人用药的表述中错误的是（　　）。

A. 对药物的反应性与成人可有不同

B. 对某些药物的反应特别敏感

C. 对某些药物的耐受性较差

D. 老年人用药剂量一般与成人相同

E. 老年人对药物反应与成人的不同，反映在药效学和药动学上

37. 先天性遗传异常对药物药理学作用的影响主要表现在（　　）。

A. 口服吸收速度不同 B. 药物在体内的生物转化异常

C. 药物在体内分布异常 D. 以上都有可能

38. 下列叙述中，不符合吸入给药特点的是（　　）。

A. 大多数药物可经吸入途径给药 B. 吸收迅速、起效快

C. 能避免首过消除效应 D. 尤适用于治疗肺部疾病

39. 以下选项中，不符合口服给药叙述的是（　　）。

A. 最常用的给药途径 B. 安全、方便、经济的给药途径
C. 吸收较缓慢 D. 最有效的给药途径

40. 从机体来说，影响药物吸收的因素不包括（　　）。

A. 药物脂溶性 B. 胃肠道 pH 值
C. 胃肠运动 D. 吸收面积大小

41. 从药物本身来说，影响药物吸收的因素有（　　）。

A. 药品包装 B. 给药途径 C. 来源 D. 价格

二、判断题（下列判断说法正确的在后面的括号内打"√"，错误的打"×"）

1. 四环素与碳酸钙、氢氧化铝合用，可增加吸收效果。（　　）
2. 丙磺舒与青霉素合用，会使后者排泄减慢，作用增强。（　　）
3. 药品质量标准中的法定标准是国家药典。（　　）
4. 苯巴比妥是药酶抑制剂。（　　）
5. 吗啡容易引起身体的依赖性。（　　）
6. 甲类非处方药须在药店由执业药师指导下购买和使用。（　　）
7. 同一药物、不同的剂型，药物作用的快慢、强度、持续时间相同。（　　）
8. 控释片在 12 h 内药物释放以等速定时定量释放，血药浓度维持较稳定。
（　　）
9. 缓释片开始时释放速度较快，药效较好；随着时间的推移，释放速度逐渐减慢，药效也逐渐减弱。（　　）
10. 药品批准文号是指国家批准药品生产企业生产药品的文号，是药品生产合法性的标志。未取得批准文号而生产的药品按假药论处。（　　）
11. 药品商品名称不得与通用名称同行书写，其字体和颜色不得比通用名称更突出和显著，其字体不得大于通用名称所用字体的三分之一。（　　）
12. 有效期至 2019.04 的药品的有效终止日期是 2019 年 4 月 30 日，该药品从 2019 年 5 月 1 日起失效。（　　）
13. 药品的失效期是指导药品失效不能使用的日期，如失效期为 2019.04 的药品从 2019 年 3 月 1 日起失效。（　　）
14. 药品批准文号的数字含义是：1~2 位：10（卫健委），19、20（药监局），省级区域代码前两位；3~4 位：换发批准文号公元年号的后两位数字；5~8 位：顺序号。（　　）
15. 通用名称可用作商标注册。（　　）

16. 药品批发企业购进药品的记录应保存至超过有效期2年,但不得少于3年。（　　）

17. 油针剂的色泽应为淡黄色,且不得深于5号黄色标准比色液。（　　）

18. 过敏反应也称变态反应,是一种病理性免疫反应。（　　）

19.《药品管理法》是调整药品经营的法律规范的总称。（　　）

20. 医疗机构配制制剂必须取得"医疗机构制剂许可证"。（　　）

21. 病毒在人群不同的个体间的感染称为水平感染。（　　）

22. 心律失常包括快速心律失常和缓慢心律失常。（　　）

23. 过敏反应也称变态反应,是一种病毒性免疫反应。（　　）

24. 药品有效期是控制药品质量的指标之一。（　　）

25. 药品有效期是药品在规定的储存条件下能够保证质量的期限。（　　）

26. 药品有效期是药品被批准的使用期限。（　　）

27. 剂量是指一次给药后产生药物治疗作用的数量。（　　）

28. 药品的内涵比药物大,并非所有能防治疾病的物质都是药物。（　　）

29. 药物是指用以防治人类和动物疾病以及对人体生理功能有影响的物质。（　　）

30. 药物制剂中除主药以外的一切附加成分均总称为辅料。（　　）

模块测试题答案

一、单项选择题

1. B	2. C	3. A	4. C	5. A	6. D	7. A	8. B
9. D	10. C	11. D	12. A	13. C	14. A	15. C	16. A
17. B	18. D	19. C	20. D	21. C	22. A	23. D	24. B
25. D	26. D	27. A	28. D	29. A	30. D	31. D	32. D
33. B	34. C	35. B	36. D	37. D	38. A	39. D	40. A
41. B							

二、判断题

1. ×	2. √	3. √	4. √	5. √	6. √	7. ×	8. ×
9. √	10. √	11. ×	12. √	13. ×	14. √	15. ×	16. ×
17. ×	18. √	19. ×	20. ×	21. ×	22. ×	23. ×	24. √
25. √	26. √	27. √	28. ×	29. √	30. √		

职业模块 5
安全知识

　　加强安全知识教育，强化安全管理工作，对保障国家财产和职工人身安全、保证医药商品购销活动的顺利进行、提高企业经济效益具有十分重要的意义。

　　学习安全知识，防止各种事故的发生，主要内容包括防火、防爆、防盗、防毒、防自然灾害、防设备损坏和安全用电等。要"防"字当头，防微杜渐，防患于未然，及时排除各种不安全因素，以避免和减少各种安全事故的发生，把危害控制在最小范围，把损失减少到最低限度。

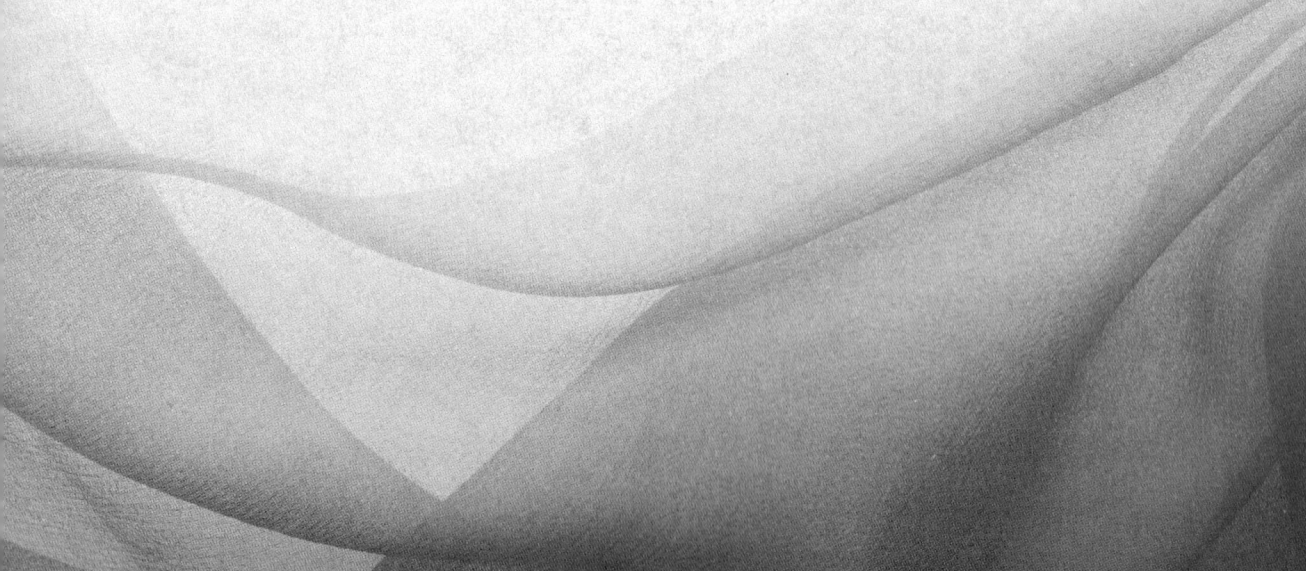

培训课程 1

消防知识

1. 掌握燃烧的条件、火灾的种类、引起火灾的原因;
2. 熟悉常见灭火器的适用范围和使用方法、防火工作的基本措施。

加强安全管理工作要做到"三个必须"。一是必须认真贯彻执行国家有关安全工作的各项法律法规,建立健全安全管理制度和责任制度,加强安全教育,认真分析、处理安全事故。二是必须贯彻"以防为主、防消结合"的方针,"以防为主"就是要把防火工作放在首位,严格控制发生火灾的各种因素,堵住可能引起火灾的漏洞,避免发生火灾;"防消结合"就是在充分做好各种防范准备的前提下,万一发生火灾时,能迅速将其扑灭,将损失减少到最低限度。三是必须遵循"三不放过"的原则,即事故原因不查清不放过、责任者和群众没有受到教育不放过、整改措施不落实不放过。

一、燃烧的条件

防火防爆工作是消防工作的重要组成部分。事实证明,只要人们认识物质燃烧的基本规律和特点,认识火灾发生的原因,掌握防火防爆基本知识,有高度的防火防爆安全意识,火灾或爆炸是可以预防的。

1. 燃烧的概念

燃烧是一种放热、发光、剧烈的化学反应。

2. 燃烧的必要条件

燃烧具备的三个必要条件:要有可燃物,要有助燃物,要有着火源。燃烧的这三个必要条件是缺一不可的。

3. 燃烧的充分条件

燃烧具备的三个充分条件：可燃物质与氧或其他氧化剂必须有一定的数量比例；着火源必须有一定的温度和足够的热量；只有当可燃物、助燃物和着火源同时具备并相互作用时物体才会燃烧。

要学会运用燃烧的必要条件和充分条件，有针对性地采取措施，以防止火灾的发生。

二、火灾的种类

从消防角度讲，非正常的燃烧现象就是着火或失火。着火或失火造成的危害称火灾，火灾可分为四种类型，即闪燃、着火、自燃和爆炸。

1. 闪燃

闪燃是指可燃液体表面产生的可燃蒸气与空气形成的混合物，遇火源而发生一闪即灭的燃烧现象。可燃液体表面能产生闪燃的最低温度叫闪点。衡量可燃液体火灾危险性大小的重要指标之一是闪点的高低。不同的可燃液体的闪点也不同。闪点越低，其火灾的危险性就越大。

2. 着火

着火是指可燃物具备了燃烧条件后引起的、当引火源离开后仍能持续燃烧，直至将可燃物质燃尽的燃烧现象。可燃物质开始持续燃烧所需要的最低温度叫燃点，也叫着火点。通常情况下，燃点越低越容易着火，如纸张的燃点大大低于木材的燃点，纸张就比木材更容易着火。

3. 自燃

自燃是指可燃物在空气中没有外来火源的作用下，靠自身氧化（或分解）发热或外界热源加热，其温度逐渐升高并达到可燃物的自燃点，从而引起的燃烧现象。

4. 爆炸

爆炸是指瞬间的燃烧反应，分为三种类型，即核爆炸、物理爆炸和化学爆炸。消防工作所讲的爆炸多指化学爆炸。化学爆炸是指物质在发生极迅速的化学反应后产生高温、高压引起的爆炸。这种爆炸能引起火灾，并可摧毁建筑，具有很大的危险性和破坏性。物理爆炸是指容器内液体的蒸气或气体迅速膨胀，压力急剧增加，大大超过容器所能承受的极限压力而发生的容器爆炸，这种爆炸虽然不是火灾，但却极易间接地引起火灾，因此在消防工作中不可忽视。

三、引起火灾的原因

引起火灾的原因非常复杂，大致有以下几种。

1. 违章用火

在库区内违章使用炉火取暖做饭、吸烟，使用明火照明，违章使用电气焊等。

2. 违章用电

库区内电线老化，违章使用临时线路，违章安装、使用照明、电热器具和用电设备。易燃易爆物品库区内的电器线路、设备和用电器不符合防爆要求等。

3. 违章作业

商品堆放不留间距，进入库区的机动车辆没有防火防爆措施，输送机、码垛机等会由于故障、摩擦生热而导致起火。

4. 化学危险物品混存

由于缺乏化学危险物品保管常识，将有机氧化剂和无机氧化剂混存；将可燃气体（物）与助燃气体（物）混存；将点火器材与起爆器材、爆炸性物品混存；将一些燃烧后需用不同灭火剂、灭火方法的物品混存等。

5. 自燃

由于所存物品堆垛过大、没有间距、堆放时间过长或遇潮湿、高温、通风不良等原因，使可燃物蓄热引发自燃。一些化学危险物品由于包装破损、遇水、受潮也会发生自燃。

6. 雷击和静电

在化学危险物品仓库、储罐和规模较大的物资库中未按要求采取防雷措施，有的虽有防雷设施，但却年久失修。易燃物品的储罐、管线、输送设备等没有采取导除静电的措施。

7. 纵火

仓库物资非常集中和复杂，所以常常成为一些人为纵火犯罪分子攻击的目标。

总之，仓库由于物资高度集中，经济价值高，进出库等作业频繁，因此，做好仓库防火工作意义重大。仓储要认真贯彻"以防为主、防消结合"的方针，确保人身、商品和设备的安全。

四、常见灭火器的适用范围和使用方法

1. 灭火的基本原理和方法

燃烧需要同时具备可燃物、助燃物和着火源三个条件。按照这个原理，一切灭火方法都是为了破坏燃烧条件，使燃烧反应中止，所以灭火的基本方法有如下四种。

（1）**冷却灭火法**。冷却灭火法的灭火原理是降低燃烧物质的温度。此法是根据可燃物质发生燃烧必须达到一定温度这个条件，将灭火剂直接喷洒在可燃物上，使可燃物温度降低到燃点以下，从而使燃烧停止。用水和二氧化碳灭火剂扑救火灾的主要原理就是冷却灭火。一般物质起火，都可以用水进行冷却灭火。

（2）**窒息灭火法**。窒息灭火法的灭火原理是减少空气中氧的含量。此法是根据可燃物质发生燃烧时需要足够的助燃物（如空气）来采取适当的措施，防止空气进入燃烧区，或用惰性气体稀释空气中的含氧量，使燃烧物质缺乏或断绝氧气而熄灭，如可采用石棉布、浸湿的棉被等不燃或难燃材料覆盖燃烧物，用金属锅盖盖油锅灭火等。在扑救初燃火灾时，未做好灭火准备前一般暂不打开起火建筑的门窗，以阻止新鲜空气进入，使室内缺氧，从而延缓或中止燃烧。在灭火准备充分后，再采用水或泡沫淹没的方法进行扑救。

（3）**隔离灭火法**。隔离灭火法的灭火原理是隔离与火源相近的可燃物质。此法是将燃烧物体附近的可燃物质隔离或疏散开，使燃烧停止。这种方法适用于扑救各种固体、液体和气体火灾。具体措施有：将火源附近的易燃易爆物品从燃烧区转移到安全地点；关闭阀门，阻止可燃气体、液体流入燃烧区；拆除与起火部位相毗邻的易燃建筑结构，形成阻止火势蔓延的空间地带。

（4）**抑制灭火法**。抑制灭火法的灭火原理是消除燃烧过程中的游离基。此法是将化学灭火剂喷入燃烧区，使之参与化学反应，从而使燃烧反应停止的方法，采用这种方法主要使用的灭火剂有干粉和卤代烷、1211、1301等。要达到抑制燃烧反应的目的，一定要将足够的灭火剂准确地喷在燃烧区，以阻断燃烧反应。同时，还要采取必要的冷却降温措施以防复燃。

2. 常用的灭火剂

能够有效地破坏燃烧条件，使燃烧终止的物质称灭火剂。对灭火剂的基本要求是灭火效能高、取用方便、对人体和物体基本无害。灭火剂的种类较多，常用的有水、泡沫、二氧化碳、干粉、卤代烷灭火剂以及沙土等。

（1）**水**。水是应用最广的灭火剂。首先，水能迅速冷却燃烧物，隔绝空气，使燃烧熄灭。当水喷到燃烧物上后，一部分变成水蒸气，以减少燃烧区内氧的含量。水是既经济又实惠的常用灭火剂。一般建筑物和木材等固体可燃物质引发的火灾都可用水扑救。但是水不能扑救下列物质和设备的火灾：1）比水轻的石油、汽油、苯等，能浮在水面的油类火灾；2）遇水能发生燃烧或爆炸的化学危险品，如金属钾、钠、铝粉、电石等的火灾；3）熔化的铁水、钢水、灼热的金属和矿渣等火灾；4）高压电气设备起火的火灾；5）精密仪器设备和贵重文件档案起火的火灾。

（2）**化学泡沫**。灭火器应用的化学泡沫是酸性物质（硫酸铝）和碱性物质（碳酸氢钠）及泡沫稳定剂相互作用而形成的膜状气泡群。泡沫是扑救易燃和可燃液体最经济、最有效的灭火剂。但是，泡沫内含有水分，不能扑救忌水物质和带电物体的火灾。泡沫不可与干粉联合使用。泡沫灭火方法在实际中应用较少。

（3）**二氧化碳**。二氧化碳是无色无味的惰性气体，具有不燃烧、不助燃、比空气重的特性。把二氧化碳气体经高压灌装在钢瓶内即是二氧化碳灭火器。使用时打开阀门，气体喷出呈雪花状，并可迅速气化达到灭火的目的。其特点是不导电、不留污迹，适用于扑救电气设备、精密仪器、档案资料等，以及范围不大的油类、气体和一些不能用水扑救的物质起火引发的火灾。不能扑救与二氧化碳发生反应的金属钾、钠、镁、铝等物质引发的火灾。在室内用其灭火，当含量达到5%时，人的呼吸会感到困难。灭火时，人要站在上风向，手要握住喷筒手柄，以免被冻伤。

（4）**干粉**。干粉灭火剂的主要成分是碳酸氢钠等盐类物质，同时掺入了一些润滑剂和防潮剂。干粉具有灭火速度快、毒性低、可以长期保存等优点，且成本相对较低。干粉灭火剂适用于扑救易燃液体、可燃气体和电气火灾，以及某些不宜用水扑救的火灾。有粉尘爆炸危险的场所不宜使用干粉灭火器灭火，以防止把沉积的粉尘吹扬。另外，对精密仪器的失火不能使用干粉灭火剂。

干粉灭火器筒内主要装有碳酸氢钠和少量防潮剂硬脂酸镁及滑石粉等干燥微细的固体粉末。使用时打开保险销，一手紧握胶管拉动拉环，干粉即可喷出灭火，距火源2~3m进行灭火，注意灭火后的降温，以免复燃。将干粉灭火器存放在阴凉通风处，每年检查一次，防止干粉结块。

（5）**卤代烷灭火剂**。卤代烷灭火剂是指由卤族元素的氟、氯、溴等原子取代碳氢化合物、甲烷或乙烷中的氢原子而构成的某些化合物。常用的是1211（即"二氟一氯一溴甲烷"）和1301（即"三氟一溴甲烷"）。它们均为无色气体，用加压的方法将其液化，装在钢瓶内，当打开开关时，气体呈雾状喷出，可中断燃烧的连锁反应，抑制燃烧。它们的灭火效率比二氧化碳高5倍，且毒性低、不留痕迹。卤代烷灭火剂用于扑救石油及其产品、有机溶剂、带电设备、精密仪器和文物、档案等物品的火灾。但卤代烷灭火剂和其他灭火剂相比造价较高。

（6）**沙土**。沙土是经济而常用的灭火材料，其灭火原理就是覆盖火焰，使燃烧物与空气隔绝，以达到灭火效果。

（7）**水蒸气**。在燃烧区内充填水蒸气含量达到35%时，燃烧就会被遏止。其灭火原理是降低燃烧区内氧气的含量。如果装有锅炉设备的场所着火，可排放大量水蒸气来灭火。

3. 常用的消防设施（器）

（1）**消火栓**。消火栓是消防用水的主要人工水源，分室内消火栓和室外消火栓两种。室内消火栓安装在建筑物内消防管网上，其与消防水枪、水带配套放置在消火栓箱内。室外消火栓与城镇自来水管网相连，可供消防队灭火用。平时要经常检查消火栓是否完好，有无渗漏、锈蚀现象，接口、垫圈是否完整无损。阀杆上应经常加油润滑，以保持阀杆开启灵活。室外消火栓要注意冬季防冻保温。室内外的消火栓要设有明显标志，并禁止将其埋压、圈占、遮挡。

（2）**消防水带和水枪**。水带和水枪都是火场输水的灭火器材。使用水带时，应禁止将其扭转和骤然折弯，以防其阻挡水流顺利通过。铺设水带应避开尖锐物体和油类。平时要经常检查消火栓箱内的器材，将其单层卷好、竖放，防止丢失或挪作他用。

（3）**消防水泵结合器**。消防水泵结合器是为高层建筑室内灭火管网送水的专用消防设施，用以连接消防车机动泵向建筑物管网中加压输送消防水，可解决室内消防给水管道供水不足的问题。消防水泵结合器平时要由专人管理，定期保养，检查密封件是否老化，并做到开启正常。水泵结合器附近禁止圈占和堆放物品，以免影响消防车靠近。

（4）**自动报警和自动灭火设施**。自动报警和自动灭火系统是现代防、灭火设施的重要组成部分。火灾自动报警系统由火灾探测器、区域报警器和集中报警器组成。火灾所产生的烟雾、高温和光辐射被探测器接收，可转换成电信号。区域报警信号传给集中报警器，将火灾信号显示在屏幕上，记录时间和位置，发出指令以驱动和操纵有关灭火设备,喷出灭火剂将火扑灭。自动报警与灭火设施要由专门人员经常检查维护,排除故障。其值班人员要经过专门培训,精通业务,持证上岗,并做到 24 h 不离岗。

五、防火工作的基本措施

1. 认真贯彻执行上级消防安全工作的有关规定

成立安全工作领导小组,确定一名主要领导人为防火安全负责人,全面负责消防安全工作。

2. 建立健全安全管理制度和责任制

使防火工作落实到各个部门、各个工种、各个岗位,并把防火工作纳入生产、经营活动之中,做到同计划、同布置、同落实、同检查、同总结、同评比。经常检查执行情况,切实做到有章可循、有章必循、违章必究。

3. 开展防火宣传教育和消防法制教育

普及防火知识,提高全体人员的防火安全意识和法制观念,做到时时防火、处处防火、人人防火。

4. 认真开展消防安全检查,及时消除隐患

根据不同季节、不同时期、不同工作内容订立不同的安全检查制度,使防火安全检查经常化、制度化。对发现的火险隐患要下大力进行整改。对于一时解决不了的隐患,要制订解决计划、解决方案,明确负责人,并采取周密的临时安全措施,以保证安全。

5. 做好灭火准备

培养一支训练有素的义务消防队伍。根据生产、储存等实际需要配足灭火器材和装备,以保证在发生火灾时能及时展开扑救。

6. 对易燃、可燃物要及时进行清除

具有易燃、易爆等性质的化学危险物品要按照《化学危险物品安全管理条例》进行生产、储存、经营、运输、装卸和使用,切不可掉以轻心。

7. 加强对火源的管理

选择具备安全生产条件的环境。对于生产、储存、使用易燃易爆化学危险物品的场所,要加强管理,防止火源、热源进入,同时还要防止摩擦、撞击及静电火花的产生,禁止吸烟。

8. 加强对电源的管理

对电源的管理应从安装、使用和维护三方面着手。做到设备、用电器具由正式电工安装,并符合安全规定要求。单位用电应做到不超负荷、不乱拉临时线、不带故障运行和使用,用完电器应及时断电。

培训课程 2

安全用电知识

培训目标

1. 掌握安全用电注意事项；
2. 熟悉发生触电时的现场急救方法。

一、安全用电注意事项

电力新装、迁移或增容应向电力管理部门申请，经审批同意后，由用户委托有资质的单位施工，工程经检验合格后方能装表接电。

电气设备的安装和使用要严格按照用电设备的容量选配与负荷量相应的电线、电器、开关和电器仪表等，防止私拉乱接电线或随意增加用电量，以免导致超负荷用电，使电气设施过热而引发火灾。

电风扇等用电设备的金属外壳要有牢固可靠的接地保护。使用带有接地线的三眼插头、插座，电热器具应做到人离电断，这样既可保护人身和设备安全，又可防止电风扇因长期过热而引发火灾。

电灯器具安装要固定，临时用灯要装插头，火线（相线）应接入开关控制，以确保关灯时灯头无电。电线不准爬地敷设。

选用与设备容量相匹配的熔断器，当电流超过额定值时即可自行熔断，以防止烧毁设备和扩大停电范围。

电线、熔断器、开关、灯头、插座、电器等应使用经国家检验（许可生产）合格的产品。如电器有破损、漏电、接头发热或绝缘损坏、带电外露等问题，应及时断电，请持有特种作业操作证的电工进行检查和更换。

电气安装要符合国家技术规范。电力线与网线、广播线、电话线应严格分开敷设，以防止串电。电视天线要远离电力线。严禁在电线上晾晒（挂）衣物。

开关和带熔丝的刀闸不可有触电隐患，即不能有金属裸露的部分。

电线、电器、开关各接头接触要牢固，防止接头松动、接触不良引起过热着火。

电线落地走线时，应加装绝缘套管，并采取防鼠咬、虫蛀等措施。

不要用湿手湿脚触碰或搬动电气设备，更不要带电安装、移动、修理电气设备。

二、发生触电时现场急救方法

触电事故的发生往往是不可避免的，要以预防为主，充分发动群众，宣传安全用电知识，防患于未然。万一发生了触电事故，要能及时采取正确的抢救措施。

1. 迅速解脱电源

发生触电事故时，切不可惊慌失措，应马上切断电源。当有电的电线触及人体引起触电时，可用绝缘的物体（如木棒、竹竿、绝缘手套等）将电线移开，使触电者脱离电源。必要时可用绝缘工具（如带有绝缘柄的电工钳、木柄斧头以及锄头等）切断电源。此时，人体的肌肉不再受电流的刺激，会立即放松，触电者将自行摔倒，因此要采取相应的保护措施。

2. 进行检查

将脱离电源后的触电者迅速移至比较通风、干燥的地方，使其仰卧，将上衣与裤带放松。用一些简单有效的方法，判断其是否"假死"及"假死"的类型。观察是否尚有呼吸，触摸其颈部的颈动脉和腹股沟处的股动脉是否搏动，查看其瞳孔是否扩大。

3. 经过简单诊断后的触电者，要分别进行处理

（1）触电者神志清醒，但感乏力、头昏、心悸、出冷汗，甚至有恶心或呕吐的情况。此类触电者应就地安静休息，以减轻心脏负担，使其尽快恢复；情况严重时要送往医疗部门，请医护人员检查治疗。

（2）触电者呼吸、心跳尚在，但神志昏迷。此时应让触电者处于仰卧位，周围的空气要流通，并注意为触电者保暖。除了要严密地进行观察外，还要做好人工呼吸和心脏按压的准备工作，并立即通知医疗部门或用担架将触电者送往医院。

（3）如果经检查后，触电者处于假死状态，则应立即针对不同类型的"假死"进行对症处理。如心跳停止则由体外人工心脏按压法来维持血液循环，如呼吸停

止则用口对口人工呼吸法来维持气体的交换。呼吸、心跳全部停止时,则需同时进行体外心脏按压和人工呼吸,同时向医院告急求救。

人工呼吸的操作方法:1)让触电者处于仰卧位,解开上衣,松开紧身衣物,放松裤带。然后,将触电者的头偏向一边,用手指清除口中的假牙、血块和呕吐物等异物,使呼吸道畅通;2)抢救者在触电者的一边,用近其头部的一手紧捏触电者的鼻子(避免漏气),并将手掌外缘压住其额部,另一只手托在触电者的颈后,将颈部上抬,使其头部充分后仰,以避免舌下坠堵塞呼吸道;3)急救者先深吸一口气,然后用嘴紧贴触电者的嘴或鼻孔大口吹气,同时观察胸部是否隆起,以确定吹气是否有效和适度;4)吹气停止后,急救者将触电者头稍侧转,并立即放松捏紧鼻孔的手,让气体从触电者的肺部排出,此时应注意胸部复原的情况,倾听呼气声,观察有无呼吸道梗阻。如此反复进行,每分钟吹气12次,即每5秒吹气一次。

心外按压是指有节律地用手对准心脏位置进行按压,用人工的方法代替心脏的自然收缩,从而达到维持血液循环的目的。操作方法是:1)使触电者仰卧于硬板或地上,以保证挤压效果;2)抢救者跪在触电者右侧;3)抢救者以一手掌根部按于触电者胸骨下1/2处,即两乳头连线中点左侧,另一手压在该手的手背上,肘关节伸直。以腰部为轴,垂直双臂用力,按压胸骨下段,使胸骨下段与其相连的肋骨下陷3~4 cm,间接压迫心脏,使心脏内血液搏出;4)挤压后突然放松(要注意掌根不能离开胸壁),使胸廓依靠弹性复位,此时,心脏舒张,大静脉的血液回流到心脏。按照上述步骤连续操作,每分钟需按压60次,即每秒一次。

三、电气防火常识

随着经济的不断发展,用电量越来越多,用电负荷也日益增加。如果使用不当,管理不善,电气火灾发生频率也会不断升高。电气设备发生火灾的原因是多方面的,主要是由电气设备安装不符合技术规范、违章使用电气设备、平时缺乏维修保养造成的。

1. 电气火灾的原因

(1)**电气线路或电气设备短路**。电气线路由于各种原因相接或相碰造成的电流突然增大的现象称为短路。短路时电阻突然减小,电流突然增大,瞬间放热量极大,产生的电火花可将绝缘体烧毁、将金属熔化,引起周围易燃、可燃物燃烧,造成火灾。

（2）**超负荷**。电气线路和电气设备允许连续通过而不至于使线路和电气设备过热的电流量称为安全电流。如果导线或设备通过的电流超过安全电流，称为过载或超负荷。超负荷运行会使电线、电气设备温度急剧上升，使绝缘体迅速老化，导致设备损坏，引起短路，发生起火事故。

（3）**接触电阻过大发热**。接触电阻是指导体连接时，如导线与导线、导线与用电设备，在接触面上形成的电阻。接头干净无杂质，连接紧固的连接面的电阻值小，否则电阻值会增大。电阻值增大可使接触部位发热，导致绝缘材料起火，甚至使金属变色熔化。

（4）**电气设备发热部件引燃可燃物**。在电气设备运行中，有的部器件如照明灯具、日光灯镇流器、电动机、变压器等往往能产生热量，另外有些电器本身就是电热器具，如电烙铁、电炉、电烘箱等。因此，如果对其管理不严、疏忽大意或使发热设备和器具接触可燃物就会引起火灾。另外，配电线路发生短路、开关电器或熔断器带电抢修等时，都会产生电火花或电弧。这种高达几千摄氏度的电火花和电弧很容易导致周围可燃气体或可燃物起火。

（5）**电磁感应中的涡流发热**。在闭合电路中，有电场就会有磁场。在密集的电源线圈电磁场内，往往会产生涡流，涡流能发热，会引起线圈被烧，导致导线或可燃物起火。

2. 电气火灾的预防

要预防电气火灾，首先必须明确，凡安装电气线路和电气设备的，均应由正式电工严格遵照电气安装技术规范进行操作施工，未经配电和安全部门许可，不准随意增加大功率电气设备。其次要经常检查电气绝缘体的绝缘程度，防止漏电、短路现象的发生。电热器具和发热部件必须安装在不可燃的基座上，并远离可燃物，做到有专人负责看管。电气设备使用完毕或中途停电时，务必拉闸断电。电气设备不准带病运行，以防造成漏电。此外，在有酸碱腐蚀的场所，要注意采取防腐措施。在火灾及有爆炸危险的场所，必须设置具有不同防爆等级、有专门防护装置的电气设备，以防止电火花、电弧和高温等引起场所内可燃物或有爆炸危险的混合物发生燃烧或爆炸。

模块测试题

一、名词解释

1. 燃烧 2. 燃点 3. 闪燃 4. 自燃 5. 爆炸 6. 冷却灭火法 7. 窒息灭火

法　8.隔离灭火法　9.抑制灭火法　10.短路

二、填空题（将正确答案填在横线空白处）

1. 燃烧的三个必要条件是_____、_____、_____。

2. 火灾可分为四种类型，即_____、_____、_____、_____。

3. 爆炸可分为三种类型，即_____、_____、_____。

4. 灭火的基本方法有四种，即_____、_____、_____、_____。

5. 能使燃烧终止的物质称为_____，盛放灭火剂的器具称为_____。

三、单项选择题（下列每题的选项中，只有一个是正确的，请将其代号填写在后面的括号内）

1. 窒息灭火法的灭火原理是（　　）。
   A. 降低燃烧物质的温度　　　　　B. 减少空气中氧的含量
   C. 隔离与火源相近的可燃物质　　D. 消除燃烧过程中的游离基

2. 水可扑救下列物质和设备的火灾（　　）。
   A. 汽油　　　　　　　　　　　　B. 金属钾
   C. 木材　　　　　　　　　　　　D. 高压电气设备

3. 二氧化碳灭火器不能扑救（　　）物质的火灾。
   A. 电气设备　　　　　　　　　　B. 精密仪器
   C. 档案资料　　　　　　　　　　D. 金属钾、钠、镁等

4. 体外心脏按压操作方法，每分钟需进行（　　）次。
   A. 40　　　　B. 50　　　　C. 60　　　　D. 70

5. 人工呼吸法的操作方法，每分钟需吹气（　　）次。
   A. 12　　　　B. 15　　　　C. 18　　　　D. 21

四、判断题（下列判断说法正确的在后面的括号内打"√"，错误的打"×"）

1. 仓储保管要认真贯彻"以防为主、防消结合"的方针。（　　）

2. 二氧化碳是一种无色无味的惰性气体，具有不燃烧、不助燃、比空气质量轻的特性。（　　）

3. 干粉灭火剂适用于扑救易燃液体、可燃气体和电气火灾。（　　）

4. 有粉尘爆炸危险的场所，不宜使用干粉灭火器灭火。（　　）

5. 卤代烷灭火剂和其他灭火剂相比造价较低。（　　）

五、简答题

1. 简述人工呼吸法的操作方法。

2. 简述体外心脏按压的操作方法。

模块测试题答案

一、名词解释（略）

二、填空题

1. 要有可燃物、要有助燃物、要有着火源

2. 闪燃、着火、自燃、爆炸

3. 核爆炸、物理爆炸、化学爆炸

4. 冷却灭火法、窒息灭火法、隔离灭火法、抑制灭火法

5. 灭火剂、灭火器

三、单项选择题

1. B   2. C   3. D   4. C   5. A

四、判断题

1. √   2. ×   3. √   4. √   5. ×

五、简答题（略）